199~

D1342028

OXFORD RUSSIAN
READERS

General Editor
S. KONOVALOV

A HISTORICAL RUSSIAN READER

A SELECTION OF TEXTS FROM THE ELEVENTH TO THE SIXTEENTH CENTURIES

EDITED BY

JOHN FENNELL

AND

DIMITRI OBOLENSKY

OXFORD
AT THE CLARENDON PRESS
1969

Oxford University Press, Ely House, London W. 1

GLASGOW NEW YORK TORONTO MELBOURNE WELLINGTON
CAPE TOWN SALISBURY IBADAN NAIROBI LUSAKA ADDIS ABABA
BOMBAY CALCUTTA MADRAS KARACHI LAHORE DACCA
KUALA LUMPUR SINGAPORE HONG KONG TOKYO

PRINTED IN GREAT BRITAIN
AT THE UNIVERSITY PRESS, OXFORD
BY VIVIAN RIDLER
PRINTER TO THE UNIVERSITY

CONTENTS

FOREWORD

THE purpose of this Reader is to give the student of medieval Russian literature and history the opportunity of acquainting himself with a number of important texts, some of which are not readily available. It makes no claim to be a fully representative anthology of early Russian literature. Owing to limitations of space it has not been possible to include examples of more than a few genres of this literature. The Kievan period is represented by oratory (Metropolitan Ilarion's *Sermon on Law and Grace*), hagiography (*The Tale and Passion and Eulogy of the Holy Martyrs Boris and Gleb*), didactic and autobiographical literature (*The Instruction of Vladimir Monomakh*), and heroic poetry (*The Lay of Igor''s Campaign*); the period of Mongol conquest by two examples of the so-called 'Military Tales' (*The Tale of the Battle on the River Kalka* and *The Tale of the Destruction of Ryazan' by Baty*); the early Muscovite period by an example of the new flowery style of biography (*The Life and Death of Grand Prince Dmitry Ivanovich*); and the later Muscovite period, from Ivan III to Ivan IV, by writings reflecting the religious and political controversies of the time (*The Epistle of Archbishop Vassian to Ivan III, The Tale of the Recent Heresy of the Novgorod Heretics, The Dispute with Iosif of Volokolamsk, The Tale of the Sultan Mohammed*, and extracts from the Correspondence between Kurbsky and Ivan IV), and by an early attempt at historical biography (a chapter from Kurbsky's *History of the Grand Prince of Moscow*).

In the Notes at the end of the book the reader will find explanations or translations of difficult expressions and constructions, as well as brief historical and literary references. The Glossary contains words unknown or rarely used in modern Russian.

The first five passages are printed in the original orthography except for abbreviations and contractions; archaic Old Church Slavonic letters have been replaced (in two

texts, III and IV, the letter й has been retained in confor-
mity with the printed versions from which they are taken).
In the remainder the orthography has been modernized (i.e. ѣ
replaced by *e*, *i* by *u*, and final ъ omitted), although phonetical
and morphological peculiarities of the original spelling have
been retained (e.g. endings in *-aa*, *-аго*, etc.).

The editors are grateful to Mr. W. F. Ryan for his help in
compiling the glossary.

LIST OF ABBREVIATIONS

acc. accusative
adj. adjective
adv. adverb
comp. comparative
conj. conjunction
dat. dative
dim. diminutive
f. feminine
gen. genitive
imp. imperfect

imper. imperative
inf. infinitive
instr. instrumental
intr. intransitive
lit. literally
loc. locative
m. masculine
n. neuter
nom. nominative
part. participle

perf. perfect
pers. person
pl. plural
prep. preposition
pron. pronoun
refl. reflexive
sb. substantive
sing. singular
trans. transitive
voc. vocative

I

О законѣ Моисѣомъ данѣѣмъ, и о благодѣти и істинѣ Іисусъ Христомъ бывшіи; и како законъ отиде, благодѣть же и истина всю землю исполни, и вѣра въ вся языкы простреся, и до нашего языка рускаго; и похвала кагану[1] нашему Влодимеру,[2] отъ него же крещени быхомъ, и молитва къ Богу отъ всеа земля нашеа. Господи благослови отче!

Благословенъ Господь Богъ Израілевъ, Богъ Христіанескъ, яко посѣти и сътвори избавленіе людемъ своимъ, яко не презрѣ до конца твари своеа идольскыимъ мракомъ одержимѣ быти,[3] и бѣсовьскыимъ служеваніемь гыбнути. Нъ оправдѣ прежде племя Авраамле скрижальми и закономъ, послѣжде же Сыномъ своимъ вся языкы спасе евангеліемь и крещеніемь въводяа въ обновленіе пакыбытіа въ жизнь вѣчьную. Да хвалимъ Его убо и прославляемь, хвалимааго отъ ангелъ беспрѣстани и поклонимся Ему, ему же покланяются херувими и серафими, яко призря призри[4] на люди своа, и не соль, ни вѣстникъ, нъ самъ спасе ны, не привидѣніемь пришедъ на землю, но истинно, пострадавы за ны плотію и до гроба, и съ собою въскрѣсивъ ны.

Къ живущіимъ на земли человѣкомъ, въ плоть одѣвься, приде; къ сущіимъ же въ адѣ распятіемь и въ гробѣ полежаніемь съниде: да обои и живіи и мертвіи познають посѣщеніе свое и Божіе прихожденіе, и разумѣють яко тъ есть живыимъ и мертвыимъ крѣпокъ и силенъ Богъ.

Кто бо великъ яко Богъ нашь? Тъ единъ творя и чюдеса,[5] положи законъ на проуготованіе истинѣ и благодѣти, да въ немъ обыкнеть человѣчьско естьство, отъ многобожества идольскааго укланяяся въ единого Бога вѣровати, да яко съсудъ скверненъ человѣчьство, помовенъ[6] водою, закономъ и обрѣзаніемь пріиметь млѣко благодѣть и крещеніа. Законъ

бо прѣдътечя бѣ и слуга благодѣти и істинѣ; истина же и
благодѣть слуга будущему вѣку, жизни нетлѣньнѣи.

Яко законъ привождааше възаконеныа къ благодѣтьному
крещенію: крещеніе же сыны своа прѣпущаеть на вѣчную
жизнь. Моисѣ бо и пророци о Христовѣ пришествіи
повѣдааху, Христосъ же и апостоли его о въскресеніи и о
будущіимъ вѣцѣ. Еже поминати въ писаніи семь и пророчь-
скаа проповѣданіа о Христѣ и апостольскаа ученіа о
будущіимъ вѣцѣ, то излиха[7] есть и на тъщеславіе съкланяя-
ся. Еже бо въ инѣхъ книгахъ писано и вами вѣдомо, ти сде
положити, то дръзости образъ есть и славохотію. Ни къ
невѣдущіимъ бо пишемь, нъ прѣизлиха насыштьшемся
сладости книжныа; не къ врагомъ божіемь иновѣрныимъ,
нъ самѣмь Сыномъ его; не къ страньныимъ, нъ къ наслѣд-
никомъ небеснаго царьства.

Но о законѣ Моисѣемь данѣемь и о благодѣти и істинѣ
Христосомъ бывшіи повѣсть сі есть. И что успѣ законъ?
что ли благодѣть? Прѣжде законъ, ти по томь благодѣть,
прѣжде стѣнь, ти потомь истина. Образъ же закону и
благодѣти — Агаръ и Сарра, работнаа прѣжде, ти потомь
свободнаа. Да разумѣеть иже чтеть, яко Авраамъ убо отъ
уности своеи Сарру имѣ жену си свободную, а не рабу.

И Богъ убо прѣжде вѣкъ изволі и умысли Сына своего въ
миръ послати, и тѣмь благодѣтѣ явитися. Сарра же не
раждааше, понеже бѣ неплоды; не бѣ неплодьнъ, заключена
бѣ Божіимъ промысломъ на старость родити. Безвѣстная
же и таинаа прѣмудрости Божіи утаена бяху ангелъ и
человѣкъ, не яко неявима, нъ утаена и на конець вѣка
хотяща явитися. Сарра же глагола къ Аврааму: се заклю-
чи мя Господь Богъ не раждати; вълѣзи убо къ рабѣ моеи
Агари, и родиши отъ неѣ.[8] Благодѣть же глагола къ Богу:
аще нѣсть врѣмене сънити ми на землю и спасти миръ, съниде
на гору Синаи и законъ положи. Послуша Авраамъ рѣчи
Саррины, и вълѣзе къ рабѣ еѣ Агарѣ. Послуша же и Богъ
яже отъ благодѣтѣ словесъ, и съниде на Синаи. Роди же
Агаръ раба отъ Авраама, раба робичишть, и нарече Авраамъ
имя ему Измаилъ. Изнесе же и Моисѣи отъ Синаискыа

горы законъ, а не благодѣть, стѣнь, а не истину. По сихъ же уже стару сущу Авраму и Саррѣ, явися Богъ Аврааму, сѣдящу ему прѣдъ дверьми кушкѣ его въ полудне, у дуба Мамьвріискаго;[9] Авраамъ же текъ въ срѣтеніе Ему поклонися Ему до землѣ, и пріатъ И въ кушту свою. Вѣку же сему къ коньцу приближающуся, посѣтить Господь человѣчьскааго рода и съниде съ небесе, въ утробу дѣвици въходя; пріатъ же и дѣвица съ покланяніемь въ кущу плътяную неболѣвьши, глаголющу ти къ ангелу: се раба Господня, буди мнѣ по глаголу твоему.[10] Тогда убо отъключи Богъ ложесна Саррина, и заченьши роди Исаака свободьнаа свободьнааго. И присѣтивьшу Богу человѣчьска естьства, явишася уже безвѣстнаа и утаенаа, и родися благодѣть, истина, а не законъ, Сынъ, а не рабъ. І ако отъдоися отрочя Ісаакъ и укрѣпѣ, сътвори Авраамъ гоститву велику, егда отъдоися Ісаакъ сынъ его. Егда бѣ Христосъ на земли, и еще не у благодѣть укрѣпила бяаше, нъ дояшеся и еще за Л҃ лѣтъ, въ ня же Христосъ таяашеся; егда же уже отъдоися и укрѣпѣ, и явися благодѣть Божіа всѣмъ человѣкомъ въ Іорданьстѣи рѣцѣ; сътвори Богъ гоститву и пиръ великъ тельцемь упитѣныимъ отъ вѣка, възлюбленыимъ Сыномъ своимъ Іисусъ Христомь, съзвавъ на едино веселіе небесныа и земныа, съвокупивъ въ едино ангелы и человѣкы. По сихъ же видѣвши Сарра Измаила сына Агаріина, играюща съ сыномъ своимъ Исакомъ, і ако приобидѣнъ бысть Исаакъ Измаиломъ, рече къ Аврааму: отъжени рабу и съ сыномъ еѣ: не имать бо наслѣдовати сынъ рабынинъ сына свободныа.[11]

По знесеніи же Господа Іисуса, ученикомъ же и інѣмь вѣровавшіимъ уже въ Христа сущемь въ Іерусалимѣ, и обоимъ съмѣсь сущемь, Иудеомъ же и Христіаномъ, и крещеніе благодатьное обидимо бяаше отъ обрѣзаніа законьнааго, и не пріимааше въ Іеросалимѣ Христіаньскаа церкви епискупа необрѣзана: понеже старѣише[12] творяшеся, сущеи отъ обрѣзаніа насиловааху на Христіаньıа, рабичишти на сыны свободныа, и бывааху междю ими многы распрѣ и которы.[13] Видивши же свободьнаа благодѣть чада своа Христіаныи обидимы отъ Іудѣи, сыновъ работнааго закона, възъпи къ Богу: отъжени Іудѣиство и съ закономъ, расточи по странам. Кое бо причастіе стѣню съ истиною, Іудѣиству съ Христіаньствомъ?

И отъгнана бысть Агаръ раба съ сыномъ еѣ Измаиломъ, и Ісаакъ сынъ свободныа наслѣдникъ бысть Аврааму отцу своему. И отъгнани быша Іудѣи и расточени по странамъ, и чяда благодѣтьнаа Христіаніи наслѣдници быша Богу и Отцу. Отиде бо свѣтъ луны, солнцю въсіавъшу, тако и законъ, благодѣти явльшися, и студеньство нощьное погыбе, солнчьнѣи теплотѣ землю съгрѣвши. И уже не гърздится въ законѣ человѣчьство, нъ въ благодѣти пространо ходить. Іудѣи бо при свѣшти законьнѣи дѣлааху свое оправданіе, Христіяни же при благодѣтьнѣимъ солнци свое спасеніе жиждють. Яко Іудеиство стѣнемь и закономъ оправдаашеся, а не спасаашеся; Хрьстіани же истиною и благодатію не оправдаються, нъ спасаються. Въ Іудѣихъ бо оправданіе, въ Христіаныихъ же спасеніе, яко оправданіе въ всемь мирѣ есть, а спасеніе въ будущіимъ вѣцѣ. Іудѣи бо о земленыихъ веселяахуся, Христіани же о сущіихъ на небесѣхъ. И то же оправданіе Іудѣиско скупо бѣ зависти ради, не бо ся простирааше въ ины языкы, нъ токмо въ Іудѣи единои бѣ; Христіаныихъ же спасеніе благо и щедро, простираяся на вся края земленыа. Събысться благословеніе Манасіино на Июдеихъ, Ефремово же на Христіаныихъ. Манасіино бо старѣишиньство лѣвицею Іаковлею благословено бысть. Ефремово же мнишьство десницею, аще и старѣи Манасіи Ефрема, нъ благословленіемь Іаковлемъ мніи бысть. Тако Іудѣиство, аще прѣжде бѣ, нъ благодѣтію Христіаніи больше быша. Рекшу бо Іосифу къ Іакову: на семь, отче, положи десницу, яко състарѣи есть, отъвѣща Іаковъ: вѣдѣ, чядо, вѣдѣ, и тъ будеть въ люди и възнесется: нъ братъ его меніи боліи его будеть, и племя его будеть въ множьство языкъ,[14] яко же и бысть. Законъ бо прѣжде бѣ и възнесеся въмалѣ и отіиде. Вѣра же Христіаньская, послѣжде явльшися, больши первыа бысть, и расподися на множьство языкъ. И Христова благодѣть всю землю обятъ, і ако вода морьскаа покры ю, и вси ветъхая отъложьше, обетъшавъшая завистію Іудеискою, новая держать, по пророчьству Ісаину: Ветхая мимоидоша, и новая вамъ възвѣщаю. Поите Богу пѣснь нову, и славимо есть имя его отъ конеце земли, исъходящеи въ море и плавающеи по нему, и острови вси.[15] И пакы: работающимъ ми наречется имя ново, еже благословится на земли: благословять бо Бога истиньнааго. Прѣжде бо бѣ въ Іерусалимѣ единомь кланятися, нынѣ же по всеи земли. Якоже рече Гедеонъ къ Богу: аще рукою моею спасаеши Израіля, да будеть роса на рунѣ токмо, по всеи же земли суща;[16] и бысть тако. По всеи бо земли суща бѣ прѣжде, идольстѣи льсти языкы одержашти и росы благодѣтьныа не пріемлющемь. Въ Іудеи бо тъкмо знаемь бѣ Богъ, и въ Израіли веліе имя его, и въ Іерусалимѣ единомь славѣмь бѣ Богъ. Рече же пакы Гедеонъ къ Богу: да будеть суша на рунѣ тъкмо, по всеи же земли роса;[17] и бысть тако.

Іудеиство бо прѣста и закон отъиде, жертвы непріатны, кивотъ и скрижали и оцѣстило отъято бысть. По всеи же земли роса: по всеи же земли вѣра простръся, дождь благодѣтныи оброси, купѣль пакыпорожденіа сыны своа въ нетлѣніе облачить.

Якоже и къ Самаряныни глаголааше Спасъ, яко грядеть година и нынѣ есть, егда ни во горѣ сеи, ни въ Іерусалимѣхъ поклонятся Отцу, но будутъ истиньніи поклоньници, иже поклонятся Отцу духомь и истиною. Ибо Отець тацѣхъ ищеть кланяющихся Ему,[18] рекьше[19] съ Сыномъ и съ Святымъ Духомъ. Якоже и есть: по всеи земли уже славится Святаа Троица, и покланяніе пріемлеть отъ всеа твари, маліи велиціи славять Бога по пророчьству: и научить кождо искреняго своего и человѣкъ брата своего, глаголя: познаи Господа; яко увѣдять мя отъ малыихъ до великааго. Якоже Спасъ Христосъ къ Отцу глаголааше: исповѣдаю ти ся Отче, Господеви небеси и земли, яко утаилъ еси отъ прѣмудрыихъ и разумныихъ, и отъкрылъ еси младенцемь: еи, Отче, яко тако бысть благоизволеніе прѣдъ Тобою.[20] И толма[21] помилова благъи Богъ человѣчьскыи родъ, яко и человѣци плотьніи крещеніемь, благыими дѣлы, сынове

Богу и причастници Христу бывають. Елико бо, рече
евангелистъ, пріаша Его, дасть имъ власть чядомъ Божіемъ
быти, вѣруяштіимъ въ имя его, иже не отъ кръве, ни отъ
похоти плотьскы ни отъ похоти мужескы, нъ отъ Бога
родишася,[22] Святымь Духомъ въ святѣи купѣли. Вся же си
Богъ нашь на небеси и на земли, елико въсхотѣ, и сътвори.
Тѣмьже къто не прославить, къ не похвалить, къ не покло-
ниться величьству славы его, и къто не подивиться без-
числьному человѣколюбію его? Прѣжде вѣкъ отъ Отца
рожденъ, единъ състоленъ Отцу,[23] единосущенъ, якоже
солнцу свѣтъ, съниде на землю, посѣти людіи своихъ, не
отълучивъся Отца, и въплотися отъ дѣвицѣ чисты, безмужны
и бесквернены, въшедъ, якоже самъ вѣсть; плоть пріимъ,
изиде, якоже и въниде; единъ сыи отъ Троицѣ, въ двѣ
естьствѣ, божество и человѣчьство.

Исполнь человѣкъ по вочеловѣченію, а не привидѣніемь;
нъ исполнь Богъ по божеству, а не простъ человѣкъ,
показавыи на земли божьскаа и человѣчьскаа. Яко человѣкъ
бо утробу матерьню растяаше, и яко Богъ изиде, дѣвьства
не врѣждь; яко человѣкъ матерьне млѣко пріатъ, и яко Богъ
пристави ангелы съ пастухы пѣти: слава въ вышніихъ
Богу; яко человѣкъ повиться въ пелены, и яко Богъ вълхвы
звѣздою ведяаше; яко человѣкъ възлеже въ яслехъ, и яко
Богъ отъ волхвъ дары и поклоненіе пріатъ; яко человѣкъ
бѣжааше въ Египетъ, и яко Богу рукотвореніа египетъскаа
поклонишася; яко человѣкъ пріиде на крещеніе, і ако Бога
Іорданъ устрашився възвратися;[24] яко человѣкъ обнаживься
вълѣзе въ воду, і ако Богъ отъ Отца послушьство пріатъ:
се есть Сынъ мои възлюбленыи; яко человѣкъ постися м͞
дніи възаалка, и яко Богъ побѣди искушающаго; яко человѣкъ иде на бракъ Канагалилѣи, і ако Богъ воду въ вино
приложи; яко человѣкъ въ корабли съпааше, і ако Богъ
запрѣти вѣтромъ и морю, и послушашя Его; яко человѣкъ
по Лазари прослезися, і ако Богъ въскрѣси і отъ мертвыихъ;
яко человѣкъ на осля въсѣде, і ако Богу звааху: благосло-
вленъ грядыи въ имя Господне; яко человѣкъ распятъ бысть,
и ако Богъ своею властію съпропятааго съ нимъ[25] въпусти

въ раи; яко человѣкъ оцьта въкушь испусти духъ, і ако Богъ солнце помрачи и землею потрясе; яко человѣкъ въ гробѣ положенъ бысть, і ако Богъ ада разруши и душѣ свободи; яко человѣка печатлѣша въ гробѣ, і ако Богъ изиде, печати цѣлы съхрань; яко человѣка тъщаахуся Іудеи утаити въскресеніе, мьздяще[26] стражи, нъ яко Богъ увѣдѣся и познанъ бысть всѣми конци земля.

Поистинѣ кто Богъ веліи яко Богъ нашь? Тъ есть Богъ творяи чюдеса,[27] съдѣла спасеніе посредѣ земля[28] крестомъ и мукою, на мѣстѣ лобнѣмь, въкусивъ оцта и зълчи, да сластнааго въкушеніа Адамова, еже отъ дрѣва, прѣступленіе и грѣхъ въкушеніемь горести проженеть.[29] Си же сътворьшеи Ему прѣтъкнушася онь о камень и съкрушишася, якоже Господь глаголааше: падыи на камени семь съкрушится, а на немьже падеть, съкрушить и.[30] Пріиде бо к нимъ, исполняа пророчьства прореченаа о немь, якоже и глаголааше: нѣсмь посланъ тъкмо къ овцамъ погыбшіимъ дому Израілева;[31] и пакы: не пріидохъ разорить закона, нъ исполнить.[32] И къ Хананѣи иноязычници, просящи исцѣленіа дъщери своеи, глаголааше: нѣсть добро отъяти хлѣба чядомъ и поврещи псомъ.[33] Они же нарекоша сего лестьца, и отъ блуда рождена и о Велизѣвулѣ бѣсы изгоняща.[34] Христосъ слѣпыа ихъ просвѣти, прокаженыа очисти, сълукыа исправи, бѣсныа исцѣли, раслабленыа укрѣпи, мертвыа въскрѣси: они же яко злодѣа мучивше крестѣ пригвоздиша. Сего ради пріиде на ны гнѣвъ Божіи конечныи: якоже и сами послуствоваша своеи погыбели. Рекшу Спасу притъчю о виноградѣ и о дѣлателехъ: что убо сътворить дѣлателемь тѣмь? отвѣщаша: злы злѣ погубить я, и виноградъ прѣдасть инѣмь дѣлателемь, иже въздадять ему плоды въ времена своа.[35] И сами своеи погыбели пророци быша. Приде бо на землю посѣтить ихъ, и не пріаша Его, понеже дѣла ихъ темна бяаху, не възлюбиша свѣта, да не явятся дѣла ихъ, яко темьна суть.[36] Сего ради приходя Іисусъ къ Іеросалиму, видѣвъ градъ, прослезив глаголя о немь: яко аще бы разумѣлъ ты въ день твои сь, яже къ миру твоему: нынѣ же съкрыся отъ очію твоею. Яко пріидуть деніе на тя, и

обложять врази твои острогъ о тобѣ, и обидуть тя и обомуть
тя всюду, и разбіють тя и чада твоа въ тобѣ, понеже не разумѣ врѣмене посѣщеніа твоего,[37] и пакы: Іерусалимъ, Іерусалимъ, избивающіа пророкы, каменіемъ побивающи посланыа
к тобѣ! Колижды въсхотѣхъ събирати чяда твоа, якоже съби-
раеть кокошь пътенцѣ подъ крилѣ свои, и не въсхотѣсте:
се оставляется домъ вашь пустъ.[38] Якоже и бысть: пришедъше бо Римляне, плѣниша Іерусалимъ, и разбиша до осно-
ваніа его. Іудеиство отътолѣ погыбе, и законъ посемь, яко
вечерьнѣи зарѣ погасе, и расѣяни быша Іудеи по странамъ,
да не въкупь злое пребываеть. Приде бо Спасъ и не пріатъ
бысть отъ Израіля, и по евангельскому слову: въ своа пріиде,
и свои Его не пріаша;[39] отъ языкъ же приатъ бысть, якоже
рече Іаковъ: и тъ чаяніе языкомъ.[40] Ибо и въ рожденіи его
вълсви отъ языкъ прѣжде поклонишася Ему, а Іудеи убити
Его искааху, егоже ради и младенця избиша. И събысться
слово Спасово, яко мнози отъ въстокъ и западъ пріидуть и
възлягуть съ Авраамомъ и Ісакомъ і Іаковомъ въ царствіи
небеснѣмь, а сынове царьствіа изгнани будуть въ тму
кромѣшнюю.[41] И пакы, яко отъиметься отъ васъ царство
Божіе и дасться странамъ, творящіимъ плоды его,[42] къ нимъ
же посла ученикы своа, глаголя: шедъше въ весь миръ
проповѣдите евангеліе всеи твари; да иже вѣруеть и кры-
ститься, спасенъ будеть;[43] и: шедъше научите вся языкы,
крьстяща я въ имя Отца и Сына и Святаго Духа, учяще я
блюсти вся, елика заповѣдахъ вамъ.[44]

Лѣпо бо бѣ благодати и істинѣ на новы люди въсіати: не
въливають бо, по словеси господню, вина новааго, ученіа
благодатна, въ мѣхы ветхы, обетьшавъши въ Иудествѣ;
аще ли, то просядутся мѣси и вино пролѣется.[45] Не могъше
бо закона стѣня удержати, но многажды идоломъ покланяв-
шеся, како истиньныа благодати удержать ученіе? Нъ ново
ученіе, новы мѣхы, новы языкы, и обое[46] съблюдется. Якоже
и есть: вѣра бо благодатьнаа по всеи земли прострѣся, и до
нашего языка рускааго доиде; и законьное езеро прѣсъше,[47]
евангельскыи же источникъ наводни вся и всю землю
покрывъ, и до насъ разліася. Се бо уже и мы съ всѣми

Христіаными славимъ Святую Троицу, а Іудеа молчить. Христосъ славимъ бываеть, а Іудеи кленоми;[48] языци приведени, а Іудеи отъриновени, якоже пророкъ Малахіа рече: Несть ми хотѣніа въ сынехъ Израілевѣхъ, и жертвы отъ рукъ ихъ не пріиму: понеже отъ въстокъ же и западъ имя мое славимо есть въ странахъ, и на всякомъ мѣстѣ теміанъ имени моему приносится, яко имя мое велико въ странахъ.[49] И Давидъ: вся земля да поклонить Ти ся, и поеть Тобѣ.[50] И: Господи, Господь нашъ, яко чюдно имя твое по всеи земли.[51] И уже не идолослужителе зовемся, нъ Христіаніи; не еще безнадежници, нъ уповающе въ жизнь вѣчную.

И уже не капище сътонино съграждаемъ нъ Христовы церкви зиждемъ; уже не закалаемъ бѣсомъ другъ друга, нъ Христосъ за ны закалаемъ бываеть и дробимъ, въ жертву Богу и Отьцю. И уже не жерьтвеныа крове въкушающе погыбаемъ, нъ Христовы пречистыа крове въкушающе съпасаемся. Вся страны благыи Богъ нашь помилова, и насъ не презрѣ; въсхотѣ, и спасе ны, и въ разумъ истиньныи приведе. Пустѣ бо и прѣсъхлѣ земли нашеи сущи, идольскому зною исушивъши ю, вънезаапу потече источникъ евангельскыи, напаая всю землю нашу, яко же рече Исаіа: разверзется вода ходящіимъ по бездиѣ, и будеть безводнаа въ блата, и въ земли жажущіи источникъ воды будеть.[52] Бывшемъ намъ слѣпомъ и істиньнааго свѣта невидящемъ, нъ въ льсти идольстіи блудящемъ, къ сему же и глухомъ отъ спасенааго ученіа, помилова ны Богъ и въсіа и въ насъ свѣтъ разума еже познати Его, по пророчьству: тогда отъверзутся очеса слѣпыихъ, и ушеса глухыихъ услышать.[53] И потыкающемся намъ въ путехъ погыбели, еже бѣсомъ въслѣдовати, и пути ведущааго въ животъ невѣдущемъ, къ сему же и гугънахомъ языкы нашими, моляше идолы, а не Бога своего и творьца, посѣти насъ человѣколюбіе Божіе, и уже не послѣдуемъ бѣсомъ, нъ ясно славимъ Христа Бога нашего, по пророчьству: тогда скочить яко елень хромыи, и ясенъ будеть языкъ гугнівыихъ.[54] И прѣжде бывшемъ намъ яко звѣремь и скотомъ, неразумѣющемъ десницѣ и шюицѣ, и земленыихъ прилежащемъ, и

нимала о небесныихъ попекущемся, посла Господь и къ
намъ заповѣди ведущаа въ жизнь вѣчную, по пророчьству
Іосіину: и будеть въ день онъ, глаголеть Господь, завѣщаю
имъ завѣтъ съ птицами небесныими и звѣрьми земленыими,
и реку не людемь моимь: людіе мои вы, и ти ми рекуть:
Господь Богъ нашь еси Ты.⁵⁵ И тако, страньни суще, людіе
Божіи нарекохомся и, врази бывше, сынове его прозвахом-
ся; и не Іудеискы хулимъ, нъ Христіаньскы благословимъ;
не съвѣта творимъ яко распяти, нъ яко распятому поклонитися. Не распинаемь Спаса, нъ рукы к нему въздѣваемь;
не прободаемь ребръ, нъ отъ нихъ піемь источьникъ нетлѣніа; не тридесяти сребра възимаемь на немь, нъ другъ
друга и вьсь животъ нашь тому прѣдаемь; не таимъ въскре-
сеніа, нъ въ всѣхъ домехъ своихъ зовемь: Христосъ въскресе
изъ мертвыихъ. Не глаголемь яко украденъ бысть, но яко
възнесеся идеже и бѣ; не невѣруемь, нъ яко Петръ къ нему
глаголемь: Ты еси Христосъ, Сынъ Бога живааго; съ
Фомою: Господь нашь и Богъ Ты еси; съ разбоиникомъ:
помяни ны, Господи, въ царьствіи своемь. И тако вѣрующе
къ нему, и святыхъ отець седми съборъ⁵⁶ прѣданіе держаще, молимъ Бога и еще и еще поспѣшити и направити
ны на путь заповѣдіи его. И събысться о насъ языцѣхъ
реченое: отъкрыеть Господь мышцу свою святую прѣдъ
всѣми языкы, и узрять вси коньци земля спасеніе еже отъ
Бога нашего.⁵⁷ И другое: живу Азъ, глаголеть Господь, яко
Мнѣ поклонится всяко колѣно, и всякъ языкъ исповѣсться
Богу.⁵⁸ И Ісаино: всяка дебрь исполнится, и всяка гора и
холмъ съмѣрится, и будуть криваа въ праваа, и остріи въ
пути гладъкы, и явится слава Господня, и всяка плоть узрить
спасеніе Бога нашего.⁵⁹ И Даніиле: вси людіе, племена и
языци тому поработають.⁶⁰ И Давидъ: да исповѣдатся
Тобѣ людіе, Боже, да исповѣдатся Тобѣ людіе вси, да
възвеселятся и възрадуются языци;⁶¹ и вси языци въсплещѣте
руками и въскликнѣте Богу гласомъ радости, яко Господь
вышніи и страшенъ, царь великъ по всеи земли. И по малѣ:
поите Богу нашему, поите, поите цареви нашему, поите, яко
царь всеи земли Богъ, поите разумно; въцарися Богъ надъ

языкы.[62] И: вся земля да поклонить Ти ся и поеть Тобѣ, да поеть же имени твоему, вышнии.[63] И: хвалите Господа вси языци, и похвалите вси людіе. И еще: отъ въстокъ и до западъ хвално имя господне; высокъ надъ всѣми языкы Господь, надъ небесы слава его.[64] По имени твоему, Боже, тако и хвала Твоа на коньцихъ земля.[65] Услыши ны, Боже, спасителю нашь, упованіе всѣмъ концемъ земли и сущіимъ въ мори далече.[66] И: да познаемъ на земли путь твои, и въ всѣхъ языцѣхъ спасеніе твое.[67] И: царіе земьстіи и вси людіе, князи и вси судіи земьскыи, юношѣ и дѣвы, старци съ юнотами, да хвалять имя господне.[68] И Ісаино: послушаите Мене, людіе мои, глаголеть Господь, и царіе къ Мнѣ вънушите, яко законъ отъ Мене изидеть, и судъ мои свѣтъ странамъ; приближается скоро правда моа, и изыдеть яко свѣтъ спасеніе мое. Мене острови жидуть, и на мышьцю мою страны уповають.[69]

Хвалить же похвалныими гласы Римьскаа страна Петра и Паула, има же вѣроваша въ Іисуса Христа Сына Божіа; Асіа і Ефесъ и Патмъ — Іоанна богословьца; Індіа — Фому, Египетъ — Марка;[70] вся страны и гради и людіе чтуть и славять коегождо ихъ учителя, иже научиша я православнѣи вѣрѣ. Похвалимъ же и мы, по силѣ нашеи, малыими похвалами великаа и дивнаа сътворьшааго нашего учителя и наставника, великааго кагана нашеа земли Володимера, вънука старааго Игоря,[71] сына же славнааго Святослава,[72] иже, въ своа лѣта владычествующе, мужьствомъ же и храборъствомъ прослуша въ странахъ многахъ, и побѣдами и крѣпостію поминаются нынѣ и словуть. Не въ худѣ бо и невѣдомѣ земли владычьствоваша, нъ въ руськѣ, яже вѣдома и слышима есть всѣми четырьми конци земли. Сіи славныи отъ славныихъ рожься, благороденъ отъ благородныихъ, каганъ нашь Влодимеръ, и възрастъ[73] и укрѣпѣвъ отъ дѣтескыи младости, паче же възмужавъ крѣпостію и силою съвершаяся,[74] мужьствомъ же и съмысломъ прѣдъспѣа,[75] и единодержець[76] бывъ земли своеи, покоривъ подъ ся округъняя страны, овы миромъ, а непокоривыа мечемь. И тако ему въ дни свои живущю, и землю свою пасущу правдою,

мужьствомь же и съмысломъ, приде нань посѣщеніе вышня-
аго, призрѣ нань всемилостивое око благааго Бога, и въсіа
разумъ въ сердци его, яко разумѣти суету идольскыи льсти
възыскати единого Бога сътворьшааго всю тварь, видимую
и невидимую. Паче же слышано ему бѣ всегда о благовѣрь-
ніи земли гречьскѣ, христолюбиви же и сильнѣ вѣрою: како
единого Бога въ Троици чтуть и кланяются; како въ нихъ
дѣются силы и чюдеса и знаменіа; како церкви люди исполнены; како вси гради благовѣрьни; вси въ молитвахъ пред-
стоять, вси Богови прѣстоять. И си слыша, въждела серцемь,
възгорѣ духомь, яко быти ему Христіану и земли его. Еже
и бысть, Богу тако изволившу человѣчьское естьство. Съвлѣ-
че же ся убо каганъ нашь и, съ ризами ветѣхааго человѣка,
съложи тлѣньнаа, отътрясе прахъ невѣріа, и вълѣзе въ святую
купѣль, и породися отъ Духа и воды. Въ Христа крестився,
въ Христа облѣчеся, и изиде отъ купѣли бѣло образуяся,[77]
сынъ бывъ нетлѣніа, сынъ въскрѣшеніа, имя пріимъ вѣчно
именито на роды и роды: Василіи,[78] имже написася въ книгы
животныа, въ вышніимъ градѣ и нетлѣньнѣимъ Іерусалимѣ.
Сему же бывьшу, не досѣле стави благовѣріа подвига,[79] ни
о томъ токмо яви сущую въ немь къ Богу любовь, нъ под-
вижеся паче, заповѣдавъ по всеи земли и крьститися въ имя
Отца и Сына и Святаго Духа, и ясно и велегласно въ всѣхъ
градѣхъ славитися Святѣи Троици, и всѣмъ быти Христіаномъ, малыимъ и великыимъ, рабомъ и свободныимъ,
уныимъ и старыимъ, бояромъ и простыимъ, богатыимъ и
убогыимъ. И не бы ни единогожъ противящася благочь-
стному его повелѣнію. Да аще кто и не любовію, нъ стра-
хомъ повелѣвшааго крещаахуся: понеже бѣ благовѣріе его
съ властію съпряжено. И въ едино время вся земля наша
въславѣ Христа съ Отцемь и съ Святыимъ Духомь. Тогда
начатъ мракъ идольскыи отъ насъ отъходити, и зорѣ благовѣріа явишася; тогда тма бѣсослуганіа погыбе, и слово еван-
гельское землю нашю осіа; капища разрушаахуся, и церкві
поставляахуся; идоли съкрушаахуся, и иконы святыихъ
являахуся; бѣси пробѣгааху; крестъ грады священше. Пасту-
си словесныихъ овець Христовъ, епископи, сташа прѣдъ

святыимъ олтаремь, жертву бесквернъную възносяще попове и дiакони, и весь клиросъ украсиша и въ лѣпоту одѣша святыа церкви. Апостольскаа труба и евангельскы громъ вси грады огласи; темiанъ Богу въспущаемь, въздухъ освяти; манастыреве на горахъ сташа; черноризьци явишася; мужи и жены, малiи и велицiи, вси людiе исполнеше святыа церкви, въславиша, глаголюще: единъ свять, единъ Господь Iисусъ Христосъ, въ славу Богу Отцу, аминь. Христосъ побѣди, Христосъ одолѣ, Христосъ въцарися, Христосъ прославися. Великъ еси, Господи, и чюдна дѣла твоа. Боже нашь, слава Тебѣ.

Тебе же како похвалимъ, о честныи и славныи въ земленыихъ владыка, прѣмужьственыи Василiе? Како добротѣ почюдимся, крѣпости же и силѣ? Каково ти благодарiе въздадимъ, яко тобою познахомъ Господа, и льсти идольскыа избыхомъ, яко твоимъ повелѣнiемъ по всеи земли твоеи Христосъ славится? Ли что ти приречемь, христолюбче? Друже правдѣ, съмыслу мѣсто, милостыни гнѣздо, како вѣрова? Како разгорѣся въ любовь Христову? Како въселися въ тя разумъ, выше разума земленыихъ мудрець, еже невидимаго възлюбити, и о небесныихъ подвигнутися? Како възиска Христа? Како предася Ему? Повѣждь намъ, рабомъ твоимъ, повѣждь, учителю нашь: отъкуду ти припахну воня Святаго Духа? Отъкуду испи памяти будущая жизни сладкую чашу? Отъкуду въкуси и видѣ, яко благъ Господь? Не видилъ еси Христа, не ходилъ еси по немь: како ученикъ его обрѣтеся? Ини видѣвше Его не вѣроваша, ты же не видѣвъ вѣрова. Поистинѣ бысть на тебѣ блаженьство Господа Iисуса, реченое къ Фомѣ: блажени не видѣвше и вѣровавше.[80] Тѣмже съ дръзновенiемъ и несуменьно зовемь ти: о блаженичe, самому тя Спасу нарекшу. Блаженъ еси, яко вѣрова къ нему, и не съблазнися о немь, по словеси его нелъжнууму: и блаженъ есть иже не съблазниться о Мне.[81] Вѣдущеи бо законъ и пророкы распяша И; ты же ни закона ни пророкъ почитавъ, распятому поклонися. Како ти сердце разверзеся? Како въниде въ тя страхъ Божiи? Како прилѣписяaa любъви его? Не видѣ апостола, пришедша въ землю твою, и нищетою своею и наготою, гладомъ и жаждею сердце твое на съмѣреніе клоняща. Не видѣ бѣсъ изъгонимъ именемъ Іисусъ Христовомъ; болящіихъ съдравѣють, нѣмыихъ глаголють, огня на хладъ прилагаема, мертвыихъ въстають: сихъ всѣхъ не видѣвъ, како убо вѣрова? Дивно чюдо! Ини царіе и властеле, видяще вся си бывающа отъ святыихъ мужь, не вѣроваша, нъ паче на мукы и страсти прѣдаша ихъ. Ты же, о блажениче, безъ всѣхъ сихъ притече къ Христу, токмо отъ благааго съмысла и остроуміа разумѣвъ, яко есть Богъ единъ творець невидимыимъ и видимыимъ, небесныимъ и земленыимъ, и яко посла въ миръ спасеніа ради възлюбленаго Сына своего. И си помысливъ, въниде въ святую купѣль, еже инѣмь уродьство мнится. Тобѣ сила Божіа въмѣнися.[82] Къ сему же кто исповѣсть многыа твоа нощныа милостыня и дневныа щедроты, яже къ убогыимъ творяаше, къ сирыимъ, къ болящіимъ, къ дължныимъ, къ вдовамъ, и къ всѣмь требующіимъ милости? Слышалъ бо бѣ глаголъ глаголаныи Даниломъ къ Науходоносору: съвѣтъ мои да будеть ти годѣ, царю Науходоносоре, грѣхы твоа милостинями оцѣсти, и неправды твоа щедротами нищіихъ.[83] Еже слышавъ ты, о честьниче, не до слышаніа стави глаголаное,[84] нъ дѣломъ съконча, просящіимъ подаваа, нагыа одѣвая, жадныа и алъчныа насыщая, болящіимъ всяко утѣшеніе посылаа, должныа искупая, работныимъ свободу дая. Твоа бо щедроты и милостыня и нынѣ въ человѣцѣхъ поминаемы суть, паче же предъ Богомъ и ангеломъ его. Ея же ради доброприлюбныа[85] Богомъ милостыня, много дръзновеніе[86] имѣеши къ нему, яко присныи Христовъ рабъ. Помагаеть ми словеси рекыи: милость хвалится на судъ,[87] и милостыни мужу, акы печать съ нимъ. Вѣрнѣ еже самого Господа глаголъ: блажени милостивіи, яко тѣ помиловани будуть.[88] Ино же яснѣе и вѣрнѣе послушьство приведемь о тебѣ отъ святыихъ писаніи, реченое отъ Іакова апостола, яко обративыи грѣшника отъ заблужденіа пути его спасеть душу отъ смерти, и покрыеть множество грѣховъ.[89] Да аще единого человѣка обративъшууму толико възмездіе отъ благааго Бога: то каково убо спасеніе обрѣте, о Василіе, како брѣмя грѣховное расыпа, единого обративъ человѣка отъ заблужденiа идольскыа льсти, ни десяти, ни града, нъ всю область сiю? Показаеть ны и увѣряеть самъ Спасъ Христосъ, какоя тя славы и чьсти сподобилъ есть на небесѣхъ, глаголя: иже исповѣсть Мя прѣдъ человѣкы, исповѣмь и i Азъ прѣдъ Отцемь моимъ, иже есть на небесѣхъ.[90] Да аще исповѣданiе прiемлеть о собѣ отъ Христа къ Богу Отцу, исповѣдавъ и Его токмо прѣдъ человѣкы: колико ты похваленъ отъ него имаши быти, не токмо исповѣдавъ, яко Сынъ Божiи есть Христосъ, нъ исповѣдавъ и вѣру его уставль не въ единомъ съборѣ, нъ по всеи земли сеи, и церкви Христови поставль, и служителя Ему въведъ. Подобниче великааго Коньстантина,[91] равноумне, равнохристолюбче, равночестителю служителемь его![92] Онъ съ святыими отци Никеискааго събора[93] законъ человѣкомъ полагааше; ты же съ новыими нашими отци епископы сънимаяся чясто, съ многымъ съмѣренiемь съвѣщаваашеся, како въ человѣцѣхъ сихъ новопознавшiихъ Господа законъ уставити. Онъ въ Елинѣхъ и Римлянехъ царьство Богу покори: ты же въ Руси. Уже бо и въ онѣхъ[94] и въ насъ Христосъ царемь зовется. Онъ съ материю своею Еленою[95] крестъ отъ Iерусалима принесъша, по всему миру своему раславьша, вѣру утвердиста: ты же съ бабою твоею Ольгою[96] принесъша крестъ отъ новааго Iерусалима, Коньстянтинаграда, по всеи земли своеи поставивша утвердиста вѣру. Его же убо подобникъ сыи, съ темь же единоя славы и чести обещьника сътворилъ тя Господь на небесѣхъ, благовѣрiа твоего ради, еже имѣ въ животѣ своемь.

Добръ послухъ благовѣрiю твоему, о блажениче, святаа церкви святыа Богородица Марiа,[97] яже създа на правовѣрьнѣи основѣ, идеже и мужьственое твое тѣло нынѣ лежитъ, жида трубы архангелъскы. Добръ же зѣло и вѣренъ послухъ сынъ твои Георгiи,[98] егоже сътвори Господь намѣстника по тебѣ твоему владычьству, не рушаща твоихъ уставъ, нъ утвержающа, ни умаляюща твоему благовѣрiю положенiа, но паче прилагающа, не сказаща, нъ учиняюща, иже недоконьчаная твоа наконьча, акы Соломонъ Давидова, иже домъ Божiи великыи святыи его прѣмудрости създа[99] на

святость и освященіе граду твоему, юже съ всякою красотою
украси, златомъ и сребромъ и каменіемъ драгыимъ,[100] и
съсуды честныими, яже церкви дивна и славна всѣмъ
округъниимъ странамъ, яко же ина не обрящется въ всемь
полунощи земнѣѣмь отъ въстока до запада; и славныи градъ
твои Кыевъ величьствомъ, яко вѣнцемъ, обложилъ, прѣдалъ
люди твоа и град святѣи всеславніи скорѣи на помощь Христіаномъ святѣи Богородици, еи же и церковь на великыихъ
вратѣхъ създа въ имя первааго господьскааго праздника
святааго Благовѣщенія,[101] да еже цѣлованіе архангелъ дасть
дѣвици, будеть и граду сему. Къ онои бо: радуися, обра-
дованаа, Господь с тобою![102] Къ граду же: радуися, благовѣрныи граде, Господь с тобою!

Въстани, о честнаа главо, отъ гроба твоего, въстани,
отъряси сонъ! Нѣси бо умерлъ, нъ спиши до обьшааго
всѣмъ въстаніа. Въстани, нѣси умерлъ, нѣсть бо ти лѣпо
умрѣти, вѣровавъшу въ Христа, живота всему миру. Отъряси
сонъ, възведи очи, да видиши какоя тя чьсти Господь тамо
съподобивъ, и на земли не беспамятна оставилъ сыномъ
твоимъ. Въстани, виждь чадо свое Георгіа, виждь утробу
свою, виждь милааго своего, виждь его же Господь изведе
отъ чреслъ твоихъ; виждь красящаго столъ земли твоеи,
и възрадуися и възвеселися. Къ сему же виждь и благовѣр-
ную сноху твою Ерину,[103] виждь вънукы твоа и правнукы,
како живуть, како храними суть Господемь, како благовѣріе держать по прѣдаянію твоему, како въ святыа церкви
чястять, како славять Христа, како покланяются имени его.
Виждь же и градъ величьствомъ сіающь, виждь церкви
цветущи, виждь христіаньство растуще, виждь градъ иконами святыихъ освѣщаемь и блистающеся, и тіміаномъ
обухаемь, и хвалами божественаами и пѣніи святыими
оглашаемь. И си вся видѣвъ възрадуися и възвеселися, и
похвали благааго Бога, всѣмъ симъ строителя. Видѣ же аще
и не тѣломъ, нъ духомъ. Показаеть ти Господь вся си, о
нихъже радуися и веселися, яко твое вѣрное въсіаніе[104] не
исушено бысть зноемь невѣріа, нъ дождемь Божіа поспѣше-
ніа распложено бысть многоплоднѣ.

Радуися, въ владыкахъ апостоле, не мертвыа тѣлесы въскрѣша, нъ душею ны мертвы умерьшаа недугомь идоло-служеніа въскрѣсивъ! Тобою бо обожихомъ и живота Христа познахомъ; съкорчени бѣхомъ отъ бѣсовьскыа льсти и тобою прострохомся и на путь животныи наступихомъ; слѣпи бѣхомъ отъ бѣсовьскыа льсти, и тобою прострохомся сердеч-ныими очима, ослѣплени невидѣніемь, и тобою прозрѣхомъ на свѣтъ трисолнечьнаго Божьства; нѣми бѣхомъ, и тобою проглаголахомъ, и нынѣ уже малі и велиции славимъ еди-носущную Троицу. Радуися, учителю нашь и наставниче благовѣрію! Ты правдою бѣ облѣченъ, крѣпостію прѣпоя-санъ, истиною обут, съмысломъ вѣнчанъ и милостынею, яко гривною и утварью златою, красуяся. Ты бѣ, о честнаа главо, нагыимъ одѣніе, ты бѣ алчьныимъ кърмитель, ты бѣ жаждющіимъ утробѣ ухлажденіе, ты бѣ въдовицамъ помощ-никъ, ты бѣ страньныимъ покоище, ты бѣ бескровныимъ покровъ, ты бѣ обидимыимъ заступникъ, убогыимъ обо-гащеніе. Имже благыимъ дѣломъ и інѣмь възмездіе пріемля на небесѣхъ, блага, яже уготова Богъ вамъ любящіимъ Его, и зрѣніа сладкааго лица его насыщаяся, помолися о земли своеи и о людехъ въ нихъ же благовѣрно владычьствова, да съхранить я въ мирѣ и благовѣріи, прѣданѣмь тобою, и да славится въ немъ правовѣріе, и да кленется всяко еретичь-ство, и да съблюдеть я Господь Богъ отъ всякоа рати и плѣненіа, отъ глада и всякоа скорби и сътужденіа. Паче же помолися о сынѣ твоемь, благовѣрнѣмь каганѣ нашемь Георгіи, въ мирѣ и въ съдравіи пучину житіа прѣплути[105] ивъ пристанищи небеснааго завѣтріа пристати неврѣдно корабль душевны, и вѣру съхраньшу и съ богатествомъ добрыими дѣлы; безъ блазна же Богомь даныа ему люди управивьшу, стати с тобою непостыдно прѣдъ прѣстоломъ вседръжителя Бога и за трудъ паствы людіи его пріати отъ него вѣнець славы нетлѣньныа съ всѣми праведныими трудившиимися Его ради.

Симь же убо, о владыко царю и Боже нашь, высокъ и славне, человѣколюбче, въздая и противу трудомъ славу же и честь, и причастники творя своего царьства, помяни, яко

благъ, и насъ нищіихъ твоихъ, яко имя Тобѣ человѣколюбець.
Аще и добрыихъ дѣлъ не имѣемь, нъ многыа ради милости
твоеа спаси ны. Мы бо людіе твои и овцѣ паствы твоеи, и
стадо, еже ново начатъ[106] пасти, исторгъ отъ пагубы идоло-
служеніа. Пастырю добрыи, положивыи душю за овцѣ![107]
Не остави насъ, аще и еще блудимъ, не отъверзи насъ, аще
и еще съгрѣшаемь Ти, акы новокупленіи раби, въ всемь не
угодяще господину своему. Не възгнушаися, аще и мало
стадо, нъ рци къ намъ: не боися, малое стадо, яко благоиз-
воли Отець вашь небесныи дати вамъ царьствіе.[108] Богатыи
милостію и благыи щедротами! Обѣщався пріимати каю-
щася и ожидааи обращеніа грѣшныихъ, не помяни многыихъ
грѣхъ нашихъ, пріими ны обращающася къ Тобѣ, заглади
рукописаніе съблазнъ нашихъ,[109] укроти гнѣвъ, имъже раз-
гнѣвахомъ Тя, человѣколюбче: Ты бо еси Господь, владыка
и творець, и въ Тобѣ есть власть или жити намъ, или
умрѣти. Уложи гнѣвъ, милостиве, его же достоини есмь по
дѣломъ нашимъ; мимоведи искушеніе, яко персть есмь и
прахъ, и не въниде въ судъ съ рабы своими.[110] Мы людіе
твои, Тебе ищемь, Тобѣ припадаемь, Тобѣ ся мили дѣемь.[111]
Съгрѣшихомъ и злаа сътворихомъ; не съблюдохомъ, ни
сътворихомъ, яко же заповѣда намъ.[112] Земніи суще къ
земныимъ прѣклонихомься и лукавая съдѣяхомъ предъ
лицемь славы твоея, на похоти плотяныа прѣдахомся,
поработихомся грѣхови и печалемъ житіискамъ, быхомъ
бѣгуни[113] своего владыкы, убози отъ добрыихъ дѣлъ, окаянии
злааго ради житіа. Каемся, просимъ, молимъ. Каемся злыихъ
своихъ дѣлъ; просимъ, да страхъ твои послеши въ сердца
наша; молимъ, да на страшнемь судѣ помилуеть ны. Спаси,
ущедри, призри, посѣти, умилосердися, помилуи. Твои бо
есмь, твое създаніе, твоею руку дѣло. Аще бо безаконіа
назриши, Господи, Господи, кто постоить?[114] Аще въздаси
комуждо по дѣломъ, то кто спасется? Яко отъ Тебе оцѣще-
ніе есть; яко отъ Тебе милость и много избавленіе.[115] И души
наши въ руку твоею, и дыханіе наше въ воли твоеи. Отъо-
нелѣ же бо благопризираніе[116] твое на насъ, благоденьст-
вуемь. Аще ли съ яростію призриши, ищезнемь яко утреняа

роса. Не постоить бо прахъ противу бури, и мы противѣ
гнѣву твоему. Нъ яко тварь отъ сътворившааго ны милости
просимъ. Помилуи ны, Боже, по велицѣи милости твоеи.[117]
Все бо благое отъ Тебе на насъ: все же неправедное отъ
насъ к Тобѣ. Вси бо уклонихомся, вси въкупѣ неключими
быхомъ;[118] нѣсть отъ насъ ни единого о небесныихъ тщащася
и подвизающа, нъ вси о земныихъ, вси о печалехъ житіи-
скыихъ. Яко оскудѣ прѣподобныи на земли,[119] не Тебе
оставляющу и прѣзрящю насъ, но намъ Тебе не възискаю-
щемь, нъ видимыихъ сихъ прилежащемь.[120] Тѣмже боимся,
егда сътвориши на насъ яко на Іеросалимѣ, оставльшиимъ
Тя и не ходившиимъ въ пути твоа. Нъ не сътвори намъ яко
и онѣмъ по дѣломъ нашимъ, ни по грѣхомъ нашимъ въздаи
намъ. Нъ терпѣ на насъ, и еще долго терпе; устави гнѣвныи
твои пламень, простираются на ны рабы твоа, самъ на-
правляа ны на истину твою, научая ны творити волю твою,
яко Ты еси Богъ нашь,[121] и мы людіе твои, твоа чясть, твое
достояніе. Не въздѣваемь бо рукъ нашихъ къ Богу туждему,
ни послѣдовахомъ лъжууму[122] коему пророку, ни ученіа еретичьскаа держимъ; нъ Тебе призываемь истиньнааго Бога,
и къ Тебѣ живущему на небесѣхъ очи наши възводимъ, къ
Тебѣ рукы наши въздѣваемь, молимтися: отъдаждь намъ[123]
яко благыи человѣколюбець, помилуи ны, призываа грѣш-
ники въ покааніе, и на страшнѣмь твоемь судѣ деснааго
стояніа не отълучи насъ, нъ благословленіа праведныихъ
причасти насъ. И донелѣ же стоить миръ, не наводи на ны
напасти искушеніа, ни предаи насъ въ рукы чюждиихъ, да
не прозоветься градъ твои градъ плѣненъ, и стадо твое
пришельци въ земли не своеи; да не рекуть страны: кде есть
Богъ ихъ? Не попущаи на ны скорби, и глада, и напрас-
ныихъ съмертіи, огня, потопленіа, да не отъпадуть отъ вѣры
нетвердіи вѣрою. Малы показни, а много помилуи, малы
язви, а милостивно исцѣли, въмалѣ оскорби, а въскорѣ
овесели; яко не трьпить наше естьство дълго носити гнѣва
твоего, яко стебліе огня. Нъ укротися, умилосердися, яко
твое есть еже помиловати и спасти; тѣмже продължи
милость твою на людехъ твоихъ, ратныа прогоня, миръ

утверди, страны укроти, глады угобзи, владыкѣ наши огрози странамъ,[124] боляры умудри, грады расили, церковь твою възрасти, достояніе свое съблюди, мужи и жены и младенцѣ спаси; сущаа въ работѣ, въ плѣненіи, въ заточеніи, въ путехъ, въ плаваніи, въ темницахъ, въ алкотѣ и жажди и наготѣ, вся помилуи, вся утѣши, вся обрадуи, радость творя имъ и тѣлесную и душевную, молитвами, моленіемь прѣчистыа Ти Матере, и святыихъ небесныихъ силъ, и прѣдтечи твоего и крестителя Іоанна, апостолъ, пророкъ, мученикъ, преподобныихъ, и всѣхъ святыихъ молитвами. Умилосердися на ны и помилуи ны, да милостью твоею пасоми въ единеніи вѣры, въкупѣ весело и радостно славимь Тя, Господа нашего Іисусъ Христа, съ Отцемь, съ пресвятыимъ Духомь, Троицу нераздельну, единобожествену, царьствующу на небесѣхъ и на земли, ангеломъ и человѣкомъ, видимѣи и невидимѣи твари, нынѣ и присно и въ вѣкы вѣкомъ, аминь.

II

Съказание и страсть и похвала святую мученику Бориса и Глѣба

Родъ правыихъ благословиться, рече пророкъ, и сѣмя ихъ въ благословлении будеть. Сице убо бысть малъмь преже сихъ, сущю самодрьжьцю вьсеи Русьскѣи земли Володимиру, сыну Святославлю, вънуку же Игореву,[1] иже и святыимь крьщениемь вьсю просвѣти сию землю Русьску. Прочая же его добродѣтели инде съкажемъ, нынѣ же нѣсть время, а о сихъ по ряду сице есть. Сь убо Володимиръ имѣяше сыновъ 12, не отъ единоя жены, нъ отъ раснъ[2] матеръ ихъ, въ нихъ же бяше старѣи Вышеславъ, а по немь Изяславъ, 3 — Святополкъ, иже и убиииство се зълое изъобрѣтъ. Сего мати преже бѣ чьрницею, гръкыни сущи, и поялъ ю бѣ Ярополкъ,[3] братъ Володимирь, и ростригъ ю красоты дѣля лица ея, и зача отъ нея сего Святоплъка оканьнааго. Володимиръ же, поганъи еще, убивъ Ярополка и поятъ жену его, непраздьну сущю, отъ нея же родися сии оканьныи Святопълкъ. И бысть отъ дъвою отцю и брату сущю, тѣмь же и не любляаше его Володимиръ, акы не отъ себе ему сущю. А отъ Рогнѣди[4] 4 сыны имѣяше: Изяслава, и Мьстислава, и Ярослава, и Всеволода. А отъ иноя Святослава и Мьстислава, а отъ Болгарынѣ Бориса и Глѣба.[5] И посажа вся по роснамъ землямъ въ княжении, иже инъде съкажемъ. Сихъ же съповѣмы убо, о нихъ же и повѣсть си есть. Посади убо сего оканьнаго Святопълка въ княжении Пиньскѣ, а Ярослава — Новѣгородѣ, а Бориса — Ростовѣ, а Глѣба — Муромѣ. Нъ се остаану много глаголати, да не многописании въ забыть вълѣземь, нъ о немь же начахъ, си съкажемъ. Убо сице многомъ же уже дьньмъ минувъшемъ и яко съконьчашася дьние Володимиру, уже минувъшемъ лѣтомъ 28 по святѣмь крьщении,[6] въпаде въ недугъ крѣпъкъ.

Въ то же время бяше пришелъ Борисъ изд Ростова. Печенегомъ[7] же о онуду пакы идущемъ ратию на Русь, въ велицѣ печали бяаше Володимиръ, зане не можааше изити противу имъ, и много печаляашеся. И призъвавъ Бориса, ему же бѣ имя наречено въ святѣмь крьщении Романъ, блаженааго и скоропослушьливааго, предавъ воѣ мъногы въ руцѣ его, посъла и противу безбожьнымъ Печенѣгомъ. Онъ же, съ радостию въставъ, иде, рекъ: «се готовъ есмь предъ очима твоима сътворити, елико велить воля сердца твоего». О таковыихъ бо рече Притъчьникъ:[8] «сынъ быхъ отцю послушьливъ и любиимъ предъ лицьмь матере своея».[9] Отшедшю же ему и не обрѣтъшю супостатъ своихъ, възвративъшюся въспять ему, — и се приде вѣстьникъ къ нему, повѣдая ему отчю съмрьть, како преставися отець его Василии[10] — въ се бо имя бяше нареченъ въ святѣмь крьщении — и како Святопълкъ потаи съмьрть отца своего, и ночь проимавъ помостъ на Берестовѣмь[11] и въ ковъръ обьртѣвъше, съвѣсивъше ужи на землю, везъше на саньхъ, поставиша и въ церкви святыя Богородица.[12] И яко услыша святыи Борисъ, начатъ тѣлъмь утьрпывати и лице его вьсе сльзъ испълнися, и сльзами разливаяся, и не могыи глаголати, въ сердци си начатъ сицевая вѣщати. «Увы мнѣ, свѣте очию моею, сияние и заре лица моего, бъздро уности моеѣ, наказание недоразумѣния моего! Увы мнѣ, отче и господине мои! Къ кому прибѣгну, къ кому възьрю, къде ли насыщюся таковааго благааго учения и наказания разума твоего? Увы мнѣ, увы мнѣ! Како заиде, свѣте мои, не сущу ми ту, да быхъ понѣ самъ чьстьное твое тѣло своима рукама съпрятялъ и гробу предалъ, нъ то ни понесохъ красоты мужьства тѣла твоего, ни съподобленъ быхъ цѣловати добролѣпьныхъ твоихъ сѣдинъ. Нъ, о блажениче, помяни мя въ покои твои! Сердце ми горить, душа ми съмыслъ съмущаеть, и не вѣмь, къ кому обратитися и къ кому сию горькую печаль простерети: къ брату[13] ли, его же быхъ имѣлъ въ отца мѣсто, нъ тъ, мьню, о суетии мирьскыихъ поучаеться и о убьеньи моемь помышляеть. Да аще кръвь мою пролѣеть и на убииство мое потъщиться, мученикъ буду Господу моему. Азъ бо не противлюся, зане пишеться: «Господь гърдыимъ противиться, съмѣренымъ же даеть благодать».[14] Апостолъ же: «иже рече: «Бога люблю», а брата своего ненавидить, — лъжь есть». И пакы: «боязни въ любъви нѣсть, съвьршеная любы вънъ измещеть страхъ».[15] Тѣмь же что реку или чьто сътворю? Се да иду къ брату моему и реку: «ты ми буди отець, ты ми братъ и старѣи, чьто ми велиши, господи мои?» И си на умѣ си помышляя, идяаше къ брату своему и глаголаше въ сьрьдци своемь, то понѣ узьрю ли си лицо братьца моего мьньшааго Глѣба, яко же Иосифъ Вениямина. И та вься полагая въ сьрьдци, си глаголаше: «воля твоя да будеть, Господи мои». Помышляше же въ умѣ своемь: «аще поиду въ домъ отца своего, то языцимнози превратять сердце мое, яко прогнати брата моего, яко же и отець мои преже святого крьщения,[16] славы ради и княжения мира сего, и иже все мимоходить и хуже паучины. То камо имамъ прийти по ошьствии моемь отсюду? какъ ли убо обрящюся тъгда? кыи ли ми будеть отвѣтъ? къде ли съкрыю мъножьство грѣха моего? Чьто бо приобрѣтоша преже братия отца моего или отець мои? Къде бо ихъ жития и слава мира сего, и багряница, и брячины, сребро и золото, вина и медове, брашьна чьстьная и быстрии кони, и домове красьнии и велиции, и имѣния многа, и дани, и чьсти бещисльны, и гърдѣния, яже о болярѣхъ своихъ? Уже все се имъ акы не было николи же, вся съ нимь ищезоша, и нѣсть помощи ни отъ кого же сихъ, ни отъ имѣния, ни отъ множьства рабъ, ни отъ славы мира сего. Тѣмь и Соломонъ, все прошьдъ, вься видѣвъ, вся стяжавъ и съвъкупивъ, рече, расмотривъ: «вьсе суета и суетие суетию буди,[17] тъкмо помощь отъ добръ дѣлъ и отъ правовѣрия и отъ нелицемѣрьныя любъве». Идыи же путьмь, помышляаше о красотѣ и о добротѣ телесе своего, и сльзами разливаашеся вьсь, и хотя удрьжатися — и не можаше. И вси, зьряще его тако, плакаашеся о доброродьнѣмь тѣлѣ и чьстьнѣмь разумѣ въздраста его, и къждо въ души своеи стонааше горестию сьрдьчьною, и вси съмущаахуся о печали. Къто бо не въсплачеться, съмрьти тоѣ пагубьноѣ приводя предъ очи сьрдьца своего, образъ бо бяаше унылъи его, възоръ и скрушение сьрдьца его святого? Такъ бо бѣ блаженыи тъ правьдивъ и щедръ, тихъ, кръткъ, съмѣренъ, всѣхъ милуя и вься набъдя. Помышляшеть же въ сьрдьци своемь богоблаженыи Борисъ и глаголааше: «вѣдѣ брата моего зълу ради человѣци понудяти и на убииство мое, и погубить мя. Да аще пролѣеть кръвь мою, то мученикъ буду Господу моему, а духъ мои прииметь Владыка». Тачe забывъ скърбь съмьртьную, тѣшааше сьрдьце свое словеси Божии: «иже погубити душю свою Мене ради и моихъ словесъ, обращети ю, въ животѣ вѣчьнѣмь съхранить ю».[18] И поиде радъстьнъмь сьрдьцьмь: «не презьри мене, рекыи, Господи премилостиве, уповающааго на Тя, нъ спаси душю мою». Святопълкъ же, сѣдя Кыевѣ по отци,[19] призвавъ Кыяны, многы дары имъ давъ, отпусти. Посла же къ Борису, глаголя: «брате, хочю съ тобою любъвь имѣти и къ отьню ти придамь».[20] Льстьно, а не истину глаголя. Пришедъ Вышегороду[21] ночь, отаи призъва Путьшю и Вышегородьскыѣ мужѣ и рече имъ: «повѣдите ми по истинѣ, приязньство имѣете ли къ мнѣ?» Путьша рече: «вьси мы можемъ главы своя положити за тя». Видѣвъ же дияволъ и искони ненавидяи добра человѣка, яко вьсю надежю свою на Господа положилъ есть святыи Борисъ, начатъ подвижьнѣи бываати. И обрѣтъ, яко же преже Каина на братоубииство горяща, тако же и Святопълкъ, по истинѣ въторааго Каина, улови мысль его, яко да избиеть вся наслѣдьникы отца своего, а самъ приимьть единъ вьсю власть. Тъгда призъва къ себе оканьныи трьклятыи Святопълкъ съвѣтьникы всему злу и началникы всеи неправьдѣ, и отъвьрзъ прескврьныя уста, рече, испусти злыи гласъ Путьшинѣ чади: «аще убо главы своя обѣщастеся положити за мя, шедъше убо, братия моя, отаи, къде обрящете брата моего Бориса, съмотрьше время, убиите и». И обѣщашася ему тако створити. О таковыихъ бо рече пророкъ: «скори суть кръвь пролияти бес правьды; си бо обѣщаваються кръви и събирають себе злая; сихъ путье суть събирающеи безаконие, нечистиемь свою душю обиемлють».[22] Блаженыи же Борисъ яко же ся бѣ воротилъ и сталъ бѣ на Льтѣ[23] шатьры.[24] И рѣша къ нему дружина:

«поиди, сяди Кыевѣ на столѣ отьни, се бо вси вои въ руку твоею суть». Онъ же имъ отъвѣщавааше: «не буди ми възяти рукы на брата своего, и еще же и на старѣиша мене, его же быхъ имѣлъ акы отьца». Си слышавъше, вои разидошася отъ него, а самъ оста тъкъмо съ отрокы своими. И бяаше въ дьнь суботьныи въ тузѣ и печали, удручьнъмь сьрдьцьмь. И вълѣзъ въ шатьръ свои, плакашеся съкрушенъмь сьрдьцьмь, а душею радостьною жалостьно гласъ испущааше: «сльзъ моихъ не презьри, Владыко, да якоже уповаю на Тя, тако да с твоими рабы прииму часть и жребии съ вьсѣми святыми твоими, яко Ты еси Богъ милостивъ и Тебе славу въсылаемъ въ вѣкы. Аминь». Помышляшеть же мучение и страсть святого мученика Никиты[25] и святого Вячеслава:[26] подобно же сему бывъшю убиению; и како святѣи Варварѣ отець свои убоица бысть;[27] и помышляаше слово премудраго Соломона: «правьдьници въ вѣкы живуть и отъ Господа мьзда имъ, и строение имъ отъ вышьняаго».[28] И о семь словеси тъчию утѣшаашеся и радоваашеся. Таче бысть вечеръ, и повелѣ пѣти вечерьнюю, а самъ вълѣзъ въ шатьръ свои, начатъ молитву творити вечернюю, съ сльзами горькыми и частыимь въздыханиемь и стонаниемь многымь. По сихъ леже съпати. И бяше сънъ его въ мънозѣ мысли и въ печали, крѣпъцѣ и тяжьцѣ и страшьнѣ, како предатися на страсть, како пострадати и течение съконьчати и вѣру съблюсти, яко да и щадимый вѣньць прииметь отъ рукы вьседьржителевы. И видѣвъ, възбьнувъ[29] рано, яко годъ есть утрьнии: бѣ же въ святую недѣлю. Рече къ прозвутеру своему: «въставъ, начьни заутрьнюю». Самъ же, обувъ нозѣ свои и умывъ лице свое, начатъ молитися къ Господу Богу. Посълании же приидоша отъ Святопълка на Льто ночь и подъступиша близъ, и слышаша гласъ блаженааго страстотьрпьца, поюща псалтырь заутрьнюю. Бяше же ему и вѣсть о убиении его. И начатъ пѣти: «Господи, чьто ся умножиша сътужающии, мънози въсташа на мя» и прочая псалмы до коньца.[30] И начатъ пѣти псалтырь: «Обидоша мя пси мнози и уньци тучьни одьржаша мя»[31] и пакы: «Господи, Боже мои, на Тя уповахъ, спаси мя»[32]. Таже по семъ канонъ.[33]

И коньчавъшю ему утрьнюю, начатъ молитися, зьря къ иконѣ Господьни, рече: «Господи Іисусъ Христе, иже симь образъмь явися на земли, изволивы волею пригвоздитися на крьстѣ и приимъ страсть грѣхъ ради нашихъ! Съподоби и мя прияти страсть». И яко услыша топотъ зълъ окрьстъ шатьра, и трьпьтьнъ бывъ, и начатъ сльзы испущати отъ очию своею, и глаголаше: «слава Ти, Господи, о вьсемь, яко съподобилъ мя еси зависти ради прияти сию горькую съмьрть и все престрадати любъве ради словесе твоего. Не въсхотѣхомъ възискати себе самъ, ничто же себе изволихъ, по апостолу: «любы вьсе тьрпить, всему вѣру емлеть и не ищьть своихъ си»,[34] и пакы: «боязни въ любъви нѣсть, съвьршеная бо любы вънъ отъмещеть боязнь».[35] Тѣмь, Владыко, душа моя въ руку твоею въину, яко закона твоего не забыхъ, яко Господеви годѣ бысть». И узьрѣста попинъ его и отрокъ, иже служааше ему, и видѣвъша господина своего дряхла и печалию облиянa[36] суща зѣло, расплакастася зѣло и глаголаста: «милыи господине наю и драгыи, колико благости испълненъ бысть, яко не въсхотѣ противитися любъве ради Христовы, — а коликы вои дьржа въ руку своею!» И си рекъша, умилистася. И абие узьрѣ текущиихъ къ шатьру блистание оружия и мечьное оцѣщение. И без милости прободено бысть чьстьное и многомилостивое тѣло святааго и блаженааго Христова страстотьрпьца Бориса: насунуша копии оканьнии Путьша, Тальць, Еловичь, Ляшько. Видѣвъ же, отрокъ его вьржеся на тѣло блаженааго, рекыи: «да не остану тебѣ, господине мои драгыи, да идеже красота тѣла твоего увядаеть, ту и азъ сьподобленъ буду съконьчати животъ свои». Бяше же сь родъмь Угринъ,[37] имьньмь же Георгии, и бѣаше възложилъ на нь гривьну злату, и бѣ любимъ Борисъмь паче мѣры. И ту же и проньзоша. И яко бысть ураненъ, и искочи изъ шатьра въ оторопѣ. И начаша глаголати стояще округъ его: «чьто стоите зряще? Приступивъше, сконьчаимъ повелѣное намъ». Си слышавъ, блаженыи начатъ молитися и милъ ся имъ дѣяти, глаголя: «братия моя милая и любимая, мало ми время отдаите, да понѣ помолюся Богу моему». И възьрѣвъ на небо съ сльзами и горѣ въздъхнувъ, начатъ молитися сицими глаголы. «Господи Боже мои, многомилостивыи и милостивыи и премилостиве! Слава Ти, яко съподобилъ мя убѣжати отъ прельсти жития сего льстьнааго. Слава Ти, прещедрыи живодавьче, яко сподоби мя труда святыхъ мученикъ. Слава Ти, Владыко человѣколюбьче, сподобивыи мя съконьчати хотѣние сьрдьца моего. Слава Ти, Христе, мъногому Ти милосердию, иже направи на правыи путь мирьны ногы моя тещи къ Тебе бе съблазна. Призьри съ высоты святыя твоея, вижь болѣзнь сьрдьца моего, юже прияхъ отъ сьродьника моего, яко Тебе ради умьрщвляемъ есмь вьсь дьнь, въмѣниша мя[38] яко овьна на сънѣдь. Вѣси бо, Господи мои, яко не противлюся, ни въпрекы глаголю, а имыи въ руку вься воя отьца моего и вься любимыя отьцемь моимь, — и ничьто же умыслихъ противу брату моему. Онъ же, елико възможе на мя, и воздвиже: да аще бы ми врагъ поносилъ, претьрпѣлъ убо быхъ; аще бы ненавидя мене вельречевалъ, укрылъ быхъ ся.[39] Нъ Ты, Господи, вижь и суди межю мною и межю братъмь моимь, и не постави имъ, Господи, грѣха сего, нъ приими въ миръ душю мою. Аминь». И възьрѣвъ къ нимъ умиленама очима и спадъшемь лицьмь, и вьсь сльзами обливявъся, рече: «братие, приступивъше, съконьчаите службу вашю, и буди миръ брату моему и вамъ, братие». Да елико слышаху словеса его, отъ сльзъ не можаху ни словесе рещи, отъ страха же и печали горькы и мъногыхъ сльзъ; нъ съ воздыханиемь горькымь жалостьно глаголааху и плакаахуся, и къжьдо въ души своеи стонааше. «Увы намъ, къняже нашь милыи и драгыи и блаженыи, водителю слѣпыимъ, одеже нагымъ, старости жьзле, казателю ненаказанымъ! Кто уже си вься исправить, како не въсхотѣ славы мира сего, како не въсхотѣ веселитися съ чьстьныими вельможами, како не въсхотѣ величия, еже въ житии семь? Къто не почюдиться великууму съмирению, къто ли не съмѣриться, оного съмѣрение видя и слыша?» И абие усъпе, предавъ душю свою въ руцѣ Бога жива, мѣсяца иулия въ 24 дьнь,[40] преже 9 каландъ августа.[41] Избиша же и отрокы многы; съ Георгия же не могуще съняти гривьны, и отсѣкъше главу, отъвьргоша и кромѣ, да тѣмь и послѣдь не могоша

познати тѣла его. Блаженааго же Бориса обьрѣвъше въ
шатьръ, възложивъше на кола, повезоша, — и яко быша на
бору, начатъ въскланяти святую главу свою. И се увѣдѣвъ,
Святопълкъ пославъ два Варяга, и прободоста и мечьмь въ
срьдьце, и тако съконьчася, и въсприятъ неувядаемыи
вѣньць. И положиша тѣло его, принесъше Вышегороду, у
цркве святааго Василия, въ зьмли погребоша.

Вѣнець приемь отъ Христа Бога, съ праведьными причтеся, съ пророкы и апостолы и с ликы мученическыми вод-
варяяся, и Авраму на лонѣ почивая, видя неизреченьную
радость, въспѣвая съ ангелы, веселяся в лицѣ святыхъ. И
положиша тѣло его, принесоша таи Вышегороду, у церькви
святого Василия, въ земли погребоша. Оканьнии же убиици
придоша къ Святополку, акы хвалу имуще, безаконьници.
Сици бо слугы бѣси бывають. Бѣси бо на злое посылаеми
бывають, ангели на благое слеми бывають. Ангелъ человѣку
зла не стваряеть, нъ благое мыслить ему всегда, паче же
Хрьстьянамъ помогаеть и заступаеть отъ супротивьнаго
диявола; а бѣси всегда на злое ловять, всегда завидяще
ему, понеже видить человѣка Богомъ почтена, и завидяще
ему, на злое шлеми[42] и скори суть. Рече бо Богъ: кто идеть
прѣльстить Ахава? — и рече бѣсъ: се азъ иду. Зълъ человѣкъ, тъщася на злое, не хужеши есть бѣса. Бѣси бо человѣка боятся, а зълъ человѣкъ ни Бога ся боить, ни человѣка ся
стыдить; бѣси креста боятся Господня, а человѣкъ золъ ни
креста ся боить. Тѣмже и глаголаше Давидъ: «аще воистину
право глаголете, правду судите, сынове человѣцьстии, ибо
въ сердци безаконуете на земли, неправды рукы ваша
съплѣтають, учюжени быша грѣшници отъ ложеснъ, заблу-
диша отъ чрева, глаголаша лжю: ярость ихъ по образу
змиину».[43]

И не до сего остави убииства оканьныи Святопълкъ, нъ
и на большая, неистовяся, начатъ простиратися. И яко
видѣся, желание срьдьца своего уже улучивъ, абие не
въспомяну зълааго своего убииства и многааго убо съблаж-
нения, и ни малы понѣ на покаяние преклонися; нъ ту абие
въниде въ срьдьце его сотона и начаты и пострѣкати вящьша

и горьша съдѣяти, и множаиша убииства. Глаголааше бо
въ души своеи оканьнѣи: «что сътворю? аще бо досьде[44]
оставлю дѣло убииства моего, то дъвоего имамь чаяти:[45]
яко аще услышать мя братия моя, си же, варивъше, въздадять ми и горьша сихъ;[46] аще ли и не сице, то да ижденуть
мя, и буду чюжь престола отца моего, и жалость землѣ моея
сънѣсть мя,[47] и поношения поносящихъ нападуть на мя, и
къняжение мое прииметь инъ, и въ дворѣхъ моихъ не будеть
живущааго, зане его[48] же Господь възлюби, а азъ погнахъ и
къ болѣзни язву приложихъ.[49] Приложю къ безаконию убо
безаконие, обаче и матере моея грѣхъ да не оцѣститься и съ
правьдьныими не напишюся, нъ да потреблюся отъ книгъ
живущиихъ». Яко же и бысть, еже послѣди съкажемъ, —
нынѣ же нѣсть время, нъ на предълежащее възвратимъся.
И си на умѣ си положивъ, зълыи съвѣтьникъ дияволь посла
по блаженааго Глѣба, рекъ: «приди въ бързѣ, отець зоветь тя,
и не съдравить ти вельми». Онъ же въ бързе, въ мале дружинѣ, въсѣдъ на конь, поѣха. И пришедъ на Вългу. На
поле потъчеся подъ нимь конь въ ровѣ и наломи ногу малы.
И яко приде Смолиньску,[50] и поиде отъ Смолиньска яко
зьрѣимъ едино, ста на Смядинѣ[51] въ кораблици. И въ се
время пришьла бяаше вѣсть отъ Передъславы[52] къ Ярославу[53]
о отьни съмьрти. И присла Ярославъ къ Глѣбу, река: «не
ходи, брате, отьць ти умьрлъ, а братъ ти убиенъ отъ Святопълка». И си услышавъ, блаженыи възпи плачьмь горькыимь и печалию срьдьчьною, и сице глаголааше: «о, увы
мнѣ, господине мои! Отъ двою плачю плачюся и стеню,
дъвою сѣтованию сѣтую и тужю! Увы мнѣ, увы мнѣ! Плачю
зѣло по отьци, паче же плачюся и отъчаяхъ ся по тебе, брате
и господине Борисе, како прободенъ еси, како без милости
прочее съмьрти предася, како не отъ врага, нъ отъ своего
брата пагубу въсприялъ еси. Увы мнѣ! Уне бы съ тобою
умрети ми, неже уединену и усирену отъ тебе въ семь житии
пожити. Азъ мнѣхъ въ бързѣ узьрѣти лице твое ангельское,
ти се селика туга състиже мя, и уне бы съ тобою умрети,
господине мои! Нынѣ же что сътворю азъ умиленыи,
очюженыи[54] отъ твоея доброты и отъ отца моего мъногааго

разума? О, милыи мои брате и господине! аще еси уполучилъ дрьзновение[55] у Господа, моли о моемь унынии, да быхъ азъ съподобленъ ту же страсть въсприяти и съ тобою жити, неже въ свѣтѣ семь прельстьнѣмь»! И сице ему стенющю и плачющюся, и сльзами землю омачающю, съ въздыхании частыими Бога призывающю, приспѣша вънезапу посълании отъ Святопълка, зълыя его слугы, немилостивии кръвопиицѣ, братоненавидьници люти зѣло, сверѣпа звѣри, душю изимающе. Святыи же поиде въ кораблици, и сърѣтоша и устие Смядины. И яко узьрѣ я святыи, възрадовася душею, а они, узьрѣвъше и, омрачаахуся и гребяахуся къ нему. А сь цѣлования чаяяше отъ нихъ прияти. И яко быша равьно пловуща,[56] начаша скакати зълии они въ лодию его, обнажены меча имуще въ рукахъ своихъ, бльщащася акы вода, — и абие вьсѣмъ весла отъ руку испадоша, и вьси отъ страха омьртвѣша. Си видѣвъ блаженыи, разумѣвъ, яко хотять его убити, възьрѣвъ къ нимъ умиленама очима и сльзами лице си умывая, съкрушенъмь срьдцьмь, съмѣренъмь разумъмь и частыимь въздыханиемь, вьсь сльзами разливаяся, а тѣлъмь утьрпая, жалостьно гласъ испущааше: «не дѣите мене, братия моя мілая и драгая, не дѣите мене, ни ничто же вы зъла сътворивъша! Не брезѣте,[57] братие и господье, не брезѣте! Кую обиду сътворихъ брату моему и вамъ, братие и господье мои? Аще ли кая обида, ведѣте мя къ князю вашему, а къ брату моему и господину. Помилуите уности моеѣ, помилуите, господье мои! Вы ми будѣте господие мои, азъ вамъ — рабъ. Не пожьнете мене отъ жития не съзьрѣла, не пожьнѣте класа не уже съзьрѣвъша, нъ млеко безълобия носяща. Не порѣжете лозы, не до коньца въздрастъша, а плодъ имуща. Молю вы ся и милъ вы ся дѣю, убоитеся рекъшааго усты апостольскы: «не дѣти бываите умы, зълобиемь же младеньствуите, а умы съвьршени бываите».[58] Азъ, братие, и зълобиемь и въздрастъмь еще младеньствую: се нѣсть убииство, но сырорѣзание.[59] Чьто зъло сътворихъ? съвѣдѣтельствуите ми — и не жалю си. Аще ли кръви моеѣ насытитися хочете, уже въ руку вы есмь, братие, и брату моему, а вашему кънязю». И

ни понѣ единого словесе постыдѣшася, нъ яко же убо
сверѣпии звѣрие, тако въсхытиша его. Онъ же, видѣвъ, яко
не вънемлють словесъ его, начатъ глаголати сице: «спасися,
милыи мои отче и господине Василие! Спасися, мати и
госпоже моя! Спасися и ты, брате Борисе, старѣишино
уности моея! Спасися и ты, брате и поспѣшителю Ярославе!
Спасися и ты, брате и враже Святопълче! Спасетеся и вы,
братие и дружино, вьси спасетеся! Уже не имамъ васъ
видѣти въ житии семь, зане разлучаемъ есмь отъ васъ съ
нужею». И глаголааше плачася: «Василие, Василие, отче
мои и господине! приклони ухо твое и услыши гласъ мои,
и призьри, и вижь приключьшаяся чаду твоему, како без
вины закалаемъ есмь. Увы мнѣ, увы мнѣ! Слыши, небо, и
вънуши, земле! И ты, Борисе брате, услыши гласа моего!
Отца моего Василія призъвахъ — и не послуша мене: то ни
ты хочеши мене послушати? Вижь скьрбь сьрдьца моего
и язву душа моея, вижь течение сльзъ моихъ, яко рѣку, и
никто же не вънемлеть ми, — но ты убо помяни мя и помолися о мнѣ къ обьщему владыцѣ, яко имѣя дьрзновение и
престоя у престола его». И начатъ, преклонь колѣнѣ, молитися сице: «прещедрыи и премилостиве Господи! сльзъ
моихъ не премълчи, нъ умилися на мое уныние, вижь
съкрушение сьрдьца моего: се бо закалаемъ есмь, не вѣмь,
чьто ради или за которую обиду, не съвѣдѣ. Ты вѣси,
Господи, Господи мои! Вѣмь Тя, рекъша къ своимъ апостоломъ, яко «за имя мое, Мене ради възложать на вы рукы, и
предани будете родъмь и другы, и братъ брата предасть на
съмьрть, и умьртвять вы имене моего ради»; и пакы: «въ
тьрпѣнии вашемь сътяжите душа ваша».[60] Вижь, Господи, и
суди, се бо готова есть душа моя предъ Тобою, Господи, и
Тебе славу въсылаемъ Отцю и Сыну и Святууму Духу
нынѣ и присно и въ вѣкы вѣкомъ. Аминь». Таче възьрѣвъ
къ нимъ, умиленъмь гласъмь и измълкъшьмь грьтаньмь
рече: «то уже сътворивъше, приступльше, сътворите, на
неже посълани есте». Тъгда оканьныи Горясѣръ повелѣ
зарѣзати и въборзѣ. Поваръ же Глѣбовъ, именьмь Търчинъ,
изьмъ ножь и имъ[61] блаженаго, и закла яко агня непорочьно

и безлобиво. Мѣсяца сентября въ 5 дьнь,[62] въ понеделникъ. И принесеся жьртва чиста Господеви и благовоньна, и възиде въ небесныя обители къ Господу, и узьрѣ желаемаaго си брата, и въсприяста вѣньца небесныя, егоже и вьжелѣста, и въздрадовастася радостию великою, неиздреченьною, юже и улучиста. Оканьнии же они убоицѣ, възвративъшеся къ пославъшюуму я, яко же рече Давидъ: «възвратяться грѣшьници въ адъ и вьси забывающии Бога»,[63] и пакы: «оружие извлекоша грѣшьници, напрягоша лукъ свои заклати правыя сьрдьцьмь, и оружие ихъ вънидеть въ сьрдьца, и луци ихъ съкрушаться, яко грѣшьници погыбнуть».[64] И яко съказаша Святопълку, яко сътворихомъ повеленое тобою: и си слышавъ, вознесеся срьдьцьмь. И събysться реченое псалмопѣвьцемь Давидъмь: «чьто ся хвалиши, сильныи, о зълобѣ? безаконие вьсь дьнь, неправьду умысли языкъ твои, възлюбилъ еси зълобу паче благостынѣ, неправьду, неже глаголаати правьду, възлюбилъ еси вься глаголы потопьныя и языкъ льстивъ. Сего ради раздрушить тя Богъ до коньца, въстьргнеть тя и преселить тя отъ села твоего и корень твои отъ земля живущихъ».[65] Убиену же Глѣбови и повьржену на пустѣ мѣстѣ межю дъвѣма колодама, и Господь не оставляяи своихъ рабъ, яко же рече Давидъ: «хранить Господь вься кости ихъ, и ни едина отъ нихъ съкрушиться».[66] И сему убо святууму лежащю дълго время, не остави въ невѣдѣнии и небрежении, отинудь пребыти неврежену, нъ показа: овогда бо видѣша стълпъ огньнъ, овогда свѣщѣ горущѣ, и пакы пѣния ангельская слышааху мимоходящии же путьмь гостие, ини же, ловы дѣюще и пасуще, си же видяще и слышаще. Не бысть памяти ни единому же о възискании телесе святааго, дондеже Ярославъ, не тьрпя сего зълааго убииства, движеся на братоубиица оного, оканьнааго Святоплъка, и брани мъногы съ нимь съставивъ, и вьсегда, пособиемь Божиемь и поспѣшениемь святою, побѣдивъ. Елико брани състави, оканьныи посрамленъ и побѣженъ възвращаашеся. Святополкъ же оканьныи нача княжити в Кыевѣ. Ярославу же еще не вѣдущю о отни смерьти. Варязи мнози бяху у Ярослава,[67] и насилие творяху Новгородцемъ и

женамъ. И воставъше, Новгородци избиша Варягы въ
дворѣ Поромони. И разгнѣвася Ярославъ, и шедъ на Рекъ,[68]
и сѣде въ дворѣ, и посла к Новгородцемъ, и рече: «уже мнѣ
сихъ не крѣсити».[69] И позва к собѣ нарочиты мужи, иже
бяху исѣкли Варягы, и облестивъ ихъ, исѣце. В ту же нощь
приде вѣсть ис Кыева отъ сестры его Передъславы: «отець
ти умерлъ, а Святополкъ ти сѣдить в Кыевѣ, убивъ Бориса
и Глѣба. Блюдися сего повелику». Се слышавъ, Ярославъ
печаленъ бывъ о отьци и о дружинѣ. Заутра же събра
прокъ Новгородець Ярославъ, рече: «люба моя дружино,
юже вчера избихъ, а нынѣ быша надобѣ»! И утре слезъ, и
рече имъ на вѣчи: «отець мои умерлъ, а Святополкъ сѣде в
Кыевѣ, избивая братью свою». И рѣша ему Новгородци:
«аще, княже, братия наша исѣчена, можемъ по тобѣ бороти».
И собра Ярославъ Варягъ тысящю, а прочихъ вои 40 тысящь,
и поиде на Святополка, нарекъ Бога, река: «не азъ почахъ
избивати братию, нъ онъ. Да будеть отмѣстникъ Богъ
крови братия, зане безъ вины пролья кровь Борисову и
Глѣбову правѣдьную. Еда мнѣ то же створить? Нъ суди,
Господи, по правдѣ, да скончается злоба грѣшнаго».[70] И
поиде на Святополка. Он же, слышавъ идуща Ярослава,
престрои бещисла Руси и Печенѣгъ, изиде противу Любчю.[71]
Въ лѣто 6524[72] приде Ярославъ. И сташа противу себе оба
полы Днепра, и не смѣяху ни они сихъ начати, ни си онѣхъ,
и стояша за 3 мѣсяци противу собѣ. И нача воевода Свято-
полчь, ѣздя възлѣ берегъ, укаряти Новгородцѣ, глаголя: «что
придосте съ хромцемь тѣмь?[73] А вы плотници суще, а при-
ставимъ вы и хоромовъ рубити». Се слышавше, Новгородци
рѣша Ярославу, яко заутра перевеземся на нь, аще кто не
поидеть на нь с нами, сами потнемь.[74] Бѣ бо уже въ заморозъ.
И Святополкъ же стояше межю дьвѣма озерама, высѣде на
брегъ и всю нощь упився бѣ съ дружиною. Противу свѣту
перевезеся, высѣде на брегъ, и отрѣшиша лодьѣ отъ берега,
и поидоша противу собѣ,[75] и соступишася на мѣстѣ, и бысть
сѣча зла, и не бѣ лзѣ Печенегомъ озеромъ[76] помагати. И
приступиша вои Святополцѣ къ озеру, и въступиша на ледъ,
и обломишася, и одолѣвати нача Ярославъ. Видѣвъ же,

Святополкъ побѣже въ Ляхы.[77] Ярославъ же сѣде въ Кыевѣ,
на столѣ отни: бѣ же тогда Ярославъ лѣтъ 28. В лѣто 6526[78]
приде Болеславъ[79] съ Святополкомъ на Ярослава с Ляхы.
Ярославъ же, съвкупивъ Русь, Варягы, Словени, поиде
противу, и приде Велыню,[80] и сташа оба полы рѣкѣ Буга. И
бѣ у Ярослава кормилиць, воевода Буды, и нача Буды уко-
ряти Болеслава, глаголя: «еда троскою ти прободемъ чрево
твое толстое». Бѣ бо Болеславъ великъ и тяжекъ, одва на
конѣ мога сѣдѣти. И рече Болеславъ дружинѣ своеи: «аще
вы сего укора не жаль, азъ единъ погыбну». И всѣдъ на
конь, въбреде в рѣку, и по немь вои его. Ярославъ же не
утягнувъ исполцитися,[81] и побѣди Болеславъ Ярослава. Болеславъ же вниде в Кыевъ съ Святополкомъ.[82] Ярославъ же
побѣже с четырми мужи к Новугороду. Ярославу же при-
бѣгшю к Новугороду, хотя бѣжати за море. Посадникъ
Костянтинъ, сынъ Добрынь, с Новгородци расѣкоша лодия
Ярославлѣ, рекуще: «можем ся и еще бити съ Болеславомъ
и съ Святополкомъ». И начаша скотъ брати: отъ мужа по
четыри куны, а отъ старостъ по девяти гривенъ, а отъ бояръ
по осмидесятъ гривенъ. И приведоша Варягы, и вдаша имъ
скотъ, и съвкупи Ярославъ вои многыи. Безумныи же Святополкъ рече: «елико же Ляховъ по городомъ избиваите». И
бысть тако. Болеславъ же побѣже ис Кыева, вземъ имѣние
и бояры. И приде Ярославъ на Святополка, и побѣди и. И
бѣже Святополкъ въ Печенѣгы. В лѣто 6527.[83] Прочее же съ
трьклятыи прииде съ множьствъмь Печенѣгъ. И Ярославъ,
съвъкупивъ воя, изиде противу ему на Льто, и ста на мѣстѣ,
идеже бѣ убиенъ святыи Борисъ. И въздѣвъ руцѣ на небо,
и рече: «се кръвь брата моего въпиеть къ Тебѣ, Владыко,
якоже и Авелева преже, и Ты мьсти его, яко же и на ономь
положи стонание и трясеніе, на братоубиици Каинѣ. Еи,
молю Тя, Господи, да въсприимуть противу тому. Аще и
тѣльмь отшьла еста, нъ благодатию жива еста и Господеви
предъстоита, и молитвою помозѣта ми». И се рекъ, и поидоша противу собѣ, и покрыша поле Льтьское множьствъмь
вои, и съступишася въсходящю солнцю, и бысть сѣча зла
отинудь, и съступашася тришьды, и бишася чересъ дьнь

вьсь. И уже къ вечеру одолѣ Ярославъ, а сь оканьныи Святопълкъ побѣже, и нападе на нь бѣсъ, и раслабѣша кости его, яко не мощи ни на кони сѣдѣти, и несяхуть его на носилѣхъ. И прибѣгоша Берестию[84] съ нимь, онъ же рече: «побѣгнѣте, о се женуть[85] по насъ». И посылахуть противу, и не бѣ ни гонящаать ни женущааго въ слѣдъ его, и лежа въ немощи, въсхопивъся, глаголааше: «побѣгнѣмы, еще женуть, охъ мнѣ!» И не можааше тьрпѣти на единомь мѣстѣ, и пробѣже Лядьску землю,[86] гонимъ гнѣвъмь Божиемь, и прибѣже въ пустыню межю Чехы и Ляхы,[87] и ту испровръже животъ свои зълѣ. И приятъ възмьздие отъ Господа, яко же показася посъланая на нь пагубная рана, и по съмьрти муку вѣчьную. И тако обою животу лихованъ бысть: и сьде не тъкъмо княжения, нъ и живота гонезе, и тамо не тъкъмо царствия небеснааго и еже съ ангелы жития погрѣши, нъ и муцѣ и огню предасться. И есть могыла его и до сего дьне, и исходить отъ неѣ смрадъ зълыи на показание человѣкомъ, да аще кто си сътворить, слыша таковая, си же прииметь и вящьша сихъ. Яко же Каинъ, не вѣдыи мьсти прияти, и едину прия, а Ламехъ, зане вѣдѣвъ на Каинѣ, тѣмь же седмьдесятицею мьстися ему:[88] така ти суть отъмьстия зълыимъ дѣлателемъ. Яко же бо Иулиянъ цесарь,[89] иже мъногы кръви святыихъ мученикъ пролиявъ, горькую и нечеловѣчьную съмьрть прия, невѣдомо отъ кого прободенъ бысть, копиемь въ сьрдьце въдруженъ: тако и сь, бѣгая не вѣдыися отъ кого, зълострастьну съмьрть прия. И оттолѣ крамола преста въ Русьскѣ земли, а Ярославъ прея вьсю волость Русьскую.[90] И начатъ въпрашати о тѣлесьхъ святою, како или кде положена еста. И о святѣмь Борисѣ повѣдаша ему, яко Вышегородѣ положенъ есть, а о святѣмь Глѣбѣ не вьси свѣдяаху, яко Смолиньскѣ убиенъ есть. И тъгда съказаша ему, яже слышаша отъ приходящихъ отътуду, како видѣша свѣтъ и свѣщѣ въ пустѣ мѣстѣ. И то слышавъ, посъла Смолиньску на възискание презвутеры, рекыи, яко то есть братъ мои. И обрѣтоша и, идеже бѣша вiдѣли. И шьдъше съ крьсты, и съ свѣщами мънозѣми, и съ кандилы, и съ чьстию многою, и въложьше въ корабль, и пришедьше, положиша и

Вышегородѣ, идеже лежить и тѣло преблаженааго Бориса. И раскопавъше землю, и тако же положиша и, недоумѣюще, яко же бѣ лепо, пречьстьнѣ. Се же пречюдьно бысть и дивьно, и памяти достоино, како и колико лѣтъ лежавъ тѣло святого, то же не врежено пребысть ни отъ коего же плътоядьца, ни бѣаше почьрнѣло, яко же обычаи имуть телеса мьртвыхъ, — нъ свѣтьло и красьно, и цѣло, и благу воню имущю: тако Богу съхранивъшю своего страстотьрпьца тѣло. И не вѣдяху мнози ту лежащю святою страстотьрпьцю телесу. Нъ яко же рече Господь: «не можеть градъ укрытися врьху горы стоя, ни свѣщѣ въжьгъше спудъмь покрывають, нъ на свѣтилѣ поставляють, да свѣтить тьмьныя»,[91] — тако и си святая постави свѣтити въ мирѣ премногыими чюдесы, сияти въ Русьскѣ сторонѣ велицѣи, идеже множьство стражющиихъ съпасени бывають, слѣпии прозирають, хромии быстрѣе сьрны рищють, сълуции простьрение приемлють. Нъ или могу вься съповѣдати, или съказаати творимая чюдесы? По истинѣ, ни вьсь миръ можеть понести, яже дѣються предивьная чюдеса, и паче пѣсъка морьскааго. И не ту единде, нъ и по вьсѣмъ сторонамъ, и по вьсѣмъ землямъ преходяща, болѣзни вься и недугы отъгонита, сущихъ въ тьмьницахъ и въ узахъ посѣщающа. И на мѣстѣ, идеже мученичьскыимь вѣньцьмь увязостася, създанѣ быста цьркви въ имя ею, да и ту тако же многа чюдеса, посѣщающа, съдѣваета. Тѣмь же ваю како похвалити — не съвѣмь, или чьто рещи — недоумѣю и не възмогу. Ангела ли ва нареку, имьже въ скорѣ обрѣтаетася близъ скърбящихъ? Нъ плътьскы на земли пожила еста въ чловѣчьствѣ. Чловѣка ли ва именую? То паче всего чловѣчьска ума преходита множьствъмь чюдесъ и посѣщениемь немощьныихъ. Цесаря ли, князя ли ва проглаголю? Нъ паче чловѣка убо проста и съмѣрена съмѣрение бо сътяжала еста, имьже и высокая мѣста и жилища въселистася. По истинѣ вы цесаря цесаремъ и князя къняземъ, ибо ваю пособиемь и защищениемь князи наши противу въстающая държавьно побѣжають и ваю помощию хваляться. Вы бо тѣмь и намъ оружие, земля Русьскыя забрала и утвьржение и меча обоюду остра, има же дьрзость поганьскую низълагаемъ и дияволя шатания въ земли попираемъ. По истинѣ несумьньнѣ рещи възмогу: вы убо небесьныя чловѣка еста, земльная ангела, стълпа и утвьржение землѣ нашея! Тѣмь же и борета по своемь отьчьствѣ и пособита, яко же и великии Димитрии[92] по своемь отьчьствѣ рекъ: «аще убо, и веселящемъся имъ, съ ними бѣхъ, тако же и погыбающимъ имъ, съ нимь умьру». Нъ обаче сии великыи милъсьрдыи Димитрии о единомь градѣ сице извѣща, а вы ни о единомь бо градѣ, ни о дъву, ни о вьси попечение и молитву въздаета, нъ о всеи земли Русьскѣи. О, блаженая убо гроба, приимъши телеси ваю чьстьнѣи, акы съкровище мъногоцѣньно! Блаженая цьркы, въ неи же положенѣ быста рацѣ[93] ваю святѣи, имущи блаженѣи телеси ваю! О Христова угодьника! Блаженъ по истинѣ и высокъ паче всѣхъ градъ Русьскыихъ и вышии градъ, имыи въ себе таковое скровище, ему же не тъчьнъ ни вьсь миръ! По истинѣ Вышегородъ наречеся: вышии и превышии городъ всѣхъ, въторыи Селунь[94] явися въ Русьскѣ земли, имыи въ себе врачьство безмьздьное. Не нашему единому языку тъкъмо подано бысть Бъгъмь, нъ и вьсеи земли спасение, отъ всѣхъ бо странъ ту приходяще туне почьреплють ицѣление, яко же и въ святыихъ евангелиихъ Господь рече святымъ апостоломъ, яко туне приясте, туне и дадите.[95] О сихъ бо и самъ Господь рече: «вѣруяи въ Мя дѣла, яже Азъ творю, и тъ сътворитъ, и больша тѣхъ».[96] Нъ, о блаженая страстотьрпьца Христова, не забываита отьчьства, идеже пожила еста въ тели, его же всегда посѣтьмь не оставляета! Тако же и въ молитвахъ вьсегда молитася о насъ, да не придеть на ны зъло и рана да не приступить къ телеси твоему[97] и рабъ ваю. Вама бо дана бысть благодать, да молита за ны, вама бо далъ есть Богъ о насъ молитися и ходатая къ Богу за ны: тѣмь же прибѣгаемъ къ вама и съ сльзами припадающе, молимъся, да не придеть на ны нога гордыня и рука грѣшьнича не погубить насъ, и вьсяка пагуба да не наидеть на ны. Гладъ и озълобление отъ насъ далече отъженѣта и всего меча браньна избавита насъ, и усобичьныя брани чюжа сътворита,

и вьсего грѣха и нападения заступита насъ, уповающихъ
къ вама. И къ Господу Богу молитву нашю усрьдьно при-
несѣта, яко съгрѣшихомъ зѣло и безаконьновахомъ премъ-
ного, и бещиньствовахомъ паче мѣры, преизлиха, нъ ваю
молитвы надѣющеся, къ Спасу възъпиемъ, глаголюще: Владыко, единыи без грѣха! призьри съ небесе святого твоего
на насъ убогыхъ: елма же съгрѣшихомъ, нъ Ты оцѣсти, и
безаконьновахомъ — ослаби, претькнухомъся по времени[98]
— яко блудьницю оцѣсти ны и яко мытоимьца оправи. Да
придеть на ны милость твоя, да въсканеть на ны человѣ-
колюбие твое,[99] и не ослаби ны преданомъ быти грѣхы
нашими, ни усънути, ни умрети горькою съмьртию, нъ
искупи ны отъ настоящааго зла и дажь ны время покаянию,
яко многа безакония наша предъ Тобою, Господи! Сътвори
съ нами по милости твоеи, Господи, яко имя твое нари-
цаеться въ насъ, нъ помилуи ны и ущедрі, и заступи молитвами пречьстьною страстотьрпцю твоею, и не сътвори насъ
въ поносъ, нъ милость твою излѣи на овьца пажити твоея,
яко Ты еси Богъ нашь и Тебе славу въсылаемъ Отцю и
Сыну и Святууму Духу, нынѣ и присно и въ вѣкы вѣкомъ.
Аминь.

О Борисъ, какъ бѣ възъръмь.[100] Сь убо благовѣрьныи
Борисъ, блага корене сыи, послушьливъ отцю бѣ, покаряяся
при всемь отцю. Тѣлъмь бяше красьнъ, высокъ, лицьмь
круглъмь, плечи велицѣ, тънъкъ въ чресла, очима добраама,
веселъ лицьмь, борода мала и усъ, младъ бо бѣ еще, свѣтяся
цесарьскы, крѣпъкъ тѣлъмь, вьсячьскы украшенъ, акы цвѣтъ
цвьтыи въ уности своеи, въ ратьхъ хъбъръ, въ съвѣтѣхъ
мудръ и разумьнъ при вьсемь, и благодать Божия цвьтяаше
на немь.

*Съказание чюдесъ святою страстотьрпьцю Христову Романа
и Давида.*[101] Господи, благослови, отче. Не възможеть
человѣкъ глаголати и не насытиться око зьрѣти и не
напълниться ухо слышания, — рече Еклисиастъ.[102] Тако
и святыхъ мученикъ умъ нашь чюдесъ не достигнеть
съказаати, ни языкъ не можеть издрещи, ни слово съповѣдовати, елико же възмьздие труду своему прямо отъ

Господа въсприяша, акы чада и причастьници Божии. И яко же Иоанъ Богословьць рече: «елико же ихъ приятъ, дасть имъ область чадомъ Божиемъ быти».[103] И Давидъ: «святымъ, сущимъ на земли его, удиви Господь вьсю волю въ нихъ»,[104] и пакы: «дивьнъ Богъ въ святыхъ своихъ, творяи чюдеса единъ».[105] Иоанъ же преподобьныи Дамаскыньскыи о сихъ въ книгахъ, рекомыихъ Увѣряя,[106] сице исписа. Яко сицевии мужі, и по съмьрти живи суще, Господеви предъстоять: источьникы намъ спасению владыка Христосъ мощьми ихъ подасть, отъ мученичьскъ бо телесъ миро добровоньно изимати. И пакы. Иже къ Богу вѣруютъ и въ надежю въскрьсения, то сихъ не мрьтвы наричемъ, мьртва бо плъть, владыко, чюда творити не можеть. Како сими бесове ся отъпужають, язя отъгоньны суть, немощи отъгоняться, слѣпии прозирають, прокажении очищаються, пакости и скърби рѣшаться: всяко датие добро отъ отца свѣта сими съходить симъ, иже вѣрою и бе сумнения просять. Колико ся имаши потрудити, да заступьника обращеши, къ съмрьтьнуму цесарю приводящю, и тебе ради отъвѣты творящю, али нъ приставьникы вьсего рода, иже къ Богу за ны и молитвы творять. Нѣ ли ны убо почьстие творяще, творять цьркви и Богу въ сихъ, имена приплоды приносящемъ, сихъ памяти причьтуче и веселующеся духовьно. Праздьнуимъ, ихъ же прославилъ Богъ премногою благодатию и чюдесы, яко же и сия страстотьрпьца въ сеи странѣ, Русьскѣи земли. Ельма же не вѣдяху мънози Вышегородѣ лежащю святою мученику, святою страстотьрпьцю Христову Романа и Давида, нъ Господь не дадяаше таковууму скровищю крытися въ земли. Овогда бо на мѣстѣ, идеже лежаста, видяху стълпъ огньнъ стоящь и овогда ангелы поюща слышааху, и то слышаще и видяще, людии вѣрьнии дивляхуся и славляху Бога, и приходяще, покланяахуся на мѣстѣ томь. И пришьльци мнози прихожааху отъ инѣхъ земль, и ови вѣровааху, слышаще си, а друзии не вѣровааху, нъ акы лъжю мняху. Яко же апостолъ глаголаше о крьстѣ: «невѣрованиемь погыбающиимъ несъмысльство есть, а вѣрою спасаемыимъ сила Божия есть».[107] Господь же въ святыихъ евангелиихъ рече: «падыи на камени семь съкрушиться, а на немьже падеть, скрушити и, а вѣруяи к нему — не постыдиться».[108] Придоша единою Варязи близъ мѣста, идеже лежаста святая подъ землею погребена, и яко единъ въступи, томь часѣ огнь ишьдъ отъ гроба и зажьже нозѣ его, и искочивъ, начатъ повѣдати, и нозѣ показывая своеи дружинѣ опаленѣ и ожьженѣ. И отътолѣ начаша не смѣти близъ приступати, нъ съ страхомь покланяахуся. По сихъ по малѣ дьнии възгорѣся церкы та святааго Василия, у неяже лежаста святая. И течааху людие на позоръ, и горяше церкы отъ вьрха, и все изнесоша иконы и съсуды, и ничьто же не съгорѣ, тъкъмо церкы едина. Повѣдаша же Ярославу о всемь семь. И призъвавъ митрополита Иоана,[109] съказааше ему все о святою мученику, брату своею. И бысть преужасьнъ и въ усъмьнении, таче и въ дьрзновени и въ радости и къ Богу. И ошьдъ отъ князя, събьравъ клиросъ и все поповьство, и повелѣ поити съ крьсты Вышегороду. И придоша до мѣста, идеже лежаста святая. Бяше же съ ними и князь Ярославъ. И поставили же бяаху ту кълѣтку[110] малу на томь мѣстѣ, идеже бяше церькы съгорѣла. Архиепископъ же пришедъ съ крьсты и сътвори въ тои клѣтъцѣ всенощьное пѣние.

О изнесении святою.[111] Наставъшю же дьни, иде архиепископъ Иоанъ съ крьсты, идеже лежаста святою телеси пречьстнѣи, и сътворивъ молитву, повелѣ откопати пьрьсть, сущюю надъ грѣбъмь святою. Копающемъ же, и исхожааше благая воня отъ гробу ею святою, и отъкопавъше, изнесоша я отъ землѣ. И приступивъ, митрополитъ Иоанъ съ презвутеры, съ страхъмь и любъвию, отъкры гроба святою. Ти видѣша чюдо преславно: телеси святою никакоя же ѣзвы имущи, нъ присно все цѣло, и лици бяста свѣтьлѣ акы ангела, яко дивитися и архиепископу зѣло, и всѣмъ людьмъ испълньшемъся благоухания многа. И вънесъше въ ту храмину, яже бяше поставлена на мѣстѣ погорѣвъшия цьркъве, и поставиша я надъ землею, на деснѣи странѣ.

Чюдо 1-ое: о хромѣмь. Бяше жь мужь, именьмь Миронѣгъ, иже бѣ градьникъ Вышегородѣ. Сь имѣ отрокъ, у того

отрока и бяаше нога ему суха и съкърчена,[112] и не можааше
на неи ходити, ни малы еѣ чюяше, нъ подъдѣлавъ деревяну,
и тако хожааше. И пришедъ къ святыима, и припадъ къ
гробома святою, моляшеся къ Богу, исцѣления прося отъ
святою. И въ едину нощь явистася ему святая страстотьрпьца Романъ и Давидъ, и глаголаста: «что въпиеши къ
нама?» Оному же показающю ногу и исцѣления просящю.
И имъша ногу сухую, прекрьстиста ю тришьды. И убужься
отъ сна, видѣся съдравъ, и въскочи, славя Бога и святая, и
исповѣда людьмъ, како исцѣлиста и. И повѣдааше, съ нима
видѣвъ Георгия оного, отрока святаго Бориса, ходяща съ
нима и носяща свѣщю. И видѣвъше людие таковое чюдо, и
прославиша Бога о бывъшимь и сыну его Миронѣгови
градьнику.

Чюдо 2-ое: о слѣпьци. Мужь нѣкто бѣ слѣпъ. И пришьдъ,
падая у гробу святою, и цѣловааше любьзно, и очи прикла-
дая, ицѣления просяше. И абие прозьрѣ. И вьси людие прославиша Бога и святая мученика. Тъгда Миронѣгъ повѣда
князю объ чюдеси. Ярославъ же князь, си слышавъ, славяше Бога и святая мученика, и призъвавъ митрополита,
съказаше ему съ веселиемь. Сии же слышавъ, архиереи
хвалу възда Господеви, и глаголаше къ князю добръ съвѣтъ,
богоугодьнъ, да бы съдѣлалъ цьрьковь прелѣпу и пречьстьну.
И годѣ бысть князю съвѣтъ его. И възгради цьрьковь велику, имѣющю върховъ 5, и испьса всю, и украси ю всею
красотою. И шьдъше съ хрьсты Иоанъ митрополитъ, и
князь Ярославъ, и вьсе поповьство, и людие, и пренесоша
святая, и цьрьковь святиша, и уставиша праздьникъ праздь-
новати мѣсяца иулиа въ 24: въньже дьнь убиенъ пре-
блаженый Борисъ, въ тъ же дьнь и цьркы священа, и
пренесена быста святая.[113]

Чюдо 3-ье: о хромѣмь. И еще же сущемъ въ цьрькви, на
святѣи литургии, князю же и митрополиту, и бѣ человѣкъ
ту хромъ, и приде пълзая съ многъмь трудъмь, и приде въ
цьрьковь, и моляшеся Богу и святыима. И абие утвьрдистася
ему нозѣ, благодатию Божиею и молитвами святою, и
въставъ, хожааше предъ всѣми. И то чюдо видѣ и самъ

благовѣрныи князь Ярославъ, и митрополитъ, и вси людие: хвалу въздаша Богови и святыима мученикома. И по литургии поя князь на обѣдъ всѣхъ, и митрополита, и презвутеры, и праздьноваша праздьньство, яко же подобаше, много же отъ имѣния раздая нищимъ и сирымъ и вьдовицамъ. По сихъ же дьньхъ Ярославъ преставися,[114] поживъ добрѣ по съмрьти отца своего лѣтъ 38 и оставивъ наслѣдьникы отца своего и приимьникы престола своего, сыны своя, Изяслава, Святослава и Вьсеволода, — управивъ имъ, яко же бѣ лѣпо: Изяслава — Кыевѣ, стариишаго, а Святослава — Чьрниговѣ, а Вьсеволода — Переяславли,[115] а прокыя — по инѣмъ волостьмъ. И минувъшемъ лѣтомъ 20, и цьркви уже обетъшавъши, и умысли Изяславъ възградити цьрьковь нову святыима страстотьрпьцема, въ вьрхъ въ одинъ.

О пренесении святою мученику.[116] Бысть же въ время перенесению святыима мученикома Романа и Давида. И съвъкупивъшеся вься братия: Изяславъ, Святославъ, Всеволодъ, митрополитъ Георгии Кыевьскыи, другыи — Неофитъ Чьрниговьскыи, и епископи Петръ Переяславьскыи и Никита Бѣлогородьскыи[117] и Михаилъ Гургевьскыи,[118] и игумени Феодосии Печерьскыи[119] и Софронии святаaго Михаила[120] и Германъ святаaго Спаса,[121] и прочии вьси игумени: и створиша праздьникъ свѣтьло. И възьмъше на рама князи, предъидущемъ преподъбьныимъ чьрноризьцемъ съ свѣщами, а по нихъ дияконі, таче и прозвутери, и по сихъ митрополита и епискупи, и по нихъ съ ракою идяаху. И принесъше въ цьрьковь, поставиша, и отъвьрзъше раку, и испълнися цьрькы благоухания и вонѣ пречюдьны, и вьси видѣвъше прославиша Бога. И митрополита обиде ужасъ, бяше бо и не твьрдо вѣруя къ святыма, и падъ ниць, просяше прощения. И цѣловавъ мощи, въложиша въ раку камяну. По семь, възьмъше Глѣба въ рацѣ камянѣ, въставивъше на сани, и имъше ужи, повезоша. И яко быша въ двьрьхъ, рака ста не поступячи, и повелѣша народу зъвати: «Господи, помилуи»! И моляхуся Господеви и святыима, и абие повезоша и. И цѣловаша святаaго Бориса главу, а святаaго Глѣба руку. Възьмъ же, Георгии митрополитъ благословяше князѣ

Изяслава и Всеволода. И пакы Святославъ, имъ руку мит-
рополичю и дрьжащю святааго руку, прилагааше къ вреду,
имьже боляше на шии, и къ очима, и къ темени, и по семь
положи руку въ гробѣ. Начаша же пѣти святую литургию.
Святославъ же рече къ Бьрнови: «нѣчьто мя на головѣ
бодеть».[122] И съня Бьрнъ клобукъ съ князя, и видѣ нъгъть
святааго, и съня съ главы и въдасти и Святославу. Онъ же
прославя Бога о благодарении святою. И по литургии вься
братия и обѣдаша вси на купь, и праздноваша праздьньство
свѣтьло, и много милостыня убогымъ створиша, и цѣловавъ-
шеся, мирно разидошася къждо въ своя си. И оттолѣ
утвьрдися таковыи праздьникъ мѣсяца маиа въ 20, въ славу
и чьсть святыима мученикома, благодатию Господа нашего
Іисусъ Христа.

Чюдо 4-ое: о хромѣ и о нѣмѣ. Бѣаше же нѣкотърыи мужь
хромъ и нѣмъ, и уята бѣ ему нога по колѣно. И съдѣлавъ
деревяну, по бѣдѣ хожааше на неи. И пребывааше у цьркве
святою съ инѣми убогыими, приемля требования отъ крь-
стиянъ, еже кто колиждо подаваше ему: овъ ризу, инъ же
что хотяше. И бяше чловѣкъ Вышегородѣ, старѣишина ого-
родьникомъ, зовомъ же бяше Жьданъ по мирьскууму, а въ
хрьщении Никола. И творяаше праздьньство святууму Ни-
колѣ по вся лѣта. Въ единъ же отъ дьнии сице ему творящю,
идоша тамо убозии: иде же и онъ хромыи, чая нѣчто
въсприяти, и въшьдъ въ домъ тъ, сѣдяше предъ храминою. По
приключаю же, не подаша ему ни ѣсти, ни пити, пребысть
алчьнъ и жадьнъ. И абие вънезаапу бысть въ иступлении, и
видѣ видѣние. И мняшеся, умьмь сѣдя у цьркве святою, и
узрѣ святая мученика Бориса и Глѣба, исходяща акы изо
олтаря и идуща къ нему. Онъ же, бывъ въ ужасѣ, паде
ниць. И имьша же и святая за руку, акы посадиста и, и
начаста глаголати о ицѣлении его, и потомь прекрьстиста
уста его, и имьша же ногу его вредьную и акы маслъмь по-
мазающа, протягоста колѣно его. И то все недужьныи акы
въ снѣ видяаше, бѣ бо палъ ниць въ дому томь. Людие же,
его видяще тако падъша, обращахуть имь сѣмо и овамо: онъ
же лежааше яко и мрътвъ, не могыи двигнути ни усты, ни

очима, тъкъмо душа его въ немь бѣяше и сьрьдьце его въ немь кльцааше.[123] И вьси мьняаху, яко поразилъ и есть бѣсъ. Възьмъше же и несъше, положиша у цьркве святою предъ двьрми, и мнози людие стояху около его, зьряще и дивящеся. И бѣ видѣти чюдо преславьно, яко явися ис колѣна нога мала, акы младу дѣтищю, и начатъ расти, дондеже бысть яко и другая, не на мънозѣ времени, нъ въ единъ часъ. И видѣвъше, обрѣтъшиися ту прославиша Бога и его угодь- ника и мученика Романа и Давида, и купьно съ пророкъмь възъпиша, глаголюще: «къто възглаголеть силы Господня и слышаны сътворить вься хвалы его»,[124] и пакы: «дивьнъ Богъ въ святыихъ своихъ, творяи чюдеса единъ».[125]

Чюдо 5-ое: о женѣ сухоруцѣ. Въ градѣ Дорогобужи[126] нѣкая жена, раба сущи, дѣлаше въ вежи, повелѣниемь гос- пожа своея, въ дьнь святаго Николы. И вънезапу явиста еи святая страстотрьпьца, претяща и глаголюща еи: «по что тако твориши въ дьнь святаго Николы? Се ти сътворивѣ казнь». И се рекъша, разметаста храмину ту, жену же ту акы мрьтву сътворіста. И лежа мѣсяць, не могущи ничьсо же, и въставъши немощьна, а рука еи бяше суха, пребываше не могущи страдати, ни послужити господѣ. Юже видѣвъши госпожа ея таку, отгна ю отъ себе, а отрочища еѣ, въ свободѣ родивъшася, поработиша я. Судящии же не послабиша тому такому быти, нъ господѣ еѣ повелѣша лихомъ быти цѣны тоѣ, а онѣхъ свободѣ съподобиша, зане же по неволи дѣлавъши казнь прияла есть. И минувъшемъ лѣтомъ трьмъ, слышавъши жена сухорукая о человѣцѣ, бывъшимь съкър- ченѣ рукама и ногама, и како прия прощение у цьрькве святою мученику Романа и Давида, и въставъши, иде Вышегороду. И приде въ дьнь суботьныи — и бяше же и канонъ Успения святыя Богородиця — и възвѣсти Лазореви, иже бѣаше старѣишина клирикомъ цьркве тоя. Онъ же повелѣ еи пребыти чрѣсъ нощь у цьрькъве, — и наутрия, идущемъ съ крьсты къ святѣи Богородици, приступивъши жена, имущия руку суху, съповѣдаше сънъ Лазореви сице. «Въ сию нощь, сѣдящи ми у цьркве, и приидоста двѣ уноши красна и рекоста ми: кто тя е сде посадилъ? И азъ отъвѣщахъ: Лазарь попъ, тъ ми есть повелѣлъ, рекъ: сѣди ту, некли Богъ и молитва святую мученику ицѣлить тя. И се рекъши ми, абие старѣишии ею, съньмъ прьстень съ рукы, дасть ми, рекъ: възложи си се на руку и прекрьстися, и ицѣлѣеть ти рука». Си слышавъ, Лазорь повелѣ еи на литургии престояти у двьрии цьрькъвьныхъ, да егда отъпоють, сътворять еи молитву и маслъмь древянымь помажють еи руку. И начаша пѣти литургию, и яко отпѣша: «Святыи Боже», пѣвьцю рекъшю пѣснь Богородици, прокыменъ: «Величить душа моя Господа», — и вънезапу жена сухорукая побѣже къ олтарю, трепещющи и трясущи рукою. И видяще, вси людие же и клирици мняхуть бѣснующюся, и влечахуть ю къ гробома святою. Узьрѣ же ю Лазорь и познавъ ю, бысть ужасьнъ. И томь часѣ бысть рука цѣла. И вьси видѣвъше прославиша Бога о томь чюдеси, дивящеся скорому Божию посѣщению и силѣ святою Христову мученику.

Чюдо 6-ое: о слѣпьци — святою мученику Романа и Давида и святого Георгиа. Пакы нѣкде въ градѣ бяше человѣкъ слѣпъ. И приходя къ цьрькви святого Георгия, и моляшеся святууму Георгию, и просяше, да бы прозьрѣлъ. И сице ему творящю, и въ едину нощь съпящю ему, явися ему святыи мученикъ Георгии, глаголя: «что тольми въпиеши къ мънѣ, человѣче? Нъ аще прозрѣния требуеши, язъ ти повѣдѣ. Иди къ святыма мученикома Бориса и Глѣба, и та ти имата дати видѣние, аще хощета, егоже ты требуеши: тѣма есть дана благодать отъ Бога — въ странѣ сеи земля Русьскѣ пращати и исцѣлити всяку страсть и недугъ». И си видѣвъ и слышавъ, въспрянувъ отъ съна, пути ся ятъ, яко же повелѣно ему бысть. И пришедъ, пребываше у цьркве святою мученику дьнии нѣколико, припадая и моляся святыма, дондеже бысть ему посѣщение, и прозьрѣ. И бысть видя, и славяше Бога и свята мученика, яко тако прия съдравие. И съказаше предъ вьсѣми, яже видѣ, яко пришьдъша святая мученика къ нему, прекрьстиста ему очи тришьды, и абие отвръзостася очи его. И вьси благодаряху и славляху Бога о вьсѣхъ, яже творяше святыма преславьная и предивьная и несъкажемая чюдеса. Пишеть бо ся: «волю боящихъся Его сътворить и молитву ихъ услышить», и пакы: «вся, елико въсхотѣ, и сътвори». По сихъ убо чюдьсьмъ растущемъ отъ святою и благодати умъножающися, яко же въ святыхъ евангелиихъ писано есть: «ни вьсему миру въмѣстити пишемыхъ».[127]

Симъ убо сицемъ бывающемъ, Святославъ, сынъ Ярославль, умысли съзьдати цьрьковь камяну святыма, и съзьдавъ еѣ до 80 локътъ възвыше, преставися. Вьсеволодъ же преимъ вьсю власть Русьскы землѣ[128] и съврьши ю вьсю. И яко бысть съврьшена, и абие на ту нощь върютися[129] еи врьхъ и съкрушися вься. Потомь же Вьсеволодъ преставися[130] съ миръмь, поживъ добрѣ и управивъ порученое ему отъ Господа. Святопълкъ же Изяславичь прия княжение Кыевѣ, а Давидъ и Ольгъ — Чьрниговѣ, Володимиръ же Переяславли.[131] Въ та же времена поганымъ[132] укрѣпивъшемъся паче на насъ и много насильствующемъ намъ за нашѣ грѣхы, бысть забъвение о цьркви сеи святою мученику, и ни единъ же можаше что сдѣяти, и о зьдании, и о вьсемь, и о съказании чюдесъ, а и многомъ бывающемъ. Повѣдаху бо иже и самовидьци бывъшеи чюдеси сицему бывъшю.

Святоплъкъ князь въсадилъ бяше въ погребъ два мужа, нѣ въ которѣи винѣ худѣ окована, и не справивъ, нъ послуша облыгающихъ, забывъ реченаго Давидъмь пророкъмь: «не прильпе мнѣ сьрдьце лукаво, и зълаго не познахъ, оклеветающаго таи ближьняго, таковаaго изгоняхъ».[133] Въсадивъ же убо сия, и въ забыть я положи. Она же, суща въ такои бѣдѣ, много молястася святыма страстотрьпьцема, и по вся недѣля въдаваста стражеви тому, да купивъ просфору, доносить въ цьрьковь святою мученику Романа и Давида. И многу же времени минувъшю, а онѣма ту пребывающема въ печали и тузѣ. И молястася, и призываста святая Христова страстотрьпьца, яже не презрѣста ею, нъ спасающа и заступающа, и пособьствующа быста има. Сицьмь убо образъмь. Двьрьмъ сущемъ погребенымъ заключеномъ, онѣма же утрь съпящема, и инѣмъ многомъ, лѣствици же вьнѣ лежащи извлеченѣ, — въ нощи вънезаапу единъ отъ

нею вънѣ бысть, на погребѣ съпя. Убужь же ся, видѣся
простъ отъ оковъ, и възьрѣвъ, видѣ желѣза, иже бѣша на
немь и на подрузѣ его, изламана лежаща окрьсть его и
обруча, яже о ногу его, извита акы уже. И въставъ, прослави
Бога и святая Его угодника. И въспомянувъ, яже бѣ видѣлъ,
и призъвавъ стража, показаше ему вьсе бывшее, и глаголааше: «поведи мя къ цьрькви преславьною Христову мученику». И пришедъ же въ цьрьковь на утрьнии — бяше же
въ дьнь четвертъкъ — и покланяяся предъ святыма ковь-
чегома, съказаше предъ всѣми клирикы и людьми, сущими
въ цьрькви, сице рекыи. Нама убо съпящема, и инѣмъ
мъножаишемъ, утрь въ тьмьници, вънезапу бысть акы
отъятъ покровъ, и нама зрящема — вънидоста святая и
рекоста: «по что сьде пребываета»? Сице отърекоховѣ:
«тако воля есть княжа, оклеветана бо есвѣ». Святая же
рекоста къ нима. «Се повелѣваевѣ вама, иди ты въ цьрьковь
и повѣжь сице, яко же еси видѣлъ, а сего подруга его остав-
ляевѣ утрь, еще же и слѣпа его сътворuxoвѣ на увѣрие
прочимъ, еда не начьнуть вы вѣры яти. Сама же въ отъхо-
дивѣ до Грьчьскы земля, и по трьхъ дьньхъ възвративъшася,
и присѣтивѣ его, сътворивѣ и видяща. И тъгда, шедъша,
глаголѣта князю: «по что сице твориши, а не исправляя,
томиши и мучиши? Нъ аще ся сего не покаеши, ни оста-
неши, сице творя, то вѣсто ти буди, яко съблюдаяся пребы-
ваи, еда не избудеши».[134] И си изглаголавъша, и ина къ симъ,
не видима быста отъ наю. Си убо азъ, видѣвъ, съказахъ,
братия моя, вамъ, да аще хощете истѣ видѣти или слышати,
идѣмъ къ погребу. И шедъше къ погребу, видѣша ключа
не вреженыи и замъкъ, лѣствицю же, по неиже съходять и
исходять, вънѣ лежащю, и удививъшася, прославиша Господа и святая. Отврьзъше и въшьдъше, видѣша оного, его
же рекохомъ, подруга присѣдяща, слѣпа тако, яко ни
вѣкомъ, ни рязнамъ[135] не познатися, узъ же не имѣюща. И
въпрашаимъ, сице повѣдаше. Тъгда отъпущена бывъша,
и не отъходяста отъ цьркъве день и нощь. Паче же и ослеп-
леныи, акы поносы имыи къ святыима, и акы дълга прося,
и припадая къ гробома, и моляся, глаголаше: «о святая

угодника Христова! не презьрита, ни забудѣта, имьже обѣщастася, даруита ми, обѣтъ дължьна ми еста». Сице же творяше по вся дьни тришьды, дондеже бысть въ дьнь недѣльныи. И пришедъ по обычаю, моляшеся сице же на утрьнии, дондеже и поющемъ вопль его сътужи, яко прогнѣватися и рещи: «отвлещи лѣпо есть слѣпьца сего, яко не льзѣ имь пѣти». Ти яко пребываше бияся и припадая предъ святыма, и въпия: «помилуита мя, понеже обѣщаста мі ся»! И вънезапу обративъся, рече: «зовете — кирелеисонъ![136] Видите славу Божию и святою? Се вижю»! И бяша очи ему съдравѣ, акы не имѣвъши болести, ни слѣпоты николи же. Тъгда вси прославиша Бога и святая страстотрьпьца, и шьдъша же, повѣдаста кънязю Святоплъку, яже видѣста и слышаста. И отътолѣ не многыими насильствоваше людьмъ, и на времена многа преходяше, творяше праздьникъ Вышегородѣ, часто приходя лѣтъмь. Хотяше же и цьрьковь начати зьдати на мѣстѣ ветъхоѣ деревяноѣ, окрьстъ гробу святою, глаголааше: «не дрьзну преносити отъ мѣста на мѣсто». И сему же умышлению не събывъшюся, по Божию строению и по воли святою мученику. Володимиръ же, иже и Мономахъ нареченыи, сынъ Всеволожь, въ та времена, яко же рекохомъ, предрьжааше убо Переяславьскую оболость. И сь убо любъвь многу имѣяаше ко святыима, и много приношение творяаше има. Таче сице умысли сътворити, да окуеть сребръмь и золотъмь святѣи рацѣ чьстьною и святою Христову мученику. И пришьдъ нощь, премѣри гроба; расклепавъ же дъскы сребрьныя и позолотивъ, и пакы тако же пришьдъ нощию и обложь, окова чюдодѣиная и достохвальная святая гроба страстотрьпьцю Христову мученику Бориса и Глѣба, и тако же нощь отъиде. И на утрия пришедъше, съ радостию узьрѣвъше, покланяхуся, хвалу въздаша Богу и святыима мученикома, яко таку мысль вложивъшю въ сьрдьце благовѣрьному князю. Сице и многыими словесы похвалиша благородьство же, въкупь и великоумие, и любъвь, еже къ святыима, кротость же и съмѣрение, и тъщание къ Богу и къ святымъ цьрьквамъ, еже творяше благовѣрныи князь Володимиръ, паче же и къ сима убо святыима. Се же преже сътвори, въ лѣто 6610,[137] а послѣди, по пренесении, множаиша съдѣла надъ святыима гробома. Исковавъ бо сребрьныя дъскы и святыя по нимъ издражавъ[138] и позолотивъ, покова же серебръмь и золотъмь, съ хрустальныими великыими разнизании устрои, имущь врьху по обилу злато, свѣтильна позолочена, и на нихъ свѣщѣ горящѣ устрои въину, и тако украси добрѣ, яко не могу съказати оного ухыщрения по достоянию довълнѣ. Яко многомъ приходящемъ и отъ Грькъ и отъ инѣхъ же земль, и глаголати: «никде же сицея красоты нѣсть, а и многыхъ святыхъ ракы видѣли есмы». И сице устрои на память добрыихъ ему дѣлъ: прьвое убо, отъ Господа, рекъша «не съкрываите имѣния на земли, нъ на небеси»; въторое, отъ святою, яко тако я почьстивъшю; третиее же, отъ чело-вѣкъ благословление и похвалу, отъ вьсѣхъ видящихъ и слышащихъ.

Нъ мы, се оставивъше, пакы напередъ възидемъ. Егда же убо Володимиръ преже окова святою рацѣ, а Ольгъ, сынъ Святославль, умысли въздвигнути цьрьковь, съкру-шивъшююся Вышегородѣ, камяную. И приведъ зьдателе, повелѣ зьдати, въдавъ имъ вьсе по обилу, яже на потребу. И съвьршенѣ еи бывъши и испьсанѣ, многашьды понужаше убо и моляаше Святоплъка, да быша перенесли святая мученика въ съзъданую цьрьковь. Онъ же пакы, акы зазьря труду его, и не хотяше ею пренести, зане не самъ бяше еѣ съзьдалъ, цьрькъве тоя.

Малу же времени минувъшю, и Святоплъку преставивъ-шюся,[139] на въторое лѣто по устроение цьрькъве тоя, и многу мятежю и крамолѣ бывъши въ людьхъ и мълвѣ не малѣ; — и тъгда съвъкупивъшеся вси людие, паче же большии и нарочитии мужи, шедъше причьтъмь всѣхъ людии и моляху Володимира, да въшедъ, уставить крамолу, сущюю въ людьхъ. И въшьдъ, утоли мятежь и гълку въ людьхъ, и прея княжение всея Русьскы земля въ лѣто 6600 и 21 лѣто.[140]

Володимиру же предрьжащю вьсю власть, тъгда умысли пренести[141] сия святая страстотрьпьца въ съзъданую цьрь-ковь, и възвѣсти братии своеи[142] Давидови и Ольгови, тако

же и тѣма всегда убо глаголющема и понужающема Володимира о пренесении святою. И тъгда Володимиръ, съвъкупивъ къ себе сыны своя, тако же и Давидъ и Ольгъ съ
своими сынъми приидоша Вышегороду. И митрополитъ
Никифоръ[143] събьра вься епискупы: и Щернигова Феок-
тиста, ис Переяславля Лазоря, Мину отъ Полотьска,[144] Данила из Гургева, и игумены вься: Прохора Печерьскааго,[145]
Саву — святаго Преображения, Силвестра — святаго Михаила, Петра — святыя Богородица из Лахернитиса,[146] Григория — святааго Андреа и Феофила — святааго Дьмитрия,
и вься прочая преподобьныя игумены, и вьсякого чина
святительскааго и чьрноризьчьскааго, и вься клирикы, и
вьсе поповьство. Ту бѣ съшьлося отъ вьсеѣ Русьскы землѣ
и отъ инѣхъ странъ и много множьство людии, и князи, и
вьсе болярьство, и вьсе старѣишиньство, и воеводы вься
Русьскы землѣ, и вьси предрьжащая страны вся, — и съ
проста рещи, вьсяко множьство ту бѣаше, и всяка область,
и вьси богатии и убозии, съдравии же и болящии, яко
испълнитися граду весему и по стѣнамъ градьнымъ не
въмѣститися.

И во 1-и дьнь мѣсяца маиа святиша цьрьковь, въ суботу
2 недѣлѣ по Пасцѣ. На утрия же, въ святую недѣлю, яже
поються о муроносицахъ,[147] въ въторыи дьнь того же мѣсяца,
и начаша пѣти утрьнюю въ обою цьрьковию. И въставивъше
на сани на росны,[148] яже бѣша на то устроены, повезоша же
преже Бориса. И съ нимь идяше Володимиръ съ многъмь
говениемь, и съ нимь митрополитъ, и поповьство съ свѣщами и кандилы. И идяху, влекуще ужи же великыими,
тѣснящеся и гнетуще, вельможѣ и все болярьство. Бяше же
устроенъ върьмь[149] по обѣма сторонама, удуже волочаху
чьстьнѣи рацѣ, и не бяше льзѣ ни ити, ни повлещи отъ
мъножьства людии. Тъгда Володимиръ повелѣ метати
людьмъ кунами же, и скорою, и паволокы. И узьрѣвъше,
людие тамо обратишася, а друзии, то оставивъше, къ
святыима ракама течаху, да быша достоини были при-
коснутися. И вси, елико бяше множьство людии, ни единъ
же бе сльзъ не бысть отъ радости же и многааго веселия. И

тако одъва възмогоша довлещи. Такоже и святааго Глѣба по немь въставивъше на другыя сани. И Давидъ съ нимь, и епископи, и клирици, тако же и чьрноризьци, и болярьство, и людие, и бещисльное множьство, и вьсѣмъ зовущемъ: «курелеисонъ», и съ сльзами Бога призывающемъ. И се чюдо преславьно бысть. Яко же бо везяху святааго Бориса, идяху бес пакости, тъкмо отъ людии тѣснота бяше, а святааго Глѣба яко повезоша, ста рака не поступьно. Яко потягоша силою, ужа претьргняхуся, велика суща зѣло, яко одва можааше мужь обияти обѣма рукама, и тако единою вся претьргняхуся, а людьмъ зовущемъ: «курелеисонъ». И бяше множьство много по всему граду и по стѣнамъ, и по забороломъ городьнымъ, аки изо пчелъ, и въсхожаше гласъ народа отъ всѣхъ: «Господи, помилуи!», яко и громъ. И тако одъва възмогоша отъ утрьняя до литургия превести сущии цьрькви. Богу же нашему слава съ Отьцьмь и Святымь Духъмь ныня.

III

Поучение Владимира Мономаха

Азъ худый дѣдомъ своимъ Ярославомъ,[1] благословленымъ, славнымъ, наречный въ крещении Василий,[2] русьскымь именемь[3] Володимиръ, отцемь възлюбленымь и матерью своею Мьномахы[4]...[5] и Хрестьяных людий дѣля, колико бо сблюдъ по милости своей и по отни молитвѣ от всѣх бѣдъ! Сѣдя на санех,[6] помыслих в души своей и похвалих Бога, иже мя сихъ дневъ грѣшнаго допровади. Да дѣти мои, или инъ кто, слышавъ сю грамотицю, не посмѣйтеся, но ему же люба дѣтий моихъ, а приметь е в сердце свое, и не лѣнитися начнеть тако же и тружатися.

Первое, Бога дѣля и душа своея, страх имѣйте Божий в сердци своемь и милостыню творя неоскудну, то бо есть начатокъ всякому добру. Аще ли кому не люба грамотиця си, а не поохритаються, но тако се рекуть: на далечи пути, да на санех сѣдя, безлѣпицю си молвилъ.

Усрѣтоша бо мя слы от братья моея[7] на Волзѣ, рѣша: «Потъснися к нам, да выженемъ Ростиславича[8] и волость ихъ отъимем; иже ли не поидеши с нами, то мы собѣ будем, а ты собѣ». И рѣхъ: «Аще вы ся и гнѣваете, не могу вы я ити, ни креста переступити».

И отрядивъ я, вземь Псалтырю, в печали разгнухъ я, и то ми ся выня: «Вскую печалуеши, душе? Вскую смущаеши мя?»[9] и прочая. И потомь собрах словца си любая, и складохъ по ряду, и написах. Аще вы послѣдняя не люба, а передняя приимайте.

«Вскую печална еси, душе моя? Вскую смущаеши мя? Уповай на Бога, яко исповѣмся Ему».[10] «Не ревнуй лукавнующимъ, ни завиди творящимъ безаконье, зане лукавнующии потребятся, терпящии же Господа, — ти обладають землею. И еще мало, — и не будеть грѣшника; взищеть мѣста своего, и не обрящеть. Кротции же наслѣдять землю, насладяться на множьствѣ мира. Назираеть грѣшный праведнаго, и поскрегчеть на нь зубы своими; Господь же посмѣется ему и прозрить, яко придеть день его. Оружья извлекоша грѣшьници, напряже лукъ свой истрѣляти нища и убога, заклати правыя сердцемь. Оружье ихъ внидеть в сердця ихъ, и луци ихъ скрушатся. Луче есть праведнику малое, паче богатства грѣшных много. Яко мышца грѣшных скрушится, утвержаеть же праведныя Господь. Яко се грѣшници погыбнуть; праведныя же милуя и даеть. Яко благословящии Его наслѣдять землю, кленущии же Его потребятся. От Господа стопы человѣку исправятся. Егда ся падеть, и не разбьеться, яко Господь подъемлеть руку его. Унъ бѣх, и сстарѣхся, и не видѣхъ праведника оставлена, ни сѣмени его просяща хлѣба. Весь день милуеть и в заимъ даеть праведный, и племя его благословлено будеть. Уклонися от зла, створи добро, взищи мира и пожени, и живи в вѣкы вѣка».[11]

«Внегда стати человѣкомъ, убо живы пожерли ны быша; внегда прогнѣватися ярости его на ны, убо вода бы ны потопила».[12]

«Помилуй мя, Боже, яко попра мя человѣкъ, весь день боряся, стужи ми. Попраша мя врази мои, яко мнози борющиися со мною с выше».[13] «Возвеселится праведник, и егда видить месть; руцѣ свои умыеть в крови грѣшника. И рече убо человѣкъ: аще есть плодъ праведника, и есть убо Богъ судяй земли».[14] «Измий мя от врагъ моихъ, Боже, и от встающих на мя отъими мя. Избави мя от творящих беззаконье, и от мужа крови спаси мя; яко се уловиша душю мою».[15] «И яко гнѣвъ въ ярости его, и животъ в воли его; вечеръ водворится плачь, а заутра радость».[16] «Яко лучьши милость твоя, паче живота моего, и устнѣ мои похвалита Тя. Тако благословлю Тя в животѣ моемь, и о имени твоемь въздѣю руцѣ мои».[17] «Покры мя от соньма лукаваго и от множьства дѣлающих неправду».[18] «Възвеселитеся вси праведнии сердцемь. Благословлю Господа на всяко время, воину хвала его»,[19] и прочая.

Якоже бо Василий учаше, собрав ту уноша, душа чисты, нескверньни, тѣлеси худу, кротку бесѣду и в мѣру слово господне: «Яди и питью бесъ плища велика быти, при старых молчати, премудрыхъ слушати, старѣйшимъ покарятися, с точными и меншиими любовь имѣти; без луки бесѣдующе, а много разумѣти; не сверѣповати словомь, ни хулити бесѣдою, не обило смѣятися, срамлятися старѣйших, к женам нелѣпымъ не бесѣдовати, долу очи имѣти, а душю горѣ, пребѣгати; не стрѣкати учить легкых власти,[20] ни в кую же имѣти, еже от всѣх честь.[21] Аще ли кто васъ можеть инѣмь услѣти,[22] от Бога мьзды да чаеть и вѣчных благъ насладится».[23] «О владычице Богородице! Отъими от убогаго сердца моего гордость и буесть, да не възношюся суетою мира сего»; в пустошнѣмь семь житьи.

Научися, вѣрный человѣче, быти благочестию дѣлатель, научися, по евангельскому словеси, «очима управленье, языку удержанье, уму смѣренье, тѣлу порабощенье, гнѣву погубленье, помыслъ чистъ имѣти, понужаяся на добрая дѣла, Господа ради; лишаемъ — не мьсти, ненавидимъ — люби, гонимъ — терпи, хулимъ — моли, умертви грѣхъ».[24] «Избавите обидима, судите сиротѣ, оправдайте вдовицю. Придѣте, да сожжемъся, глаголеть Господь. Аще будуть грѣси ваши яко оброщени, яко снѣгъ обѣлю я»,[25] и прочее. «Восияеть весна постная и цвѣтъ покаянья, очистимъ собе, братья, от всякоя крови плотьскыя и душевныя. Свѣтодавцю вопьюще рцѣмъ: Слава Тобѣ, человѣколюбче!».[26]

Поистинѣ, дѣти моя, разумѣйте, како ти есть человѣколюбець Богъ милостивъ и премилостивъ. Мы человѣци, грѣшни суще и смертни, то оже ны зло створить, то хощемъ и пожрети и кровь его прольяти вскорѣ; а Господь нашь, владѣя и животомъ и смертью, согрѣшенья наша выше главы нашея терпить, и пакы и до живота нашего. Яко отець, чадо свое любя, бья, и пакы привлачить е к собѣ, тако же и Господь нашь показал ны есть на врагы побѣду, 3-ми дѣлы добрыми избыти его и побѣдити его: покаяньемъ, слезами и милостынею. Да то вы, дѣти мои, не тяжька заповѣдь Божья, оже тѣми дѣлы 3-ми избыти грѣховъ своихъ и царствия не лишитися.

А Бога дѣля не лѣнитеся, молю вы ся, не забывайте 3-х

дѣлъ тѣхъ: не бо суть тяжка; ни одиночьство, ни чернечьство, ни голодъ, яко инии добрии терпять, но малым дѣломь улучити милость Божью.

«Что есть человѣкъ, яко помниши и?».[27] «Велий еси, Господи, и чюдна дѣла твоя, никак же разумъ человѣческъ не можеть исповѣдати чюдес твоихъ; — и пакы речемъ: велий еси, Господи, и чюдна дѣла твоя, и благословено и хвално имя твое в вѣкы по всей земли».[28] Иже кто не похвалить, ни прославляеть силы твоея и твоих великых чюдес и доброт, устроеных на семь свѣтѣ: како небо устроено, како ли солнце, како ли луна, како ли звѣзды, и тма и свѣт, и земля на водах положена, Господи, твоимъ промыслом! Звѣрье розноличнии, и птица и рыбы украшено твоимъ промыслом, Господи! И сему чюду дивуемъся, како от персти создавъ человѣка, како образи розноличнии въ человѣчьскыхъ лицих, — аще и весь миръ совокупить, не вси въ одинъ образ, но кый же своимъ лиць образом, по Божии мудрости. И сему ся подивуемы, како птица небесныя изъ ирья[29] идуть, и первѣе, въ наши руцѣ, и не ставятся на одиной земли, но и сильныя и худыя идуть по всѣмъ землямъ, Божиимь повелѣньемь, да наполнятся лѣси и поля. Все же то далъ Богъ на угодье человѣкомъ, на снѣдь, на веселье. Велика, Господи, милость твоя на нас, иже та угодья створилъ еси человѣка дѣля грѣшна. И ты же птицѣ небесныя умудрены Тобою, Господи; егда повелиши, то вспоють, и человѣкы веселять Тобе;[30] и егда же не повелиши имъ, языкъ же имѣюще онемѣють. «А благословенъ еси, Господи, и хваленъ зѣло!»[31] всяка чюдеса и Ты доброты створивъ и здѣлавъ, «Да иже не хвалить Тебе, Господи, и не вѣруеть всѣм сердцемь и всею душею во имя Отца и Сына и Святаго Духа, да будеть проклятъ».[32]

Си словца прочитаюче, дѣти моя, божественая, похвалите Бога, давшаго нам милость свою: а се от худаго моего безумья наказанье. Послушайте мене: аще не всего примете, то половину.

Аще вы Богъ умякчить сердце, и слезы своя испустите о грѣсѣх своих, рекуще: яко же блудницю и разбойника и мытаря помиловалъ еси, тако и нас грѣшных помилуй! И в церкви то дѣйте и ложася. Не грѣшите ни одину же ночь, аще можете, поклонитися до земли; а ли вы ся начнеть не мочи, а трижды.[33] А того не забывайте, не лѣнитеся, тѣмь бо ночным поклоном и пѣньем человѣкъ побѣжаеть дьявола, и что въ день согрѣшить, а тѣмь человѣкъ избываеть. Аще и на кони ѣздяче не будеть ни с кым орудья, аще инѣх молитвъ не умѣете молвити, а «Господи помилуй» зовѣте беспрестани, втайнѣ: та бо есть молитва всѣх лѣпши, нежели мыслити безлѣпицю ѣздя.

Всего же паче убогых не забывайте, но елико могуще по силѣ кормите, и придайте сиротѣ, и вдовицю оправдите сами, а не вдавайте силным погубити человѣка. Ни права, ни крива не убивайте, ни повелѣвайте убити его. Аще будеть повиненъ смерти, а душа не погубляйте никакоя же Хрестьяны. Рѣчь молвяче, и лихо и добро, не кленитеся Богомь, ни хреститеся, нѣту бо ти нужа никоея же. Аще ли вы будете крестъ целовати к братьи или г кому, а ли управивъше сердце свое, на нем же можете устояти, тоже цѣлуйте, и цѣловавше блюдѣте, да не, приступни, погубите душѣ своеѣ. Епископы, и попы и игумены[34]… с любовью взимайте от них благословленье, и не устраняйтеся от них, и по силѣ любите и набдите, да приимете от них молитву[35]… от Бога. Паче всего гордости не имѣйте в сердци и въ умѣ, но рцѣм: смертни есмы, днесь живи, а заутра в гробъ; се все, что ны еси вдалъ, не наше, но твое, поручил ны еси на мало дний. И в земли не хороните, то ны есть великъ грѣхъ. Старыя чти яко отца, а молодыя яко братью. В дому своемь не лѣнитеся, но все видите; не зрите на тивуна, ни на отрока, да не посмѣются приходящии к вам ни дому вашему, ни обѣду вашему. На войну вышедъ, не лѣнитеся, не зрите на воеводы; ни питью, ни ѣденью не лагодите, ни спанью; и сторожѣ сами наряживайте, и ночь, отвсюду нарядивше около вои тоже лязите, а рано встанѣте; а оружья не снимайте с себе вборзѣ, не розглядавше лѣнощами, внезапу бо человѣкъ погыбаеть. Лжѣ блюдися и пьяньства и блуда, в томъ бо душа погыбаетъ и тѣло. Куда же ходяще путемъ по своимъ землямъ, не дайте пакости дѣяти отрокомъ, ни своимъ, ни чюжимъ, ни в селѣх, ни в житѣх, да не кляти вас начнуть. Куда же поидете, иде же станете, напойте, накормите унеина;[36] и боле же чтите гость, откуду же к вам придеть, или простъ, или добръ, или солъ, аще не можете даромъ, брашном и питьемь: ти бо мимоходячи прославять человѣка по всѣм землямъ, любо добрым, любо злымъ. Болнаго присѣтите; надъ мертвеця идѣте, яко вси мертвени есмы. И человѣка не минѣте, не привѣчавше, добро слово ему дадите. Жену свою любите, но не дайте имъ надъ собою власти. Се же вы конець всему: страхъ Божий имѣйте выше всего.

Аще забываете сего, а часто прочитайте: и мне будеть бе-сорома, и вамъ будеть добро.

Его же умѣючи, того не забывайте доброго, а его же не умѣючи, а тому ся учите, яко же бо отець мой,[37] дома сѣдя, изумѣяше 5 языкъ, в томъ бо честь есть от инѣхъ земль. Лѣность бо всему мати: еже умѣеть, то забудеть, а его же не умѣеть, а тому ся не учить. Добрѣ же творяще, не мозите ся лѣнити ни на что же доброе, первое к церкви: да не застанеть васъ солнце на постели; тако бо отець мой дѣяшеть блаженый и вси добрии мужи свершении. Заутренюю отдавше Богови хвалу, и потомъ солнцю въсходящю, и узрѣвше солнце, и прославити Бога с радостью и рече: «Просвѣти очи мои, Христе Боже, иже далъ ми еси свѣтъ твой красный! И еще: Господи, приложи ми лѣто къ лѣту, да прокъ, грѣховъ своих покаявъся, оправдивъ животъ», тако похвалю Бога! И сѣдше думати с дружиною, или люди оправливати, или на ловъ ѣхати, или поѣздити, или лечи спати: спанье есть от Бога присужено полудне. О тъ чина бо почиваеть и звѣрь, и птици и человѣци.

А се вы повѣдаю, дѣти моя, трудъ свой, оже ся есмь тружалъ, пути дѣя и ловы с 13 лѣт.[38] Первое к Ростову идохъ,[39] сквозѣ вятичѣ,[40] посла мя отець, а самъ иде Курьску;[41] и пакы 2-е к Смолиньску[42] со Ставкомь с Гордятичемъ,[43] той пакы и отъиде к Берестию[44] со Изяславомь,[45] а мене посла[46] Смолиньску, то и-Смолиньска идохъ Володимерю.[47] Тое же зимы той посласта Берестию брата[48] на головнѣ,[49] иде бяху ляхове[50] пожгли, той ту блюдъ городъ тихъ. Та идохъ Переяславлю[51] отцю, а по Велицѣ дни[52] ис Переяславля та Володимерю — на Сутейску[53] мира творитъ с ляхы. Оттуда пакы на лѣто Володимерю опять.

Та посла мя Святославъ в Ляхы; ходивъ за Глоговы до Чешьскаго лѣса,[54] ходивъ в земли ихъ 4 мѣсяци. И в то же лѣто и дѣтя ся роди старѣйшее новгородьское.[55] Та оттуда Турову,[56] а на весну та Переяславлю, таже Турову.

И Святославъ умре,[57] и язъ пакы Смолиньску, а и-Смолиньска той же зимѣ та к Новугороду; на весну Глѣбови[58] в помочь. А на лѣто со отцемь подъ Полтескъ,[59] а на другую зиму с Святополкомъ[60] подъ Полтескъ, — ожьгъше Полтескъ; онъ иде Новугороду, а я с половци на Одрьскъ,[61] воюя, та Чернигову. И пакы, и-Смолиньска къ отцю придох Чернигову.[62] И Олегъ приде, из Володимеря выведенъ,[63] и возвах и к собѣ на обѣдъ со отцемь в Черниговѣ,[64] на Краснѣмь дворѣ, и вдахъ отцю 300 гривен золота. И пакы и-Смолиньска же пришедъ, и проидох сквозѣ половечьскыи вои, бьяся, до Переяславля, и отца налѣзохъ с полку пришедше.[65] То и пакы ходихомъ, том же лѣтѣ, со отцемь и со Изяславомь битъся Чернигову с Борисомь, и побѣдихомъ Бориса и Олга.[66] И пакы идохом Переяславлю, и стахом во Обровѣ.[67]

И Всеславъ Смолнескъ ожьже, и азъ всѣдъ с черниговци о двою коню, и не застахом... въ Смолиньскѣ.[68] Тѣм же путем по Всеславѣ пожегъ землю и повоевавъ до Лукамля и до Логожьска, та на Дрьютьскъ[69], воюя, та Чернигову.

А на ту зиму[70] повоеваша половци Стародубъ[71] весь, и азъ шедъ с черниговци и с половци, на Деснѣ изьимахом князи Асадука и Саука,[72] и дружину ихъ избиша.[73] И на заутреѣ за Новымъ Городом[74] разгнахомъ силны вои Белкатгина,[75] а семечи[76] и полонъ весь отяхом.

А въ вятичи ходихом по двѣ зимѣ[77] на Ходоту[78] и на сына его, и ко Корьдну,[79] ходихъ 1-ю зиму. И пакы по Изяславичихъ[80] за Микулинъ,[81] и не постигохом ихъ. И на ту весну къ Ярополку совкуплятъся на Броды.[82]

Том же лѣтѣ гонихом по половьцихъ за Хоролъ,[83] иже Горошинъ[84] взяша.

И на ту осень идохом с черниговци и с половци, с читѣевичи,[85] к Мѣньску:[86] изъѣхахом городъ, и не оставихом у него ни челядина, ни скотины.

На ту зиму идохом къ Ярополку совокуплятися на Броды, и любовь велику створихом.[87]

И на весну посади мя отець в Переяславли передъ братьею,[88] и ходихом за Супой.[89] И ѣдучи к Прилуку[90] городу, и срѣтоша ны внезапу половечьскыѣ князи, 8 тысячь, и хотѣхом с ними ради битися, но оружье бяхомъ услали напередъ на повозѣхъ, и внидохом в городъ; только семцю[91] яша одиного живого, ти смердъ нѣколико, а наши онѣхъ боле избиша и изьимаша, и не смѣша ни коня пояти в руцѣ, и бѣжаша на Сулу[92] тое ночи. И заутра, на Госпожинъ день,[93] идохом к Бѣлѣ Вежи,[94] и Богъ ны поможе и святая Богородица: избихом 900 половець, и два князя яхом, Багубарсова брата, Асиня и Сакзя,[95] а два мужа толко утекоста.

И потомь на Святославль[96] гонихом по половцих, и потомь на Торческый городъ,[97] и потомь на Гюргевъ[98] по половцих. И пакы на той же сторонѣ у Красна[99] половци побѣдихом; и потомь с Ростиславомъ[100] же у Варина[101] вежѣ взяхом. И потомь ходивъ Володимерю,[102] паки Ярополка посадих, и Ярополкъ умре.[103]

И пакы по отни смерти и при Святополцѣ,[104] на Стугнѣ бившеся съ половци до вечера,[105] бихом[106] — у Халѣпа,[107] и потомь миръ створихом с Тугорканомъ[108] и со инѣми князи половечьскими; и у Глѣбовы чади[109] пояхом дружину свою всю.

И потомь Олегъ на мя приде с Половечьскою землею к Чернигову, и бишася дружина моя с нимь 8 дний о малу греблю, и не вдадуче внити имъ въ острогъ; съжаливъси Хрестьяных душь и селъ горящих и манастырь, и рѣхъ: «Не хвалитися поганым!» И вдахъ брату отца его мѣсто, а самъ идох на отця своего мѣсто Переяславлю. И выидохом на святаго Бориса день ис Чернигова, и ѣхахом сквозѣ полкы половьчскиѣ, не въ 100 дружинѣ, и с дѣтми и с

женами. И облизахутся на нас акы волци стояще, и от
перевоза и з горъ, Богъ и святый Борисъ не да имъ мене в
користь, — неврежени доидохом Переяславлю.[110]

И сѣдѣхъ в Переяславли 3 лѣта и 3 зимы,[111] и с дружиною
своею, и многы бѣды прияхом от рати и от голода. И
идохом на вои ихъ[112] за Римовъ,[113] и Богъ ны поможе[114] —
избихом я, а другия поимахом.

И пакы Итлареву[115] чадь избиша, и вежи ихъ взяхом,
шедше за Голтавомь.[116]

И Стародубу[117] идохом на Олга, зане ся бяше при-
ложилъ к половцем. И на Богъ[118] идохом, с Святополком на
Боняка[119] за Рось.

И Смолиньску идохом, с Давыдомь[120] смирившеся. Паки,
идохом другое с Воронице.[121]

Тогда же и торци[122] придоша ко мнѣ, и с половець Читѣевичи,[123] идохом противу имъ на Сулу.

И потомь паки идохом к Ростову на зиму, и по 3 зимы
ходихом Смолинску. И-Смолиньска идох Ростову.

И пакы, с Святополком гонихом по Боняцѣ, но ли оли...
убиша,[124] и не постигохом ихъ. И потомь по Боняцѣ же
гонихом за Рось, и не постигохом его.

И на зиму Смолинску идохъ, и-Смоленска по Велицѣ
дни[125] выидох; и Гюргева мати умре.[126]

Переяславлю пришедъ на лѣто, собрах братью.

И Бонякъ приде со всѣми половци къ Кснятиню,[127]
идохом за не[128] ис Переяславля за Сулу, и Богъ ны поможе,
и полъкы ихъ побѣдихом, и князи изьимахом лѣпшии, и по
Рожествѣ створихом миръ съ Аепою, и поимъ у него дчерь,[129]
идохом Смоленьску. И потомь идох Ростову.

Пришед из Ростова, паки идох на половци на Урубу[130]
с Святополком, и Богъ ны поможе.

И потомь паки на Боняка к Лубьну,[131] и Богъ ны
поможе.

И потомь ходихом к Воиню[132] с Святополком; и потомь
пакы на Донъ идохом с Святополком и с Давыдомь, и
Богъ ны поможе.[133]

И к Выреви[134] бяху пришли Аепа и Бонякъ, хотѣша взяти

и, ко Ромну[135] идох со Олгомь и з дѣтми на нь, и они очутивше бѣжаша.

И потомь к Мѣньску ходихом на Глѣба,[136] оже ны бяше люди заялъ, и Богъ ны поможе, и створихом свое мышленое.

И потомь ходихом къ Володимерю на Ярославця,[137] не терпяче злобъ его.

А и-Щернигова[138] до Кыева нестишьды[139] ѣздих ко отцю, днемъ есмъ переѣздилъ до вечерни. А всѣх путий 80 и 3 великих, а прока не испомню менших. И миров есмъ створилъ с половечьскыми князи безъ одиного 20, и при отци и кромѣ отца, а дая скота много и многы порты своѣ. И пустилъ есмъ половечскых князь лѣпших изъ оковъ толико: Шаруканя[140] 2 брата, Багубарсовы 3, Осеня[141] братьѣ 4, а всѣх лѣпшихъ князий инѣхъ 100. А самы князи Богъ живы в руцѣ дава: Коксусь с сыномь, Акланъ, Бурчевичь, Таревьскый князь Азгулуй,[142] инѣхъ кметий молодых 15, то тѣхъ живы ведъ, исѣкъ, вметахъ в ту рѣчку въ Салню.[143] По чередам избьено не[144] съ 200 в то время лѣпших.

А се тружахъся ловы дѣя: понеже сѣдох в Черниговѣ, а и-Щернигова вышед, и до сего лѣта по сту уганивал и имь даром всею силою кромѣ иного лова, кромѣ Турова, иже со отцемь ловилъ есмъ всякъ звѣрь.[145]

А се в Черниговѣ дѣялъ есмъ: конь диких своима рукама связалъ есмь въ пушах 10 и 20 живых конь, а кромѣ того же по ровни ѣздя ималъ есмъ своима рукама тѣ же кони дикиѣ. Тура мя 2 метала на розѣх и с конемъ, олень мя одинъ болъ,[146] а 2 лоси, одинъ ногами топталъ, а другый рогома болъ, вепрь ми на бедрѣ мечь оттялъ, медвѣдь ми у колѣна подъклада укусилъ, лютый звѣрь скочилъ ко мнѣ на бедры и конь со мною поверже. И Богъ неврежена мя съблюде. И с коня много падах, голову си розбих дважды, и руцѣ и нозѣ свои вередих, въ уности своей вередих, не блюда живота своего, ни щадя головы своея.

Еже было творити отроку моему, то сам есмь створилъ, дѣла на войнѣ и на ловѣхъ, ночь и день, на зною и на зимѣ, не дая собѣ упокоя. На посадники не зря, ни на биричи, сам творилъ, что было надобѣ, весь нарядъ, и в дому своемь то я творилъ есмь. И в ловчих ловчий нарядъ сам есмь держалъ, и в конюсѣх, и о соколѣхъ и о ястрябѣх.

Тоже и худаго смерда и убогыѣ вдовицѣ не далъ есмъ силным обидѣти, и церковнаго наряда и службы сам есмъ призиралъ.

Да не зазрите ми, дѣти мои, ни инъ кто, прочетъ, не хвалю бо ся ни дерзости своея, но хвалю Бога и прославьляю милость его, иже мя грѣшнаго и худаго селико лѣт сблюд от тѣхъ часъ смертныхъ, и не лѣнива мя былъ створилъ, худаго, на вся дѣла человѣчьская потребна. Да сю грамотицю прочитаючи, потъснѣтеся на вся дѣла добрая, славяще Бога с святыми его. Смерти бо ся, дѣти, не боячи ни рати, ни от звѣри, но мужьское дѣло творите, како вы Богъ подасть. Оже бо язъ от рати, и от звѣри и от воды, от коня спадаяся, то никто же вас не можеть вредитися и убити, понеже не будет от Бога повелѣно. А иже от Бога будеть смерть, то ни отець, ни мати, ни братья не могуть отьяти, но аче добро есть блюсти, Божие блюденье лѣплѣѣ есть человѣчьскаго.

IV

Слово о плъку Игоревѣ, Игоря сына Святъславля, внука Ольгова[1]

Не лѣпо ли ны бяшетъ, братие, начяти старыми словесы трудныхъ повѣстий о пълку Игоревѣ, Игоря Святъславлича? Начати же ся тъй пѣсни по былинамь сего времени, а не по замышлению Бояню.[2] Боянъ бо вѣщий, аще кому хотяше пѣснь творити, то растѣкашется мыслию по древу, сѣрымъ вълкомъ по земли, шизымъ орломъ подъ облакы. Помняшеть бо, рече, първыхъ временъ усобицѣ. Тогда пущашеть 10 соколовь на стадо лебедѣй: который дотечаше, та преди пѣснь пояше[3] старому Ярославу,[4] храброму Мстиславу,[5] иже зарѣза Редедю[6] предъ пълкы касожьскыми, красному Романови Святъславличю.[7] Боянъ же, братие, не 10 соколовь на стадо лебедѣй пущаше, нъ своя вѣщиа пръсты на живая струны въскладаше; они же сами княземъ славу рокотаху.

Почнемъ же, братие, повѣсть сию отъ стараго Владимера[8] до нынѣшняго Игоря, иже истягну умь крѣпостию своею[9] и поостри сердца своего мужествомъ;[10] наплънився ратнаго духа, наведе своя храбрыя плъкы на землю Половѣцькую за землю Руськую.

Тогда Игорь възрѣ на свѣтлое солнце и видѣ отъ него тьмою вся своя воя прикрыты. И рече Игорь къ дружинѣ своей: «Братие и дружино! Луце[11] жъ бы потяту быти, неже поленену быти: а всядемъ, братие, на свои бръзыя комони, да позримъ синего Дону». Спала князю умь похоти[12] и жалость ему знамение заступи искусити Дону великаго.[13] «Хощу бо, — рече, — копие приломити конець[14] поля Половецкаго, съ вами, русици,[15] хощу главу свою приложити, а любо испити шеломомь Дону».

О Бояне, соловию стараго времени! Абы ты сиа плъкы ущекоталъ, скача, славию, по мыслену древу, летая умомъ подъ облакы, свивая славы оба полы сего времени,[16] рища въ тропу Трояню[17] чресъ поля на горы, пѣти было пѣснь Игореви, того внуку:[18] «Не буря соколы занесе чрезъ поля широкая, — галици стады бѣжать къ Дону великому». Чи ли въспѣти было, вѣщей Бояне, Велесовь внуче:[19] «Комони ржуть за Сулою,[20] — звенить слава въ Кыевѣ; трубы трубять въ Новѣградѣ,[21] — стоять стязи въ Путивлѣ!»[22]

Игорь ждетъ мила брата Всеволода.[23] И рече ему буй туръ Всеволодъ: «Одинъ братъ, одинъ свѣтъ свѣтлый — ты, Игорю! оба есвѣ Святъславличя! Сѣдлай, брате, свои бръзыи комони, а мои ти готови, осѣдлани у Курьска[24] напереди. А мои ти куряни свѣдоми къмети: подъ трубами повити, подъ шеломы възлѣлѣяни, конець копия въскръмлени, пути имь вѣдоми, яругы имь знаеми, луци у нихъ напряжени, тули отворени, сабли изъострени; сами скачють, акы сѣрыи влъци въ полѣ, ищучи себе чти, а князю славѣ».

Тогда въступи Игорь князь въ златъ стремень, и поѣха по чистому полю. Солнце ему тъмою путь заступаше;[25] нощь стонущи ему грозою птичь убуди; свистъ звѣринъ въста; збися дивъ,[26] кличетъ връху древа: велитъ послушати — земли незнаемѣ,[27] Влъзѣ,[28] и Поморию,[29] и Посулию,[30] и Сурожу,[31] и Корсуню,[32] и тебѣ, Тьмутораканьскый блъванъ![33] А половци неготовами дорогами побѣгоша къ Дону великому: крычатъ тѣлѣгы полунощы,[34] рци, лебеди роспущени. Игорь къ Дону вои ведетъ! Уже бо бѣды его пасетъ птиць по дубию; влъци грозу въсрожатъ[35] по яругамъ; орли клектомъ на кости звѣри зовутъ; лисици брешутъ на чръленыя щиты. О Руская земле! Уже за шеломянемъ еси!

Длъго ночь мрькнетъ. Заря свѣтъ запала.[36] Мъгла поля покрыла. Щекотъ славий успе;[37] говоръ галичь убуди.[38] Русичи великая поля чрьлеными щиты прегородиша, ищучи себѣ чти, а князю славы.

Съ зарания въ пятокъ потопташа поганыя плъкы половецкыя, и рассушясь[39] стрѣлами по полю, помчаша красныя дѣвкы половецкыя, а съ ними злато, и паволокы, и драгыя оксамиты. Орьтъмами,[40] и япончицами, и кожухы начашя мосты мостити по болотомъ и грязивымъ мѣстомъ, и всякыми узорочьи половѣцкыми. Чрьленъ стягъ, бѣла хорюговь, чрьлена чолка,[41] сребрено стружие — храброму Святъславличю!

Дремлетъ въ полѣ Ольгово хороброе гнѣздо.[42] Далече залетѣло! Не было оно обидѣ порождено ни соколу, ни кречету, ни тебѣ, чръный воронъ, поганый половчине! Гзакъ[43] бежитъ сѣрымъ влъкомъ, Кончакъ ему слѣдъ править[44] къ Дону великому.

Другаго дни велми рано кровавыя зори свѣтъ повѣдають; чръныя тучя съ моря идутъ, хотятъ прикрыти 4 солнца,[45] а въ нихъ трепещуть синии млънии. Быти грому великому! Итти дождю стрѣлами съ Дону великаго! Ту ся копиемъ приламати, ту ся саблямъ потручяти о шеломы половецкыя, на рѣцѣ на Каялѣ,[46] у Дону великаго! О Руская землѣ! Уже за шеломянемъ еси!

Се вѣтри, Стрибожи внуци,[47] вѣютъ съ моря стрѣлами на храбрыя плъкы Игоревы. Земля тутнетъ, рѣкы мутно текуть, пороси поля прикрываютъ, стязи глаголютъ: половци идуть отъ Дона, и отъ моря, и отъ всѣхъ странъ Рускыя плъкы оступиша. Дѣти бѣсови кликомъ поля прегородиша, а храбрии Русици преградиша чрълеными щиты.

Яръ туре Всеволодѣ! стоиши на борони,[48] прыщеши на вои стрѣлами, гремлеши о шеломы мечи харалужными![49] Камо, туръ, поскочяше, своимъ златымъ шеломомъ посвѣчивая, тамо лежатъ поганыя головы половецкыя. Поскепаны саблями калеными шеломы оварьскыя[50] отъ тебе, яръ туре Всеволоде! Кая раны дорога,[51] братие, забывъ[52] чти[53] и живота, и града Чрънигова[54] отня злата стола, и своя милыя хоти, красныя Глѣбовны,[55] свычая и обычая?[56]

Были вѣчи Трояни,[57] минула лѣта Ярославля; были плъци Олговы,[58] Ольга Святьславличя. Тъй бо Олегъ мечемъ крамолу коваше и стрѣлы по земли сѣяше. Ступаетъ въ златъ стремень въ градѣ Тьмутороканѣ,[59] той же звонъ слыша давный великый Ярославь,[60] а сынъ Всеволожь Владимиръ по вся утра уши закладаше въ Черниговѣ.[61] Бориса же Вячеславлича[62] слава[63] на судъ приведе и на Канину[64] зелену паполому постла за обиду Олгову, храбра и млада князя.[65] Съ тоя же Каялы[66] Святоплъкь повелѣ яти отца своего междю угорьскими иноходьци[67] ко святѣй Софии къ Киеву.[68] Тогда при Олзѣ Гориславличи[69] сѣяшется и растяшеть усобицами,[70] погибашеть жизнь[71] Даждьбожа внука,[72] въ княжихъ крамолахъ вѣци человѣкомь скратишась. Тогда по Руской земли рѣтко ратаевѣ кикахуть,[73] нъ часто врани граяхуть, трупиа себѣ дѣляче, а галици свою рѣчь говоряхуть, хотять полетѣти на уедие.[74]

То было въ ты рати и въ ты плъкы, а сицей рати не слышано! Съ зараниа до вечера, съ вечера до свѣта летятъ стрѣлы каленыя, гримлютъ сабли о шеломы, трещатъ копиа харалужныя въ полѣ незнаемѣ, среди земли Половецкыи. Чръна земля подъ копыты костьми была посѣяна, а кровию польяна: тугою взыдоша по Руской земли.

Что ми шумить, что ми звенить — далече рано предъ зорями? Игорь плъкы заворочаетъ: жаль бо ему мила брата Всеволода. Бишася день, бишася другый; третьяго дни къ полуднию падоша стязи Игоревы. Ту ся брата разлучиста на брезѣ быстрой Каялы; ту кроваваго вина не доста; ту пиръ докончаша храбрии русичи: сваты[75] попоиша, а сами полегоша за землю Рускую. Ничить трава жалощами, а древо с тугою къ земли преклонилось.

Уже бо, братие, не веселая година въстала, уже пустыни силу прикрыла.[76] Въстала обида въ силахъ Дажьбожа внука, вступила дѣвою на землю Трояню, въсплескала лебедиными крылы на синѣмъ море у Дону плещучи,[77] упуди жирня времена.[78] Усобица княземъ на поганыя погыбе,[79] рекоста бо братъ брату: «Се мое, а то мое же». И начяша князи про малое «се великое» млъвити, а сами на себѣ крамолу ковати. А погании съ всѣхъ странъ прихождаху съ побѣдами на землю Рускую.

О, далече зайде соколъ, птиць бья, — къ морю! А Игорева храбраго плъку не крѣсити! За нимъ кликну Карна, и Жля поскочи[80] по Руской земли, смагу мычючи въ пламянѣ розѣ.[81] Жены руския въсплакашась, аркучи: «Уже намъ своихъ милыхъ ладъ ни мыслию смыслити, ни думою сдумати, ни очима съглядати, а злата и сребра ни мало того потрепати».

А въстона бо, братие, Киевъ тугою, а Черниговъ напастьми. Тоска разлияся по Руской земли; печаль жирна[82] тече средь земли Рускыи. А князи сами на себе крамолу коваху, а погании сами, побѣдами нарищуще на Рускую землю, емляху дань по бѣлѣ отъ двора.

Тии бо два храбрая Святъславлича, Игорь и Всеволодъ, уже лжу убудиста,[83] которую ту бяше успилъ[84] отецъ ихъ — Святъславь[85] грозный великый киевскый грозою: бяшеть притрепалъ[86] своими сильными плъкы и харалужными мечи; наступи на землю Половецкую, притопта хлъми и яругы, взмути рѣкы и озеры, иссуши потокы и болота. А поганаго Кобяка изъ луку моря[87] отъ желѣзныхъ великыхъ плъковъ половецкыхъ яко вихръ, выторже: и падеся Кобякъ въ градѣ Киевѣ, въ гридницѣ Святъславли.[88] Ту нѣмци и венедици,[89] ту греци и морава[90] поютъ славу Святъславлю, каютъ князя Игоря, иже погрузи жиръ во днѣ Каялы рѣкы половецкыя, рускаго злата насыпаша. Ту Игорь князь высѣдѣ изъ сѣдла злата, а въ сѣдло кощиево. Уныша бо градомъ забралы, а веселие пониче.

А Святъславь мутенъ сонъ видѣ въ Киевѣ на горахъ. «Си ночь съ вечера одѣвахуть мя, — рече, — чръною паполомою на кроваты тисовѣ; чръпахуть ми синее вино, съ трудомъ смѣшено, сыпахуть ми тъщими тулы поганыхъ тльковинъ[91] великый женчюгь на лоно и нѣгуютъ мя. Уже дьскы безъ кнѣса[92] в моемъ теремѣ златовръсѣмъ.[93] Всю нощь съ вечера бусови врани възграяху;[94] у Плѣсньска[95] на болони бѣша дебрьски сани,[96] и несошася къ синему морю».

И ркоша бояре князю: «Уже, княже, туга умь полонила; се бо два сокола слѣтѣста съ отня стола злата поискати града Тьмутороканя, а любо испити шеломомь Дону. Уже соколома крильца припѣшали поганыхъ саблями, а самаю опуташа въ путины желѣзны. Темно бо бѣ въ 3 день: два солнца помѣркоста,[97] оба багряная стлъпа погасоста[98] и съ нима молодая мѣсяца, Олегъ и Святъславъ,[99] тъмою ся поволокоста и въ морѣ погрузиста, и великое буйство подаста хинови.[100] На рѣцѣ на Каялѣ тьма свѣтъ покрыла; по Руской земли прострошася половци, акы пардуже гнѣздо.

Уже снесеся[101] хула на хвалу; уже тресну[102] нужда на волю; уже връжеся дивь на землю. Се бо готьскыя красныя дѣвы[103] въспѣша на брезѣ синему морю: звоня рускымъ златомъ, поютъ время Бусово,[104] лелѣютъ месть Шароканю.[105] А мы уже, дружина, жадни веселия!»

Тогда великый Святъславъ изрони злато слово слезами смѣшено и рече: «О моя сыновчя,[106] Игорю и Всеволоде! Рано еста начала Половецкую землю мечи цвѣлити, а себѣ славы искати. Нъ нечестно одолѣсте, нечестно бо кровь поганую пролиясте. Ваю храбрая сердца въ жестоцемъ харалузѣ скована, а въ буести закалена. Се ли створисте моей сребреней сѣдинѣ? А уже не вижду власти сильнаго, и богатаго, и многовоя[107] брата моего Ярослава,[108] съ черни-говьскими былями, съ могуты, и съ татраны, и съ шельбиры, и съ топчакы, и съ ревугы, и съ ольберы.[109] Тии бо бес щитовь съ засапожникы[110] кликомъ плъкы побѣждаютъ, звонячи въ прадѣднюю славу. Нъ рекосте: Мужаимѣся сами: преднюю славу сами похитимъ, а заднюю си сами подѣлимъ! А чи диво ся, братие, стару помолодити? Коли соколъ въ мытехъ бываетъ, высоко птицъ възбиваетъ: не дастъ гнѣзда своего въ обиду. Нъ се зло — княже ми непособие: наниче ся годины обратиша.[111] Се у Римъ кричатъ подъ саблями поло-вецкыми, а Володимиръ подъ ранами.[112] Туга и тоска сыну Глѣбову!»

Великый княже Всеволоде! Не мыслию ти прелетѣти издалеча отня злата стола поблюсти? Ты бо можеши Волгу веслы раскропити, а Донъ шеломы выльяти! Аже бы ты былъ, то была бы чага по ногатѣ, а кощей по резанѣ.[113] Ты бо можеши посуху живыми шереширы[114] стрѣляти, уда-лыми сыны Глѣбовы.[115]

Ты буй Рюриче и Давыде![116] Не ваю ли вои злачеными шеломы по крови плаваша? Не ваю ли храбрая дружина рыкаютъ акы тури, ранены саблями калеными на полѣ незнаемѣ? Вступита, господина, въ злата стремень за обиду сего времени, за землю Рускую, за раны Игоревы, буего Святъславлича!

Галичкы Осмомыслѣ Ярославе! Высоко сѣдиши на

своемъ златокованнѣмъ столѣ, подперъ горы Угорскыи свои-
ми желѣзными плъки, заступивъ королеви путь, затворивъ
Дунаю ворота, меча бремены чрезъ облакы, суды рядя до
Дуная. Грозы твоя по землямъ текутъ, отворяеши Киеву
врата, стрѣляеши съ отня злата стола салтани за землями.
Стрѣляй, господине, Кончака, поганого кощея, за землю
Рускую, за раны Игоревы, буего Святъславлича![117]

А ты, буй Романе, и Мстиславе![118] Храбрая мысль носитъ
вашъ умъ на дѣло. Высоко плаваеши на дѣло въ буести,
яко соколъ на вѣтрехъ ширяяся, хотя птицю въ буйствѣ
одолѣти. Суть бо у ваю желѣзныи папорзи подъ шеломы
латиньскыми. Тѣми тресну земля, и многы страны — Хи-
нова,[119] Литва, Ятвязи,[120] Деремела,[121] и половци сулици
своя повръгоша, а главы своя подклониша подъ тыи мечи
харалужныи.

Нъ уже, княже Игорю, утръпѣ[122] солнцю свѣтъ, а древо
не бологомъ листвие срони: по Рси[123] и по Сули гради подѣ-
лиша. А Игорева храбраго плъку не крѣсити! Донъ ти,
княже, кличетъ и зоветь князи на побѣду. Олговичи,[124]
храбрыи князи, доспѣли на брань.

Инъгварь и Всеволодъ[125] и вси три Мстиславичи,[126] не худа
гнѣзда шестокрилци![127] Не побѣдными жребии собѣ власти
расхытисте! Кое[128] ваши златыи шеломы и сулицы ляцкыи[129]
и щиты? Загородите полю ворота своими острыми стрѣлами
за землю Рускую, за раны Игоревы, буего Святъславлича!

Уже бо Сула не течетъ сребреными струями къ граду
Переяславлю,[130] и Двина[131] болотомъ течетъ онымъ гроз-
нымъ полочаномъ[132] подъ кликомъ поганыхъ. Единъ же
Изяславъ, сынъ Васильковъ, позвони своими острыми мечи о
шеломы литовьскыя, притрепа славу дѣду своему Всеславу,
а самъ подъ чрълеными щиты на кровавѣ травѣ притрепанъ
литовскыми мечи, аки съ хотию на кровать.[133] А тъи рекъ[134]:
«Дружину твою, княже, птиць[135] крилы приодѣ, а звѣри
кровь полизаша». Не бысть ту брата Брячяслава, ни другаго
Всеволода: единъ же изрони жемчюжну душу изъ храбра
тѣла чресъ злато ожерелие. Уныли голоси, пониче веселие,
трубы трубятъ Городьчьскыѣ.[136]

Ярославе,[137] и вси внуце Всеславли![138] Уже понизите стязи свои, вонзите свои мечи вережени. Уже бо выскочисте изъ дѣдней славѣ. Вы бо своими крамолами начясте наводити поганыя на землю Рускую, на жизнь[139] Всеславлю. Которою[140] бо бѣше насилие отъ земли Половецкыи!

На седьмомъ вѣцѣ Трояни[141] връже Всеславъ жребий о дѣвицю себѣ любу. Тъи клюками подпръ ся о копии и скочи къ граду Кыеву и дотчеся стружиемъ злата стола киевьскаго. Скочи отаи лютымъ звѣремъ въ плъночи изъ Бѣлаграда, обѣсися синѣ мьглѣ;[142] утърже вазни съ три кусы,[143] — отвори врата Новуграду, разшибе славу Ярославу, скочи влъкомъ до Немиги съ Дудутокъ.[144]

На Немизѣ снопы стелютъ головами, молотятъ чепи харалужными, на тоцѣ животъ кладутъ, вѣютъ душу отъ тѣла. Немизѣ кровави брезѣ не бологомъ бяхуть посѣяни, посѣяни костьми рускихъ сыновъ.

Всеславъ князь людемъ судяше, княземъ грады рядяше, а самъ въ ночь влъкомъ рыскаше: изъ Кыева дорискаше до куръ Тмутороканя, великому Хръсови влъкомъ путь прерыскаше. Тому въ Полотьскѣ позвониша заутренюю рано у святыя Софеи въ колоколы, а онъ въ Кыевѣ звонъ слыша.[145] Аще и вѣща душа въ дръзѣ тѣлѣ, нъ часто бѣды страдаше. Тому вѣщей Боянъ и пръвое припѣвку, смысленый, рече: «Ни хытру, ни горазду, ни птицю горазду суда Божиа не минути».

О стонати Руской земли, помянувше пръвую годину и пръвыхъ князей! Того стараго Владимира нельзѣ бѣ пригвоздити къ горамъ киевьскымъ:[146] сего бо нынѣ сташа стязи Рюриковы, а друзии — Давидовы, нъ розно ся имъ хоботы пашутъ.[147] Копиа поютъ!

На Дунаи Ярославнынъ гласъ[148] ся слышитъ, зегзицею незнаема[149] рано кычеть: «Полечю, — рече, — зегзицею по Дунаеви, омочю бебрянъ рукавъ въ Каялѣ рѣцѣ, утру князю кровавыя его раны на жестоцѣмъ его тѣлѣ».

Ярославна рано плачетъ въ Путивлѣ на забралѣ, аркучи: «О вѣтрѣ, вѣтрило! Чему,[150] господине, насильно вѣеши? Чему мычеши хиновьскыя[151] стрѣлкы на своею нетрудною

крилцю на моея лады вои? Мало ли ти бяшетъ[152] горѣ
подъ облакы вѣяти, лелѣючи корабли на синѣ морѣ? Чему,
господине, мое веселие по ковылию развѣя?»

Ярославна рано плачетъ Путивлю городу на заборолѣ,
аркучи: «О Днепре Словутицю![153] Ты пробилъ еси камен-
ныя горы сквозѣ землю Половецкую. Ты лелѣялъ еси на
себѣ Святославли насады до плъку Кобякова.[154] Възлелѣй,
господине, мою ладу къ мнѣ, а быхъ не слала[155] къ нему
слезъ на море рано».

Ярославна рано плачетъ въ Путивлѣ на забралѣ, аркучи:
«Свѣтлое и тресвѣтлое слънце! Всѣмъ тепло и красно еси:
чему, господине, простре горячюю свою лучю на ладѣ вои?
Въ полѣ безводнѣ жаждею имъ лучи съпряже,[156] тугою имъ
тули затче?»[157]

Прысну море полунощи;[158] идутъ сморци мьглами. Игореви князю Богъ путь кажетъ изъ земли Половецкой на
землю Рускую, къ отню злату столу. Погасоша вечеру зори.
Игорь спитъ, Игорь бдитъ, Игорь мыслию поля мѣритъ отъ
великаго Дону до малаго Донца. Комонь въ полуночи
Овлуръ[159] свисну за рѣкою; велить князю разумѣти: князю
Игорю не быть![160] Кликну, стукну земля, въшумѣ трава,
вежи ся половецкии подвизашася. А Игорь князь поскочи
горнастаемъ къ тростию и бѣлымъ гоголемъ на воду. Въвръ-
жеся на бръзъ комонь, и скочи съ него босымъ влъкомъ.[161]
И потече къ лугу Донца, и полетѣ соколомъ подъ мьглами,
избивая гуси и лебеди завтроку, и обѣду, и ужинѣ. Коли
Игорь соколомъ полетѣ, тогда Влуръ влъкомъ потече, труся
собою студеную росу: претръгоста бо своя бръзая комоня.

Донецъ рече: «Княже Игорю! Не мало ти величия, а
Кончаку нелюбия, а Рускои земли веселиа». Игорь рече:
«О Донче! Не мало ти величия, лелѣявшу князя на влънахъ,
стлавшу ему зелѣну траву на своихъ сребреныхъ брезѣхъ,
одѣвавшу его теплыми мьглами подъ сѣнию зелену древу;
стрежаше его гоголемъ на водѣ, чайцами на струяхъ, чрьня-
дьми[162] на ветрѣхъ». Не тако ти рече рѣка Стугна; худу
струю имѣя, пожрьши чужи ручьи и стругы рострепа к
усту,[163] уношу князю Ростиславу затвори.[164] Днѣпрь темнѣ

березѣ плачется мати Ростиславля по уноши князи Ростиславѣ.[165] Уныша цвѣты жалобою и древо с тугою къ земли прѣклонилось.

А не сорокы втроскоташа: на слѣду Игоревѣ ѣздитъ Гзакъ съ Кончакомъ. Тогда врани не граахуть, галици помлъкоша, сорокы не троскоташа, полозие[166] ползоша только. Дятлове тектомъ путь къ рѣцѣ кажутъ, соловии веселыми пѣсньми свѣтъ повѣдаютъ.

Млъвитъ Гзакъ Кончакови: «Аже соколъ къ гнѣзду летитъ, — соколича рострѣляевѣ своими злачеными стрѣлами». Рече Кончакъ ко Гзѣ: «Аже соколъ къ гнѣзду летитъ, а вѣ соколца опутаевѣ красною дивицею».[167] И рече Гзакъ къ Кончакови: «Аще его опутаевѣ красною дѣвицею, ни нама будетъ сокольца, ни нама красны дѣвице, то почнутъ наю птици бити въ полѣ Половецкомъ».

Рекъ Боянъ и до сына Святъславля,[168] пѣснотворьць стараго времени — Ярославля, Ольгова, коганя:[169] «Хотя тяжко ти головѣ кромѣ плечю, зло ти тѣлу кромѣ головы», — Руской земли безъ Игоря.

Солнце свѣтится на небесѣ — Игорь князь въ Руской земли. Дѣвици поютъ на Дунаи, — вьются голоси чрезъ море до Киева. Игорь ѣдетъ по Боричеву[170] къ Святѣй Богородици Пирогощей.[171] Страны ради, гради весели.

Пѣвше пѣснь старымъ княземъ, а потомъ молодымъ пѣти: слава Игорю Святъславличю, буй туру Всеволоду, Владимиру Игоревичу! Здрави[172] князи и дружина, побарая за Христьяны на поганыя плъки! Княземъ слава а дружинѣ! Аминь.

V

Повесть о битве на реке Калке

Въ лѣто 6732[1]... по грѣхомъ нашимъ, придоша языци незнаеми, их же добрѣ никто же не вѣсть, кто суть и отколе изидоша, и что языкъ ихъ, и котораго племене суть, и что вѣра ихъ; а зовуть я Татары, а инии глаголють Таурмены,[2] а друзии Печенѣзи,[3] инии же глаголють, яко се суть, о них же Мефодии, Патомьскыи епископъ,[4] съвѣдѣтельствуеть, яко си суть ишли ис пустыня Етриевьскыя, суще межи въстокомь и сѣверомъ. Тако бо Мефодии глаголеть, яко скончанию врѣменъ явитися тѣмъ, яже загна Гедеонъ, и поплѣнять всю землю от въстокъ до Ефранта и от Тигръ до Поньскаго моря, кромѣ Ефиопия. Богъ единъ вѣсть, кто суть и отколѣ изидоша; прѣмудрии мужи вѣдять я добрѣ, кто книгы разумѣеть; мы же ихъ не вѣмы, кто суть; нъ сде въписахомъ о нихъ памяти ради рускыхъ князь и бѣды, яже бысть от нихъ имъ. Слышахомъ бо, яко многы страны поплѣниша, Ясы, Обезы, Касогы,[5] и Половьчь[6] безбожьныхъ множьство избиша, а инѣхъ загнаша, и тако измроша убиваеми гнѣвомь Божиемь и пречистыя его матере; много бо зла створиша ти оканьнии Половчи Русьскои земли, того ради всемилостивыи Богъ хотя погубити безбожныя сыны Измаиловы[7] Куманы, яко да отмьстять кръвь Крестьяньску, еже и бысть над ними безаконьными. Проидоша бо ти Таурмени всю страну Куманьску и придоша близъ Руси, идеже зоветься валъ Половьчьскы. И прибегоша оканьнии Половчи, избьеныхъ избытъкъ, Котянь с ынѣми князи, а Данилъ Кобяковиць и Гюрги убьена быста, с нимь множьство Половьчь; сь же Котянь бѣ тьсть Мьстиславу Галицьскому.[8] И приде съ поклономь съ князи Половьцьскыми къ зяти въ Галичь къ Мьстиславу и къ всемъ княземъ русьскымъ, и дары принесе многы: кони и вельблуды и буволы и дѣвкы, и одариша князь

русьскыхъ, а рекуче тако: «нашю землю днесь отъяли, а
ваша заутро възята будеть»; и възмолися Котянь зяти своему.
Мьстислав же поця молитися княземъ русьскымъ, братьи
своеи, реки тако: «оже мы, братье, симъ не поможемъ, тъ си
имуть придатися к нимъ, тъ онѣмъ больши будеть сила». И
тако думавъше много о собе, яшася по путь, и поклона дѣля
и молбы князь половьчьскыхъ. И начаша вое пристраивати,
кождо свою власть; и поидоша, съвъкупивъше землю всю
Русскую противу Татаромъ, и быша на Днѣпрѣ на Зарубе.[9]
Тъгда же увѣдавъше Татари, оже идуть русстии князи
противу имъ, и прислаша послы, къ русскымъ княземъ:
«се слышимъ оже идете противу насъ, послушавше Поло-
вьць; а мы вашеи земли не заяхомъ, ни городъ вашихъ, ни
селъ вашихъ, ни на васъ придохомъ, нъ придохомъ Богомь
пущени на холопы и на конюси свое на поганыя Половче;
а вы възмите с нами миръ; аже выбежать къ вамъ, а биите
ихъ оттолѣ, а товары емлите к собе: занеже слышахомъ,
яко и вамъ много зла створиша; того же дѣля и мы биемъ».
Того же русстии князи не послушаша, нъ послы избиша, а
сами поидоша противу имъ; и не дошьдъше Ольшья,[10] и
сташа на Днѣпрѣ. И прислаша к нимъ второе послы Татари, рекуще тако: «а есте послушали Половьчь, а послы
наша есте избили, а идете противу нас, тъ вы поидите; а
мы васъ не заяли, да всѣмъ Богъ»;[11] и отпустиша прочь
послы ихъ. Тъгъда же Мьстислав перебродяся Днѣпрь,
прѣиде в 1000 вои на сторожи татарьскыя, и побѣди я, а
прокъ ихъ въбѣже съ воеводою своимь Гемябѣгомь въ
курганъ Половьчьскыи, и ту имъ не бы мочи, и погрѣбоша
воеводу своего Гемябега жива въ земли, хотяще животъ его
ублюсти; и ту и налезоша, испросивъше Половьци у
Мьстислава, и убиша и. Слышавъше же то князи русстии,
поидоша за Днѣпрь и поидоша вси въкупѣ, по нихъ же
идоша 9 днии, и заидоша за Калакъ рѣку, и послаша въ
сторожихъ Яруна с Половьци, а сами станомь сташа ту.
Тъгда же Ярунъ съступися с ними, хотя битися, и побегоша
не успѣвъше ничтоже Половци назадъ, и потъпташа
бежаще станы русскыхъ князь, не успѣша бо исполчитися

противу имъ; и съмятошася вся, и бысть сѣця зла и люта. Мьстиславъ же, Кыевьскыи князь,[12] видя се зло, не движеся съ мѣста никамо же; сталъ бо бѣ на горѣ надъ рѣкою надъ Калкомь, бѣ бо мѣсто то камянисто, и ту угоши городъ около себе въ колѣхъ, и бися с ними из города того по 3 дни. Ини же Татари поидоша по русскыхъ князихъ, бьюче до Днѣпря; а у города того оста 2 воеводѣ Цьгырканъ и Тешюканъ на Мьстислава и на зяти его на Андрѣя и на Олькъсандра Дубровьцьскаго: беста бо 2 князя съ Мьстиславом. Ту же и бродници[13] съ Татары быша, и воевода Плоскына, и тъ оканьныи воевода цѣловавъ крестъ честьныи къ Мьстиславу и къ обѣма князема, око[14] ихъ не избити, нъ пустити ихъ на искупъ, и сълга оканьныи: прѣда ихъ, извязавъ, Татаромъ; а городъ възяшь, и люди исѣкоша, и ту костью падоша; а князи имъше, издавиша, подъкладъше подъ дъскы, а сами вѣрху сѣдоша обѣдати, и тако животъ ихъ концяша. А иныхъ князь до Днѣпрѣ гоняче, убиша 6: Святослава Яневьскаго, Изяслава Ингворовиця, Святослава Шюмьскаго, Мьстислава Церниговьскаго съ сыномь, Гюргя Невѣжьскаго. Тъгда же Мьстислав Мьстислалиць переже перебегъ Днѣпрь, отрѣя от берега лодье, да не идуть Татари по нихъ, а самъ одва убежа; а прочии вои десятыи приде кождо въ свояси; а иныхъ Половци побиша ис коня, а иного ис порта. И тако за грѣхы наша Богъ въложи недоумение въ нас, и погыбе много бещисла людии; и бысть въпль и плачь и печяль по городомъ и по селомъ. Си же злоба сътворися мѣсяця маия въ 31, на святого Ерѣмья. Татари же възвратишася от рѣкы Днѣпря; и не съвѣдаемъ, откуду суть пришли и кдѣ ся дѣша опять: Богъ вѣсть, отколе приде на нас за грѣхы наша.

VI

Повесть о разорении Рязани Батыем

В лето 6745. В второе на десят лето по принесении чюдотворнаго образа ис Корсуня[1] прииде безбожный царь Батый на Русскую землю со множеством вой татарскыми, и ста на реке на Воронеже[2] близ Резанскиа земли. И присла на Резань к великому князю Юрью Ингоревичю Резанскому послы безделны,[3] просяща десятины во всем: во князех и во всяких людех, и во всем. И услыша великий князь Юрьи Ингоревич Резанский приход безбожнаго царя Батыя, и вскоре посла во град Владимер к благоверному к великому князю Георгию Всеволодовичю Владимерскому,[4] прося помощи у него на безбожнаго царя Батыя, или бы сам пошел. Князь великий Георгий Всеволодович Владимеръской сам не пошел и на помощь не послал, хотя о собе сам сотворити брань з Батыем. И услыша великий князь Юрьи Ингоревич Резанский, что несть ему помощи от великаго князя Георьгия Всеволодовича Владимерьскаго, и вскоре посла по братью свою по князя Давида Ингоревича Муромского, и по князя Глеба Ингоревича Коломенского, и по князя Олга Краснаго, и по Всеволода Проньского,[5] и по прочии князи. И начаша совещевати, яко нечистиваго подобает утоляти дары. И посла сына своего князя Федора Юрьевича Резаньскаго к безбожному царю Батыю з дары и молением великим, чтобы не воевал Резанския земли. И князь Федор Юрьевич прииде на реку на Воронеж к царю Батыю, и принесе ему дары и моли царя, чтобы не воевал Резанския земли. Безбожный царь Батый, лстив бо и немилосерд, прия дары, и охабися[6] лестию не воевати Резанския земли. И яряся-хваляся воевати Русскую землю. И нача просити у рязаньских князей дщерей или сестер собе на ложе. И некий от велмож резанских завистию насочи[7] безбожному царю Батыю на князя Федора Юрьевича Резанскаго, яко

имеет у собе княгиню от царьска рода, и лепотою-телом
красна бе зело. Царь Батый лукав есть и немилостив в
неверии своем, пореваем в похоти плоти своея, и рече князю
Федору Юрьевичю: «Дай мне, княже, видети жены твоей
красоту». Благоверный же князь Федор Юрьевич Резанской
посмеяся, и рече царю: «Не полезно[8] бо есть нам Християном тобе, нечестивому царю, водити жены своя на блуд.
Аще нас преодолееши, то и женами нашими владети
начнеши». Безбожный же царь Батый возярися и огорчися,
и повеле вскоре убити благовернаго князя Федора Юрьевича, а тело его повеле поврещи зверем и птицам на разтер-
зание; и инех князей, нарочитых людей воиньских побил.

И един от пестун князя Федора Юрьевича укрыся именем
Апоница, зря на блаженое тело честнаго своего господина
горько плачющися, и видя его никим брегома, и взя возлюбленаго своего государя, и тайно сохрани его. И ускори к
благоверной княгине Еупраксее, и сказа ей, яко нечестивый
царь Батый уби благовернаго князя Федора Юрьевича.

Благоверная княгиня Еупраксея стояше в превысоком
храме своем и держа любезное чадо свое князя Ивана Федоровича, и услыша таковыя смертоносныя глаголы, и
горести исполнися, и абие ринуся из превысокаго храма
своего с сыном своим со князем Иваном на среду земли, и
заразися до смерти. И услыша великий князь Юрьи Ингоревич убиение возлюбленаго сына своего благовернаго
князя Федора, и инех князей, нарочитых людей много
побито от безбожнаго царя, и нача плакатися с великою
княгинею,[9] и со прочими княгинеми, и з братею. И плакашеся весь град на мног час. И едва отдохнув от великаго
того плача и рыдания, и начаша совокупляти воинство свое,
и учредиша. Князь великий Юри Ингоревич, видя братию
свою и боляр своих и воеводе храбро и мужествено ездяще,
и возде руце на небо со слезами и рече: «Изми нас, Боже,
от враг наших, и от востающих нань избави нас, и покры нас
от сонма лукавнующих, и от множества творящих безако-
коние.[10] Буди путь их тма и ползок».[11] И рече братии своей:
«О господия и милая братия моя, аще от руки Господня благая

прияхом, то злая ли не потерпим? Лутче нам смертию живота купити, нежели в поганой воли быти. Се бо я, брат ваш, наперед вас изопью чашу смертную за святыя Божия церкви, и за веру Христьянскую, и за отчину отца нашего великаго князя Ингоря Святославича».[12] И поидоша в церковь пресвятыя владычицы Богородици честнаго ея успения. И плакася много пред образом пречистыя Богородици и великому чюдотворцу Николе и сродником своим Борису и Глебу.[13] И дасть последнее целование великой княгине Агрепене Ростиславне, и прием благословение от епископа и от всего священнаго собора. И поидоша против нечестиваго царя Батыя, и сретоша его близ предел резанских. И нападоша нань, и начаша битися крепко и мужествено, и бысть сеча зла и ужасна. Мнози бо силнии полки падоша Батыеви. Царь Батый видяше, что господство резаньское крепко и мужествено бьяшеся, и возбояся. Да противу гневу Божию хто постоит! А Батыеве силе велице и тяжце, един бьяшеся с тысящей, а два со тмою. И виде князь великий убиение брата своего князя Давида Ингоревича, и воскричаша: «О братие моя милая! Князь Давид, брат наш, наперед нас чашу испил, а мы ли сея чаши не пьем!» И преседоша с коня на кони, и начаша битися прилежно. Многии сильныя полкы Батыевы проеждяа, храбро и мужествено бьяшеся, яко всем полком татарьскым подивитися крепости и мужеству резанскому господству. И едва одолеша их силныя полкы татарскыя. Ту убиен бысть благоверный князь великий Георгий Ингоревич, брат его князь Давид Ингоревич Муромской, брат его князь Глеб Ингоревич Коломенской, брат их Всеволод Проньской, и многия князи месныя и воеводы крепкыя, и воинство: удалцы и резвецы резанския. Вси равно умроша и едину чашу смертную пиша. Ни един от них возратися вспять: вси вкупе мертвии лежаша. Сия бо наведе Бог грех ради наших. А князя Олга Ингоревича яша еле жива суща. Царь же, видя свои полкы мнозии падоша, и нача велми скорбети и ужасатися, видя своея силы татарскыя множество побьеных. И начаша воевати Резанскую землю и веля бити, и сечи, и жещи без милости. И град Прънеск, и град Бел, и Ижеславець[14] разори до основания, и все люди побиша без милости. И течаше кровь Христьянская, яко река силная, грех ради наших. Царь Батый видя князя Олга Ингоревича велми красна и храбра, и изнемогающе от великых ран, и хотя его изврачевати от великых ран и на свою прелесть[15] возвратити. И князь Олег Ингоревич укори царя Батыя, и нарек его безбожна, и врага Христьанска. Окаяный Батый дохну огнем от мерскаго сердца своего, и вскоре повеле Олга ножи на части роздробити. Сий бо есть вторый страстоположник Стефан,[16] прия венець своего страдания от всемилостиваго Бога, и испи чашу смертную с своею братею ровно. Царь Баты окаяный нача воевати Резанскую землю, и поидоша ко граду к Резани. И обступиша град, и начаша битися неотступно пять дней. Батыево бо войско пременишася, а гражане непремено бьяшеся. И многих гражан побиша, а инех уязвиша, а инии от великих трудов изнемогша. А в шестый день рано приидоша погании ко граду, овии с огни, а ини с пороки, а инеи со тмочислеными лествицами, и взяша град Резань месяца декабря в 21 день. И приидоша в церковь соборную пресвятыя Богородици, и великую княгиню Агрепену матерь великаго князя з снохами и с прочими княгинеми мечи исекоша, а епископа и священический чин огню предаша, во святей церкве пожегоша, а инеи мнози от оружия падоша. А во граде многих людей, и жены, и дети — мечи исекоша. И иных в реце потопиша, и ереи черноризца до останка исекоша, и весь град пожгоша, и все узорочие нарочитое, богатство резанское и сродник их киевское и черъниговское поимаша. А храмы Божия разориша, и во святых олтарех много крови пролияше. И не оста во граде ни един живых: вси равно умроша и едину чашу смертную пиша. Несть бо ту ни стонюща, ни плачюща — и ни отцу и матери о чадех, или чадом о отци и о матери, ни брату о брате, ни ближнему роду, но вси вкупе мертви лежаща. И сия вся наиде грех ради наших. Безбожный царь Батый видя велие пролитие крови Християнския, и возярися зело, и огорчися, и поиде на град Суздаль и Владимер,[17] и желая Рускую землю попленити, и веру Християнскую искоренити, и церкви Божии до основания разорити.

И некий от велмож резанских именем Еупатий Коловрат в то время был в Чернигове со князем Ингварем Ингоревичем,[18] и услыша приход зловернаго царя Батыя, и иде из Чернигова с малою дружиною, и гнаша скоро. И приеха в землю Резаньскую, и виде ея опустевшу, грады разорены, церкви пожены, люди побьены. И пригна во град Резань, и виде град разорен, государи побиты, и множества народа лежаща: ови побьены и посечены, а ины позжены, ины в реце истоплены, — Еупатий воскрича в горести душа своея и разпалаяся в сердцы своем. И собра мало дружины: тысячу семсот человек, которых Бог соблюде — быша вне града. И погнаша во след безбожного царя и едва угнаша его в земли Суздалстей, и внезапу нападоша на станы Батыевы. И начаша сечи без милости, и смятошася все полкы татарскыя. Татарове же сташа, яко пияны, или неистовы. Еупатию тако их бьяше нещадно, яко и мечи притупишася, и емля татарскыя мечи и сечаша их. Татарове же мняша, яко мертви восташа. Еупатий силныя полкы татарьскыя проеждяя, бьяше их нещадно. И ездя по полком татарскым храбро и мужествено, яко и самому царю возбоятися. И едва поимаша от полку Еупатиева пять человек воиньскых, изнемогших от великих ран. И приведоша их к царю Батыю. Царь Батый нача вопрошати: «Коея веры еста вы, и коея земля, и что мне много зла творите?» Они же реша: «Веры Християнскыя есмя, а храбры есми великаго князя Юрья Ингоревича Резанскаго, а от полку Еупатиева Коловрата. Посланы от князя Ингваря Ингоревича Резанскаго тебя силна царя почтити и честна проводити,[19] и честь тобе воздати. Да не подиви, царю, не успевати наливати чаш на великую силу-рать татарьскую».[20] Царь же подивися ответу их мудрому. И посла шурича[21] своего Хостоврула на Еупатия, а с ним силныя полкы татарскыя. Хостоврул же похвалися пред царем, хотя Еупатия жива пред царя привести. И ступишася силныя полкы татарскыя, хотя Еупатия жива яти. Хостоврул же сьехася сь Еупатием. Еупатей же исполин силою и разсече Хостоврула на полы[22] до седла. И начаша сечи силу татарскую, и многих тут нарочитых багатырей Батыевых побил, ових на полы пресекаше, а иных до седла крояше. Татарове же возбояшеся, видя Еупатия крепка исполина. И навадиша на него множество пороков, и нача бити по нем ис тмочисленых пороков, и едва убиша его. И принесоша тело его пред царя Батыя. Царь Батый посла по мурзы, и по князи, и по санчакбеи,[23] и начаша дивитися храбрости, и крепости, и мужеству резанскому господству. Они же рекоша царю: «Мы со многими цари во многих землях, на многих бранех бывали, а таких удалцов и резвецов не видали, ни отци наши возвестиша нам. Сии бо люди крылатыи, и не имеюще смерти, тако крепко и мужествено ездя, бьяшеся: един с тысящею, а два со тмою. Ни един от них может сьехати жив с побоища». Царь Батый зря на тело Еупатиево, и рече: «О Коловрате Еупатие, гораздо еси меня подщивал[24] малою своею дружиною, да многих богатырей сильной орды побил еси, и многие полкы падоша. Аще бы у меня такий служил, — держал бых его против сердца своего». И даша тело Еупатево его дружине останочной, которые поиманы на побоище. И веля их царь Батый отпустити, и ни чем вредити.

Князь Ингварь Ингоревич в то время был в Чернигове у брата своего князя Михаила Всеволодовича Черниговского[25] Богъм соблюден от злаго того отметника[26] врага Христьянскаго. И прииде из Чернигова в землю Резанскую во свою отчину, и видя ея пусту, и услыша, что братья его все побиены от нечестиваго законопреступника царя Батыя, и прииде во град Резань и видя град разорен, а матерь свою, и снохи своя, и сродник своих, и множество много мертвых лежаща, и град разорен, церкви позжены и все узорочье в казне черниговской и резанской взято. Видя князь Ингварь Ингоревич великую конечную погибель грех ради наших, и жалостно возкричаша, яко труба рати глас подавающе, яко сладкий арган вещающи. И от великаго кричания, и вопля страшнаго лежаща[27] на земли, яко

мертв. И едва отльеяша[28] его, и носяша по ветру. И едва
отдохну душа его в нем. Кто бо не возплачетца толикия
погибели, или кто не возрыдает о селице народе людей
православных, или кто не пожалит толико побитых великих
государей, или кто не постонет таковаго пленения! Князь
Ингварь Ингоревич, розбирая трупия мертвых, и наиде тело
матери своей великия княгини Агрепены Ростиславны, и
позна снохи своя, и призва попы из веси, которых Бог соблюде, и погребе матерь свою, и снохи своя с плачем вели-
кым во псалмов и песней место: кричаше велми и рыдаше.
И похраняше прочия трупия мертвых, и очисти град, и
освяти. И собрашася мало людей, и даша им мало утеше-
ния. И плачася безпрестано, поминая матерь свою и братию свою, и род свой, и все узорочье резанское[29] — вскоре
погибе. Сия бо вся наиде грех ради наших. Сий бо град
Резань и земля Резанская, изменися доброта ея, и отиде
слава ея, и не бе в ней ничто благо видети — токмо дым и
пепел, а церкви все погореша, а великая церковь внутрь
погоре и почернеша. Не един бо сий град пленен бысть,
но и инии мнози. Не бе бо во граде пения, ни звона, в
радости место всегда плач творяще. Князь Ингварь Ингоревич поиде, где побьени быша братья его от нечестиваго
царя Батыя: великий князь Юрьи Ингорович Резанской,
брат его князь Давид Ингоревич, брат его Всеволод Ингоревич и многия князи месныя, и бояре и воеводы, и все
воинство, и удалцы и резвецы, узорочие резанское. Лежаша на земли пусте, на траве ковыле, снегом и ледом
померзоша, ни ким брегома. От зверей телеса их снедаема,
и от множества птиц разъстерзаемо. Вси бо лежаша, купно
умроша, едину чашу пиша смертную. И видя князь Ингварь
Ингоревич велия трупия мертвых лежаша, и воскрича горько
велием гласом, яко труба распалаяся, и в перьси свои рукама
биюще; и ударяшеся о землю. Слезы же его от очию, яко
поток, течаше и жалосно вещающи: «О милая моя братья
и господие! Како успе животе мои драгии! Меня единаго
оставиша в толице погибели. Про что аз преже вас не
умрох? И камо заидесте очию моею,[30] и где отошли есте

сокровища живота моего? Про что не промолвите ко мне
брату вашему, цветы прекрасныи, винограде мои несо-
зрелыи? Уже не подасте сладости души моей! Чему, господине, не зрите ко мне — брату вашему, не промолвите
со мною? Уже ли забыли есте мене брата своего, от единаго
отца роженаго, и единые утробы честнаго плода матери
нашей — великие княгини Агрепены Ростиславне, и единым сосцом воздоеных многоплоднаго винограда? И кому
приказали есте меня — брата своего? Солнце мое драгое,
рано заходящее; месяци красныи, скоро изгибли есте; звезды
восточныя, почто рано зашли есте? Лежите на земли пусте,
ни ким брегоми, чести-славы ни от кого приемлете! Изменися бо слава ваша. Где господство ваше? Многим землям
государи были есте, а ныне лежите на земли пусте, зрак лица[31] вашего изменися во истлении. О милая моя братия и
дружина ласкова, уже не повеселюся с вами! Свете мои
драгии, чему помрачилися есте? Не много нарадовахся с
вами! Аще услышит Бог молитву вашу, то помолитеся о
мне, о брате вашем, да вкупе умру с вами. Уже бо за весе-
лием плач и слезы придоша ми, а за утеху и радость сетование и скорбь яви ми ся! Почто аз не преже вас умрох, да
бых не видел[32] смерти вашея, а своея погибели. Не слышите
ли бедных моих словес жалостно вещающа?[33] О земля, о
земля, о дубравы поплачите со мною! Како нареку день
той, или како возпишу его, в он же погибе толико господарей
и многие узорочье резанское храбрых удалцев. Ни един
от них возвратися вспять, но вси равно умроша, едину чашу
смертную пиша. Се бо в горести души моея язык мой
связается, уста заграждаются, зрак опусмевает,[34] крепость
изнемогает».

Бысть убо тогда многи туги, и скорби, и слез, и воздыхания, и страха, и трепета от всех злых, находящих на ны.
Великий князь Ингварь Ингоревич возде руце на небо со
слезами возва, глаголаша: «Господи, Боже мой, на Тя упо-
вах, спаси мя, и от всех гонящих избави мя. Пречистая
бладычице Христа Бога нашего, не остави мене во время
печали моея. Великие страстотерпцы и сродники наши

Борис и Глеб, будите мне помощники, грешному, во бранех. О братие моя и господие, помогайте мне во святых своих молитвах на супостаты наши — на агаряне и внуци измаилтеска рода».[35] Князь Ингварь Ингоревич начаша разбирати трупие мертвых, и взя тело братьи своей, и великаго князя Георгия Ингоревича, и князя Давида Ингоревича Муромского, и князя Глеба Ингоревича Коломенского, и инех князей месных — своих сродников, и многих бояр, и воевод, и ближних знаемых, принесе их во град Резань, и похраняше их честно, а инех тут на месте на пусте собираше и надгробное пеша. И похраняше князь Ингварь Ингоревич, и поиде ко граду Пронску, и собра раздроблены уды брата своего благовернаго и христолюбиваго князя Ольга Ингоревича и несоша его во град Резань, а честную его главу сам князь велики Ингвар Иньгоревич и до града понеси, и целова ю любезно, положиша его с великим князем Юрьем Ингоревичем во единой раце.[36] А братью свою князя Давида Ингоревича, да князя Глеба Ингоревича положиша у него близ гроба их во единой раце. Поиде же князь Ингвар Ингоревичь на реку на Воронеж, иде убьен бысть князь Федор Юрьевич Резанской, и взя честное тело его, и плакася над ним на долг час. И принесе во область его к великому чюдотворцу Николе Корсунскому, и его благоверную княгиню Еупраксею, и сына их князя Ивана Федоровича Посника и положиша их во едином месте. И поставиша над ними кресты камены. И от сея вины да зовется великий чюдотворець Николае Заразский: яко благоверная княгиня Еупраксея и с сыном своим князем Иваном сама себе зарази.

Сии бо государи рода Владимера Святославича — сродника Борису и Глебу, внучата великаго князя Святослава Олговича Черниговьского.[37] Бяше родом христолюбивыи, братолюбивыи, лицем красны, очима светлы, взором грозны, паче меры храбры, сердцем легкы, к бояром ласковы, к приеждим приветливы, к церквам прилежны, на пированье тщывы,[38] до господарских потех охочи, ратному делу велми искусны, к братье своей и ко их посолником величавы.

Мужествен ум имеяше, в правде-истине пребываста, чистоту душевную и телесную без порока соблюдаста. Святого корени отрасли, и Богом насажденаго сада цветы прекрасныи. Воспитани быша во благочестии со всяцем наказании духовнем. От самых пелен Бога возлюбили. О церквах Божиих велми печашеся, пустошных бесед не творяще, срамных глагол не любяше и злонравных человек отвращашеся, а со благыми всегда беседоваша, божественых писаний всегда во умилении послушаше. Ратным во бранех страшныи являшеся, многия враги, востающи на них, побежаша, и во всех странах славно имя имяща. Ко греческим царем велику любовь имуща, и дары у них многи взимаша. А по браце целомудрено живяста, смотряющи своего спасения. В чистой совести, и крепости, и разума предержа земное царство и к небесному приближаяся. Плоти угодие не творяще, соблюдающи тело свое по браце греху непричасно. Государьский сан держа, а посту и молитве прилежаста, и кресты на раме своем носяща. И честь и славу от всего мира приимаста, а святыя дни святого поста честно храняста, и по вся святыя посты причащастася святых пречистых и бесмертных таин. И многи труды и победы по правой вере показаста. А с погаными половцы часто бьяшася за святыя церкви, и православную веру. А отчину свою от супостат велми без лености храняща. А милостину неоскудно даяша, и ласкою своею многих от неверных царей детей их и братью к собе приимаста, и на веру истиную обращаста.

Благоверный великий князь Ингвар Ингоревич, нареченны во святом крещении Козма, сяде на столе отца своего великаго князя Ингоря Святославича. И обнови землю Резаньскую, и церкви постави, и манастыри согради, и пришелцы утеши, и люди собра. И бысть радость Християном, их же избави Бог рукою своею крепкою от безбожнаго зловернаго царя Батыя. А Кир Михайло Всеволодовича Пронского[39] посади на отца его отчине.

VII

Слово о житии и о преставлении великого князя Дмитриа Ивановича, царя Русьскаго

Сий убо князь Дмитрий родися от благоверну родителю и пречестну, сын князя Ивана Ивановича и матере его великой княгини Александры, внук же бысть православнаго князя Ивана Даниловича,[1] събрателя Руской земли, корени святаго, и Богом насаженаго отрасль благоплодъна и цвет прекрасный, и царя Володимера, новаго Костянтина, крестившаго Рускую землю, сродник же бысть новою чюдотворцю Бориса и Глеба; въспитан же бысть в благочестии и в славе, с всяцем наказанием духовным, и от самех пелен Бога възлюби. Отцю же его великому князю Ивану оставльшу житие света сего и приимъшю небесное селение, сий же оста млад сый, яко лет 9, с любимым си братом Иваном; потом же и тому преставльшуся, таче и мати его преставися Александра, и бысть един в области великого княжениа. И приимшу ему скипетр дръжавный земля Рускыя, настолование земнаго царства, отчину свою великое княжение, по даней ему благодати от Бога, чти же и славы, еще млад сый възрастом, но духовных прилежаше делесех, пустошных бесед не творяше, и срамных глагол не любляше, а злонравных человек отвращашеся, а с благыми всегда беседоваше, а божественых писаний всегда с умилением послушааше, а о церквах Божиих вельми печашеся, а стражьбу земли Руской мужеством держаше, злобою младенець обреташеся,[2] а умом всегда съвершен бываше, ратным же всегда в бранех страшен бываше, и многи врагы, въстающа на нь, победи, и славный град Москву стенами чюдно огради, и в всем мире славен бысть, яко и кедр в Ливане умножившеся и аки финикс в древесе процвете. Сему же бывшу лет штинадесят, и приведоша ему на брак княгиню Овдотью, от земля Суздальскыа, дщерь

великого князя Дмитриа Костянтиновича, матери великоя
княгини Анны,[3] и възрадовашася вся земля о совокуплении
брака ею. И по браце целомудрено живяста, яко злато-
прьсистый голубь и сладкоглаголивая ластовица, с умилением смотряху своего спасениа в чистей съвести, крепостию
разума предръжа земное царьство и к небесному присягая,
и плотиугодиа не творяху, аки кормьчий крепок противу
ветром волны минуя, направляем вышняго промышлением,
и яко пророк на стражи Божиа смотрениа, тако смотряше
своего царствиа. И умножися слава имени его, яко святаго
князя Володимира, и въскипи земля Руская в дне княжениа
его, яко преже обетованная Израилю; страхом господства
своего огради всю землю; от восток и до запад хвално имя
его; от моря и до моря, от рек до конца вселеныя превоз-
несеся честь его, и многы страны ужасошася. Царие земьстии слышаше его и удивишася, врази же его взавидеша
ему, живущии окрест его, и навадиша на нь нечестивому
Мамаю,[4] тако глаголюще: «князь великий Дмитрий Ивановичь себе именует Руской земли царя и паче честнейша
тебе славою, супротивно стоить твоему царствию». Он же
нава женлукавыми съветники, иже Крестьяньскую веру
дръжаху, а поганых дела творяху, и рече Мамай князем и
рядцем своим: «преиму землю Рускую, и церкви Христиань-
скыя разорю, и веру их на свою преложю, и велю поклоня-
тися своему Махмету; идеже церкви были, туто ропаты
поставлю, и баскаки посажу по всем городом Рускым, а
князи Рускыа избию». Аки преже и Ог, царь Васаньский,[5]
похвалися на кивот завета господня, сице похвлився, сам
погибе. И посла преже себе Мамай воеводу поганаго
Бегича, с великою силою и с многими князьми. Се слышав,
князь Дмитрий поиде во сретение его с многою силою
Рускыа земля, и съступися с погаными в Рязаньской земли,
на реце Вожи, и поможе Бог и святая Богородица князю
Дмитрию, а поганыя Агаряны[6] посрамлены быша: овы
изсечени быша, иныа же побегоша; и возратися Дмитрий с
великою победою, и тако ти заступаше Рускую землю,
отчину свою.[7] И бестудный Мамай срама исполнися, в

похвалы место бесщестье ему прииде, и поиде сам на
Рускую землю, похвалився на Дмитриа, исполни сердце
свое злаго безакониа. Слышав же Дмитрий князь, и въздох-
нув из глубины сердца к Богу и к пречистей его матери,
и рече: «о пресвятая Госпоже Дево Богородице, заступнице
и помощнице миру! моли Сына своего за мя грешнаго, да
достоин буду главу и живот свой положить за имя Сына
твоего и за твое, иноя бо помощница не имам развее тебе,
Госпоже, да не порадуются враждующии мне бес правды,
ни ркуть погании: где есть Бог их, на негоже уповаша? да
постыдятся вси являюще рабом твоим злая, яко аз раб твой
есмь и сын рабы твоея;[8] испроси ми, Госпоже, силу и помощь
от святаго жилища Сына твоего и Бога моего на злаго
моего супостата и нечестиваго врага; постави ми, Госпоже,
столп крепости от лица вражиа,[9] и възвеличи имя Крестьан-
ское над погаными Агаряны.» И призва вельможа своя и
вся князя Рускыя земля, суща под властию его, и рече князем и вельможам своим: «лепо есть нам, братие, положити
главы своя за правоверную веру Крестьяньскую, да не приати
будуть гради погаными наши, ни запустеють святыя церкви,
и не разсеяни будуть по лицю земли, ни поведени будуть в
полон жены и чада наша, да не томими будем погаными
по вся дни, аще за нас умолить Сына своего и Бога нашего
пречистая Богородице». И отвещаша ему князи Рустии и
велможи его: «господине Руской царю! рькли есмя тобе
служа живот свой скончати, а ныне тебе ради кровь свою
пролием и своею кровию второе крещение приимем». И
въсприим Аврамлю доблесть, помолився Богу, и помощника
имуще святителя Петра,[10] новаго чюдотворца и заступника
Рускыя земля, и поиде противу поганаго, аки древний
Ярослав, на злочестиваго Мамая, втораго Святополка,[11] и
срете его в Татарьском поле, на реце Дону. И съступишася
полци, аки тучи силнии, и блеснушася оружия, аки млъниа
в день дождя, ратнии же сечяхуся, за руки емлющеся; по
удольям кровь течаше, и Дон река потече кровью смесив-
шеся, и главы Татарьскы аки камение валяшеся, и трупья
поганых аки дубрава посечена; мнози же достовернии

видяху аггелы Божиа, помогающа Крестьяном. И поможе Бог князю Дмитрию и сродници его святая мученика Борис и Глеб, а оканный Мамай от лица его побеже; треклятый же Святополк в пропасть побеже, и нечестивый Мамай без вести погибе.[12] И възвратися князь Дмитрий с великою победою, якоже преже Моисий, Амалика победив,[13] и бысть тишина велика в Руской земли; и тако врази его посрамишася, иныя же страны, слышавше победы, даныя ему на враги от Бога, и вси под ногу его поклонишася, раскольници же и мятежници царства его погибоша. И обычай же имяше князь, яко Давыд богоотец Сауловы дети миловаше, а сий Дмитрий неповинныя же любляше, повинныа же пращаше, по велику же Иеву, яко отец есть миру, око слепым, нога хромым,[14] столп и стражь и мерило, известно к свету правя подвластныя, от вышняго промысла правление приим роду человечьскому, всяко смятение мирское исправляше, высокопарный орел, огнь паляя нечистая, баня мыющиа скверну, гумно чистоте, ветр плевелу, одр трудившимся по Бозе, труба спящим, воевода мирный, венець победе, плавающим пристанище, корабль богатьству, оружие на враги, стена нерушима, мечь ярости, зломысльсшим сеть, степень нераздрушим, зерцало житию, с Богом все творя и по Бозе поборая, высокий ум, смиреный смысл, ветром тишина, пучина разуму; князя Рускыя в области своей крепляше, велможам своим тих и уветлив в наряде бываше, никого же не оскорбляше, но всех равно любляше, младых словесы наказаше и всем довол подаваше, и к требующим руце простираше. Еще же дръзну несрамно рещи о житии сего нашего царя Дмитрия, да се слышасте, цари и князи, научитеся тако творити; от юны бо връсты Бога възлюби и духовных прилежа делех, аще и книгам не учен беяше добре, но духовныя книги в сердци своем имяше. И се едино повем от житиа его: тело свое чисто съхрани до женитвы, церковь себе съблюде Святому Духу нескверну, очима зряше чясто к земли, от неяже взят бысть, душю же и ум простираше к небесе, идеже есть лепо ему пребывати; и по браце съвокуплениа тожде тело чисто съблюде, греху же непричастно; божественаго Апостола Павла събысться о нем глаголющее, еже рече: вы есте церкви Бога живаго, якоже рече: вселюся в ня и похожу.[15] Царскый убо сан дръжаше, а аггельскы живяше: постом и молитвою по вся нощи стояше, сна токмо мало приимаше и паки по мале часе на молитву въстояше, и подобу благу все творяше,[16] в бернем телеси бесплотных житие дръжаше; на престоле седяше, и яко пещеру в сердци дръжаше; царскую багряницу и венець ношаше, а во чернечьскыа ризы по вся дни желаше облещися; по вся часы честь и славу от всего мира приимаше, а крест Христов на раму ношаше; божественыя дни поста в чистоте храняшеся, а по вся неделя от святых таин приимаше, преочистовану душю пред Богом хотяше поставити; поистине явися земный аггел, небесный человек. И поживе лет с своею княгинею Овдотьею 20 и 2 в целомудрии, прижи сыны и дщери и въспита в благочестьи; а княжение великое дръжаше отчину свою лет 29 и 6 месяць, и многы труды показа и победы по правоверной вере, яко ни кто же ин. И по сем разболеся и прискорбен бысть велми, потом же льжае бысть ему, и възрадовася великая княгиня радостию великою, и сынове его, и вельможа его царства; и паки впаде в болшую болезнь, и стенание прииде к сердцу его, яко торгати внутренем его, и уже приближися к смерти душа. В то же время родися ему сын Костянтин.[17] И призва к собе княгиню свою и сыны своя и бояре своя и рече: «послушайте мене вси: се бо аз отхожду к Господу Богу моему; ты же, драгая моя княгини, буди чадом своим отець и мати, наказающи их и укрепляющи, все творящи по заповедем господним, послушливым и покорливым быти, Бога боятися и родителя чьстити и страх их дръжати в сердци своем вся дни живота своего». И рече сыном своим: «вы же, сынове мои, плод чрева моего, Бога бойтеся, помните писанное: чьсти отца и матерь, да благо ти будет; мир и любовь межи собою имейти, аз бо предаю вас Богови и матери вашей, и под страхом ея будете всегда; а обяжите собе заповеди моя на шию свою и въскладите словеса моа в сердца ваше;[18] аще ли не послушаете родитель своих, помяните писаное: клятва отча дом раздрушить и матерне въздыхание до конца искоренить;[19] аще ли послушаете, долголетни будете на земли, и в благых пребудет душа ваша, и умножится слава дому вашего, врази ваши падуть под ногами вашими, иноплеменници побегнуть от лица вашего, и облегчится земли вашей тягота, и умножатся нивы ваша обильем; бояре своя любите, честь им достойную въздавающе противу служениа их, без воля их ни что же творите; приветливи будите к всем, но все творите повелением родителя своего». И рече бояром своим: «сберитеся ко мне, да скажю вам, еже творях в житии своем, старци яко отци, младии аки чада: ведаете обычай мой и нрав; пред вами родихся и при вас възрастох, с вами царствовах и землю Рускую дръжах 20 лет и 7, а от рождениа ми 40 лет, и мужествовах с вами на многы страны, и противным страшен бых в бранех, и поганыа низложих Божиею помощию, враги покорих, княжение укрепих, и мир и тишину земли створих, отчину свою с вами съблюдох, еже ми предал Бог и родители мои; к вам честь и любовь имех, под вами град дръжах и волости великыа, и чада ваша любих, никомуже не сътворих зла, ни силно что отъях, ни досадих, ни укорих, ни разграбих, ни бещиньствовах, но всех любих и в всех чести дръжах, и веселихся с вами, с вами же и оскорбих; вы же не нарекостеся у меня бояре, но князи земли моей; ныне же помяните словеса своя, еже рекосте ко мне в время свое: длъжни есми тобе служа и детем твоим главы своя положити; укрепите истиною, послужите княгини моей и чадом моим от всего сердца своего; в время радости повеселитеся с ними и в время скорби не оставите их, да скорбь ваша на радость преложится;[20] Бог же мира да будет с вами». И призвав сына своего прьвее болшаго, князя Василья, старейший путь[21] предасть в руце его, великое княжение, яже есть стол отца его и деда и прадеда, с всеми пошлинами, и дал есть ему отчину свою Рускую землю. И раздавал же есть комуждо сыном своим, и городы свои в отчину им предасть по чясти, на чем им княжити и жити, по жребью раздели им землю:

второму сыну своему, князю Юрью, дал есть Звенигород с всеми волостьми и с всеми пошлинами, такоже и Галичь, яже николи же бывало княжение Галичьское,[22] с всеми волостьми и с всеми пошлинами; третиему же сыну своему, князю Андрею, дал есть город Можаеск да другый город Белоозеро и с всеми пошлинами, се же Белоозеро неколи бывало княжение Белоозерьское; четвертому же сыну своему, князю Петру, дал есть город Дмитров, с всеми волостьми и с всеми пошлинами.[23] И тако утвердив златопечатною грамотою и целовав княгиню свою и дети своя и бояр своих конечным целованием, и благослови их, и пригнув руце свои к персем, и тако предасть святую свою душю и непорочную в руце истиннаго Бога, мая в 19 день, на память святаго мученика Патрикиа, за 5 недиль по Велице дни,[24] в среду, долго вечера,[25] в 2-й час нощи; тело же его честное на земли остася, а святая душа в небесные кровы вселися. Егда преставися благоверный и христолюбивый, благородный и великий князь Дмитрий Ивановичь всея Руси, просветися лице его яко аггелу. Видев же его княгини мертва, на постели лежаща, въсплакася горкым гласом, огненыя слезы от очию испущающе, утробою распалающе, в перси своя рукама бьюще, яко труба рать поведающи, яко ластовица рано шепчющи, и арганы сладковещающи и глаголющи: «Како умре живот мой драгий, мене едину въдовою оставив? почто аз преже тебе не умрох? како заиде свет от очию моею? где отходиши, скровище живота моего? почто не промолвиши ко мне, утроба моя, к жене своей? цвете прекрасный, что рано увядаеши? виноград многоплодный уже не подает плода сердцу моему и сладости души моей. Чему, господине мой милый, не възозриши на мя? чему не промолвиши ко мне? чему не обратишися на постели своей? ужели мя еси забыл? что ради не взираеши на мене и на дети мои? чему им ответа не даси? кому ли мене приказываеши? солнце мое, рано заходиши; месяць мой красный, скоро погибаеши; звездо восточная, почто к западу грядеши? царю мой милый, како прииму тя, како тя обоиму, или како ти послужю? где, господине, честь и слава твоя, господьство твое? господин всей земли Руской был еси, ныне мертв лежиши, никим же владееши; многы страны примирил еси, ныне же смертию побежен еси, изменися слава твоя, и зрак лица твоего превратися в истление. Животе мой, како намилуюся тебе, како повеселюся с тобою? за многоценныа багряница худыа сиа и бедныя ризы приемлиши; не моего наряда одение на себе въздеваеши и за царскый венець худым сим платом главу покрываеши, за полату красную гроб сий приимаеши. Свете мой светлый, чему помрачился еси? гора великая, како погыбаеши? Аще Бог услышить молитву твою, помолися о мне, княгини твоей; вкупе жих с тобою, вкупе ныне и умру с тобою; уность не отъиде от нас, а старость не постиже нас; кому приказываеши мене и дети свои? не много, господине, радовахся с тобою; за веселие печаль и слезы приидоша ми, за утеху и радость сетование и скорбь яви ми ся. Почто родихся и, родився, преже тебе како не умрох, да бых не ведала смерти твоея, а своея погибели? не слышшии ли, князь, бедных моих словес? не смилят ли ся моя горкая слезы? крепко еси, господине мой драгий, уснул: не могу разбудити тебе; с которыя войны еси пришел? истомилъся еси велми; звери земнии на ложи свои идуть, а птица небесныя ко гнездом своим летять,[26] ты же, господине, от своего дому не красно отходиши. Кому уподоблюся, како ся нареку? вдова ли ся нареку? не знаю аз сего; жена ли ся нареку? остала есмь царя. Старыя вдовы, потешайте мене, а младыа вдовы, поплачите со мною: вдовыя бо беда горчае всех людей. Како ся въсплачю или како възглаголю? великий мой Боже, царь царем, заступник ми буди; пречистая Госпоже Богородице, не остави мене, в время печали моея не забуди мене». И принесше его в церковь святаго архаггела Михаила, идеже есть гроб отца его и деда его и прадеда, и певше над ним обычное надгробное пение, и положиша его в гроб, месяца маия в 20-й день, на память святаго мученика Фалелея. И плакаша над ним князи, бояре, велможе, епископы, архимадриты, игумены, попове, дьякони, чернорисци и всь город от мала и до велика, и несть такова, кто бы не плакася, и пениа не слышитьсе в мнозе плаче. Бе же ту гость, митрополит Тряпизонской Феогнаст Гречин, и Данило владыка Смоленьской, и Сава епископ Сараскый,[27] Сергий игумен преподобный старець, инии мнози; разидошася, многа плача наполнившеся. Пятый же сын его Иван преже отца преставися. А шестый же сын его Костянтин, якоже есть мизиный, тогда бо четверодневну сущу ему по отце оставльушся; 7-й же сын его был старейший Данил.[28] Страшное чудо, братье, дива исполнено! о трепетное видение! Ужас одръжаша вся. Слыши, небо, внуши земли! Како въспишю ти и како възглаголю о преставлении твоем? от горести душа язык связается, уста заграждаются, гортань премолкает, смысл изменяется, зрак опустевает, крепость изнемогается; аще ли промолчю, нудить мя язык яснее рещи. Егда же успе вечным сном великий царь Дмитрий Рускыя земля, аер въсмутися, и земля трясашеся, и человеци смятошася. Что нареку день той? День скорби и туги, день тмы и мрака, день беды и печали, день вопля и слезы, день сетованиа и жалости, день поношениа и страсти, день захлипаниа и кречаниа, недоумею рещи, яко день погибели. Но токмо слышах мног народ, глаголющь: «о, горе нам, братье! князь князем успе, господин владствующим умре, солнце помрачается, луна облаком закрывается, звезда, сияющи всему миру, к западу грядет». Да си глаголю, понудився слово писати житье сего. Никто же почюдится, еже помысл даяше сложению речи утверждениа, помощника бо представляю к похвале Бога святому,[29] яко глаголется: Бог Аврамов и Исаков, Иаков;[30] преизлишныа любве и добродетели царя,[31] ничтоже прилагая онех древних Ельинстых философ повести, но по житию достоверныя его похвалы акы в зерцале имый, смесна разуму божественаго писаниа. Которых убо в мире тако светлое и славное, чести достойное житие просиа, и имя възрасте над человекы? красен бе взором и чист душею, свершен разумом. Иному убо сказание бывает на честь, похвалы прилаганиа дружняа любы понужает,[32] великому же сему благочестьа дръжателю от житиа светлости украшение и от прародитель святолепие, по великому Дионисию: говор воде ветром бывает, и мокрота земли солнцем погибает, ум владитель чювствием человеческым, спряжением чювства ум в сердци сад вкореняет, сердце же плод умный языком миру подавает.[33] Такоже князь Дмитрий знаменит в родех бысть; несть убо лепо инем родителем таково чадо родити, ниже убо достойно таковому пречюдному чаду от инех родитель родитися, аще не бы смотрением всех съдетеля Бога. Кое ли приложение славе его сделаю? ибо не меримо есть, яко ни море в него текущих рек,[34] есть бо и бес того полно. Инем бо человеком в начатцех похваление бывает, инем бо в средовечие, другим же в старость. Сий же убо всь с похвалою добродетели вся лета живота своего сверши; един же благочестен родися, многым прародителем славу прорасти. Пчелы ни чим же хужьше ему быти разумею, медоточныа глаголы испущая, цветовных словес сот сплетая, да клетца сладости сердцу исполнить, председанием словес учитель препираше, и философ уста смотрением заграждаше. Не кий же събеседник ему подобен бываше; Божию мудрость дръжаше, и събеседник в тайне бываше, крутыми словесы речи отметаше; в мале глаголаше, а много разумеваше; царьскым путем хожаше, а стропотный путь отметаше. Аки вода разделяется на двое от единого искипениа и пакы сходится, яко вси человеци земнии, на высоту зряще не достижно, помышляють седящаго на ней, тако и мысль предтекаеть ми глаголати о сем велицем цари; зависть бо есть печаль и о искреняго добре, ревность же подобие благым теплотам любве, обаче благое изволение и славу имуща, еже и мудрый рече: якоже любовнику душа в теле любимаго. Се и аз не срамляюся глаголати, яко обема едина душа бе, две теле носяще, и едино обема добродетельное житие, к будущой славе взирающе очима на высоту; тако и сий подружие имяше, и в целомудрии живяста. Якоже и железо огнем разгарается и водою калится остроты ради, тако и сиа огнем Божиа Духа распалается и слезами покаание оцещахуся. Кто ли убо тако сед разумом преже старости? зане и Соломон старость сказает и

целомудрие, а не белость власом глаголя.[35] Сего же рвение к
Богу тако бывает, аки огнь дыхает скважнею, очима смот-
рящих на нь сердце устрашает, душа же убо его аки
некако бремя, а реку бременен кормъник, полон добраго
наима,[36] яко не мощно человеческому существу, не бе где
вместити. Врачь убо не бываеть никто же, аще не существу
преже недуга навыкнет; ни иконник, аще не многи смеси
вапы. Мнози убо цари и князи имя дръжаху, а не дела:
Самоил в пророцех прозря и предняа, но и Саул отвержен,
и Роваам сын Соломонь в царих, но Иеревам раб и отступник царь же. Сий же Богом убо дарованную прийм власть,
и с Богом се творя, велие царство сътвори и настолье земли
Руской явися; бывает же другом стена и твердь, противным
же мечь и огнь, посекая нечестивыа и пожигая, яко хворость
удобь сгараюшу вещь, на зло събравшуся. Еремиино же и
Давыдово речение: оному рекшу: не се ли словеса моа,
яже огнь, глаголеть Господь, и яко оскорд, расекая камень?[37]
Давыдови же: обидоша мя, яко пчелы сот, и разгореся, яко
огнь в тернии.[38] Яко Павлу Варнава на проповедь подвизашеся, и аз убо худоумный на похваление предобраго господина ми слово изнести въсхотех и на добродетели вид
и въздержанье, еже святых любяше, в сладости ядя, крас-
нейши Соломана одение ношаше, еже цветець и птиць
притчю имяше, понеже видение мимо иде под луну сущим
всем, в торжестве же есть видение житье се, иже на море, но
токмо иже подо облаком, то же и у жития; в день же тор-
жества непомнение злых, но глава в торжестве память
Божиа, память же Божиа на двое разделяется: аще разумно,
на похвалу, се ли съгрешается от правосудства, на хулу.
Бог бо не обьят есть страстию, не токмо же страстию, но
похвалою; человеческыа же вещи обоим яты суть, хваля-
щим и хулящим,[39] и того ради подобает разумев добре
хвалити, или не разумев молчати. Мнози бо философи
быша в миру, но двема главе быша философом, Платоном
и Пифагом:[40] ов благословесно известова, ов же благоулучне
умолче. Понеже преподобьство твое[41] испроси у нашаго
худовъства[42] слова, мы припадаем к Святому Духу, благо-

дати просяще слово отвръзнье уст наших,[43] иже не вредить душа, но обаче веселить. Аще ли дасть Святый Дух глаголати, яко же хощем, то действо не мое управление, но твоя молитва: вем бо ясно, наше житье суетно есть, ли мысли, ли слово, ли действо, не токмо левая, но и мнимая права, развее рассудом правым правое,[44] Бог бо любы есть, яко научахомъся божественых писаний. Отколе познавается правая любы? аще будет досаду от возлюбленнаго ны любящему ны,[45] да претерпите; аще любим любящая ны, по господьскому слову, мытари и грешници то же творять,[46] заимное действо сдеюще; мы же не заимною любовию любим тебе, но истинною. Но житие мое строптиво есть, не дасть ми беседовати с тобою, якоже хощется; уподобихся семени тому евагтельскому, еже впаде в терни и подавится и не могло плода створити.[47] Но токмо колко слышал еси, сице о Господе сдравъствуй...[48] Кому приподоблю великого сего князя, Руского царя? приидите, любимици, церковнии друзии, к похвалению словеси, по достоянию похвалить дръжителя земли. Ангела ли тя нареку, в плоти суща? ангеллскы пожил еси. Человека ли? но выше человеческаго существа дело съвръшил еси. Пръвозданнаго[49] ли тя нареку? но, приим заповедь Съдетеля, преступи, ты же обеты своя во святомь крещении чисто съхрани. Сифа ли тя нареку? но того премудрости ради людие Богом нарицаху, ты же чистоту съблюде, и Богови раб обреташеся, и Божий престол дръжа, господин Руской земли явися. Еноху ли тя приподоблю? но той преселен бысть на землю неведому, твою же душю на небеса с славою възнесоша. Ноя ли тя именую? но спасен бысть в ковчезе от потопа, ты же сблюде сердце свое от помысла греховнаго, аки в чертозе, в чистем телеси. Евера ли тя нареку, не премесившася безумных язык столпотворению? ты же столп нечестья раздрушил еси в Руской земли и не премеси себе к безумным странам на Крестианьскую погибель. Аврама ли тя уподоблю? но тому убо верою уподобися, а житьем превзыде паче оного. Исака ли тя въсхвалю, отцем на жертву приготовлена Богу? но ты сам душю свою чисту и непорочну жрътву

Господеви своему принесе. Израиля ли тя възглаголю? но той с Богом в исторзе[50] боряшеся и духовную лествицу провидяше, ты же по Бозе с иноплеменники боряшеся, с нечестивыми Агаряны и с поганою Литвою, за святыа церкви, крестьяньскую утврьжа веру, аки ону духовную листвицу. Иосифа ли тя явлю целомудренаго и святаго плода, обладавшаго Египьта? ты же в целомудрии ум дръжаше и владетель всей земли явися. Моисея ли именую? но то князь бысть единому Еврейску языку, ты же многи языки в своем княжении имяше, честью благодарениа в многи же страны имя твое провосиа. Похваляет убо земля Римьская Петра и Павла, Асийская Иоана Богослова, Индейская Фому апостола, Ерусалимская Якова брата Господня, Андреа Прьвозваннаго все Поморье,[51] царя Костяньтина Гречьскаа земли, Володимера Киевьская с окрестными грады,[52] тебе же, князь великий Дмитрий, вся Руская земля. Аз же недостойный не възмогох твоему преславному господьству по достоанию похвалы приложити за грубость неразумия. Умоли убо, святе, непрестанно о роде своем и за вся люди, сущая в области царства твоего, ту бо предстоиши, идеже духовных отець паствины и вечное насыщение. Кое убо сих насыщение оноя радости? Красота раю паствины суть, лице Божие видети; ту песнь поюще аггелстии лици; ту съдружение великое с вышними силами; ту сладкая честь, от туждаго сего усилья изшедших; ту премудри пророк полци; ту судья апостольскаго числа; ту бесчислены мученик воинтства; ту исповедници свою мзду усердно приемлють; ту вернии мужи крепостью смысла похотение суетное сего света умягчиша; ту святыя жены благым нравом мужескы победиша; ту отроци, иже зде чистоту съхранших, с аггелы ликовствують; ту старци, ихьже старость маломощно створи, но сила добраго деланиа не погуби. Да с теми убо святыми жители лепо нам есть тех радости насладитися, благодатью и человеколюбьем единочаднаго Сына твоего, с нимже благословен еси и с пресвятым, благым и животворящим ти Духом, ныне и присно и в векы веком, аминь.

VIII

Послание Архиепископа Вассиана на Угру

Благоверному, и христолюбивому, благородному, и Богом
венчанному, Богом утверженному, в благочестии всеа вселенныа в концых восиавшему, наипаче же в царех пресвет-
лейшему и преславному государю великому князю Ивану
Василиевичю всея Русии богомолець твой, господине, архиепископ Васиан Ростовский благословляю и челом бью.[1]
Молю же убо величьство твое, о боголюбивый государю! да
не прогневаешися на мое смирение, еже первие дръзнувшу
ми[2] усты к устом[3] глаголати к твоему величьству твоего
ради спасениа: наше убо, государю великий, еже въспоми-
нати вам, ваше же еже послушати; ныне дръзнух написати
к твоему благородству, нечто же мало хощу въспомянути и
от божественаго писаниа, елико вразумит мя Бог на крепость и утвержение твоей дръжаве. Нашедшаа ныне ради
скорби и беды от безбожных варвар, Богу тако изволшу
нашего ради съгрешениа, и тобе убо, государю нашему,
приехавшу в царствующи ти град Москву к всемилостивей
Госпоже Богородици и к святым чюдотворцем, помощи ради
и заступлениа, и к своему отцу митрополиту, и к своей матери
великой княгине и благоверным князем и благочестивым
бояром, добраго ради съвета и думы, еже как крепко
стояти[4] за православное христианство и за свое отчьство
противу безбожному бесерменству: тебе же, государю нашему, повинувшуся их молению и доброй думе и обещав-
шуся крепко стояти за благочестивую нашу православную
веру и боронити свое отчьство от бесерменства, духов же
лстивых, шепчющих в ухо твоей дръжаве еже предати христианство,[5] никако же послушати обещавшу ти ся; и митрополиту убо с всем боголюбивым събором тебе, государя
нашего, благословившу и крестом честным знаменавшу,
вкупе же и сие прирекшу: «Бог да съхранит царство твое

силою честнаго креста своего, и дасть ти победу на враги
твоя, и покорит под нозе твои вся супротивныа твоя, якоже
древле Костянтину[6] и Давыду, молитвами пречистыя его
матери и всех святых, токмо мужайся и крепися, духовный
сыну! якоже добрый воин Христов, по евангелскому господню словеси: ты еси пастырь добрый, пастырь добрый
душу свою полагаеть за овца; а наемник, иже несть пастырь,
ему же не суть овца своя, видит влъка грядуща оставляет
овца и бегает, и влък расхитит их и распудит, а наемник
бежит яко наемник есть и не радит о овцах;[7] ты же убо,
государю, духовный сыну, не яко наемник, но яко пастырь
истинный, подщися избавити врученное тебе от Бога словесное[8] стадо Христовых овець от грядущаго ныне влъка; а
Господь Бог укрепит тя, и поможет ти, и все твое христолюбивое воинство»; нам же всем вкупе рекшим: аминь, еже
есть: буди тако, Господу помогающу. Тебе же, государю
нашему, вся сиа на сердци своем положшю, и ако истинный
и добрый пастырь вземь Бога на помощь и пречистую его
матерь и святых его, и святительское благословение, и все-
народную молитву, крепко въоружився силою честнаго
креста, исходиши противу оному окаанному мысленному
влъку,[9] еже глаголю страшливому Ахмату,[10] хотя исхитити
из уст его словесное стадо Христовых овець. И по твоем
отшествии, государя нашего, святителем, митрополиту,
вкупе же и нам богомолцем вашего благородиа с всеми
боголюбивыми съборы, молитву непрестанно сътворяющим
и по всем святым церквам всегда молебены и святую службу
по всей вашей отчине о вашей победе съвершающим и всем
Христианом непрестанно Бога молящим, дабы даровал тебе
победы на супротивныя ти враги, иже надеемся улучити от
всемилостиваго Бога; ныне же слышахом, яко бесерменину
Ахмату уже приближающуся и христианство погубляющу,
наипаче же на тебе хвалящуся и на твое отечьство, тебе пред
ним смиряющуся и о мире молящуся и к нему пославшу,
ему же оканному единако гневом дышущу и твоего моления
не послушающу, но хотя до конца разорити христианство.[11]
Ты же не унывай, но възверзи на Господа печаль твою,

той тя препитает: Господь бо гордым противится, смиренным же дает благодать.[12] Прииде же убо в слухи наша, яко прежнии твои развратници[13] не престают шепчюще в ухо твое льстиваа словеса и съвещают ти не противитися супостатом, но отступити и предати на расхищение влъком словесное стадо Христовых овець; внимай убо себе и всему стаду, в нем же тя Дух Святый постави, о боголюбивый государю вседръжавный! молюся твоей дръжаве, не послушай съвета таковаго их, послушай убо вселенныа учителя Павла, глаголюща о таковых: открыется гнев Божий с небесе на всяко нечестие и неправду человеком, иже истинну в неправде дръжащим; но осуетишяся помышленми своими и омрачися их сердце; глаголющи быти мудри обьюродеша, акоже не искусиша Бога имети в разуме, предасть их Бог в неискусен ум творити неподобнаа.[14] И паки самому Господу глаголющу: аще око твое съблажнает тя, истъкни е, или рука или нога, отсещи повелевает.[15] Не сию же разумевай видимую и чювствену свою руку, или ногу, или око, но ближних твоих, иже съветующих ти не на благое, отверзи и далече отгони, сиречь отсеци и не послушай съвета их. И что убо съвещают ти льстивии сии, лжеименити, мнящеся быти Христиане? но токмо еже повръгше щиты своя и немало съпротивльшеся окаанным сим сыроядцем,[16] предав Христиан и свое отечьство, яко бегуном скитатися по иным странам. Помысли убо, о велемудрый государю! от каковыя славы и в каково бесчестие сводят твое величество, и толикым тмам народа погибшим и церквам Божиим разореным и оскверненым. И кто каменосердечен не въсплачется[17] о сей погибели? Убой же ся и ты, о пастырю! не от твоих ли рук тех кровь взыщет Бог, по пророческому словеси?[18] и где убо хощеши избежати или вьцаритися, погубив врученное ти от Бога стадо? Слыши что пророк глаголет: яко аще възграеши яко орел и аще посреди звезд гнездо свое сътвориши, то и оттуду тя свергу, рече Господь.[19] И ин же глаголет: камо поиду от духа твоего, и от лица твоего камо бежу? аще взыду на небо, Ты тамо еси; и в последних моря рука Божиа наставляет и

удръжит десница.[20] И где паки отходиши, пастырю добрый, кому оставляеши нас яко овця не имущи пастыря?
Мы же надеемся, яко не отринет Господь людий своих и
достояниа своего не оставит. Не послушай убо, государю,
таковых, хотящих твою честь в бесчестие и твою славу в
безславие преложити, и бегуну явитися, и предателю Хре-
стианскому именоватися;[21] но отложи весь страх и възмогай
о Господе в дръжаве и крепости: един бо поженет тысящу
и два двигнета тмы.[22] По пророчьскому словеси: не суть
бо бози их якоже Бог нашь,[23] и рече Господь: где суть бози
их якоже уповаша на ня, яко близ день погибели их,[24] и
паки: лук силных изнеможе, а немощнии препоясашяся
силою, Господь мертвит и живит, и дасть крепость князем
нашим, и възнесет рог Христа своего;[25] и паки: близ Господь
всем призывающим и́ и всем призывающим и́ в истину;[26]
и не в силе констей въсхощет, ни в лыстех мужьских благоволит, благоволит Господь на боящихся Его и на уповающаа
на милость его.[27] Слыши что глаголет Димокрит философ:
прьвыи князю подобает имети ум ко всем временным, а на
супостаты крепость и мужество и храбрость, а к своей
дружине любовь и привет сладок.[28] Въспоминай же речен-
наа неложными усты Господа Бога нашего Исуса Христа:
аще весь мир человек приобрящет, а душу свою отщетит, и
что дасть измену на души своей?[29] и паки: блажен человек,
иже положит душу свою за други своя. И се убо, якоже слышахом, безбожный сей Агарянский язык[30] приближися к
странам нашим, к отечьству ти; уже бо многиа сумежныя
странам нашим поплени и движется на ны. Изыди убо
скоро в сретение ему, изыди, вземь Бога на помочь и пречистую Богородицу, нашего христианства помощницу и
заступницу, и всех святых его, и поревнуй[31] прежебывшим
прародителем твоим великим князем: не точию обороняху
Рускую землю от поганых, но и иныа страны приимаху под
себе, еже глаголю Игоря, и Святослава, и Владимера, иже
и на Греческих царех дань имали,[32] потом же и Владимера
Маномаха,[33] како и колико бися с оканными Половцы за
Рускую землю, и инии мнози, ихже нас паче самь веси. И

достойно хвалимый великий князь Дмитрей, прадед твой, каково мужество и храбрость показа за Доном над теми же окаанными сыроядцы, еже самому ему напреди битися, и не пощаде живота своего избавлениа ради Христианского.[34] И видев милосердый, человеколюбивый Бог непреложную его мысль, како хощет не токмо до крове, но и до смерти страдати за веру, и за святые церкви, и за врученное ему от Бога словесное стадо Христовых овець, яко истинный пастырь, подобяся преже бывшим мучеником — святии бо мученици на страданиа и раны, любве ради Божиа, якоже на пищу на смерть течаху; тако и сей боголюбивы и крепкий смерть яко приобретение вменяше, не усумнеся, ни убояся Татарского множества, не обратися вспять и не рече в сердци своем: жену имею и дети и богатство многое, аще и землю мою възмут, то инде вселюся; но без сомнениа скочи в подвиг[35] и напред выеха и в лице став противо оканному разумному влъку[36] Мамаю, хотя исхитити от уст его словесное стадо Христовых овець — тем же и всемилостивый Бог дръзости его ради не покосне, ни умедли, ни помяну перваго его съгрешениа, но въскоре посла свою помощь, аггелы и святыа мученики помогати ему на съпротивныя. Тем же Господа ради подвизавыйся и доныне похваляем есть и славим, не токмо от человек, но и от Бога: аггели удиви и человекы възвесели своим мужством. И сподвизающиися ему[37] иже до смерти от Бога съгрешением оставлениа приаша и венци мученичьскими почтени быша, равно якоже и прьвии мученици, иже веры ради пострадаша от мучителей, исповедениа ради Христова умроша, сии же такоже в последнее время за веру и за церкви Божиа умроша и равно с сими венци приаша; а иже тогда от съпротивных уязъвляеми и по победе живи обретошяся, сии кровию отмыша перваа съгрешениа, и ако победители крепци врагом явишяся и великим хвалам и чти достоини быша, не токмо от человек, но и от Бога. Такоже убо и ныне аще поревнуеши своему прародителю, великому и достохвалному Дмитрию, и такоже подщися избавити стадо Христово от мысленаго влъка, и Господь Бог видев твое дръзновение

такоже поможет ти и покорит врази твои под ноги твоя, и
здрав и ничим же врежен победоносець явишися, Богу
съхраняющу тя, и осенит Господь Бог над главою твоею в
день брани. Аще ли убо ты, о крепкий и храбрый царю! и
еже о тебе христолюбивое въинство[38] до крове и до смерти
постраждут за православную Христову веру и за святыя
Божиа церкви, яко истиннии присная чада, в ней же поро-
дишася духовною и нетленною банею, святым крещением,
за ню же[39] и до смерти пострадаша и крестишася вторым
крещением якоже мученици своею кровию, блажении бо и
преблажени будут в вечном наследии, улучивше сие крещение, по нем же не възмогут съгрешити, но приимут от
вседръжителя Бога венци нетленныя и радость неизречен-
ную, ихже око не виде, и ухо не слыша, и на сердце человеку не взыде; якоже прьвии мученици и исповедници,
тако и сии последнии: будут бо, рече Господь, первии последнии, а последнии первии.[40] Аще ли же еще пришися
любо[41] и глаголеши, яко под клятвою есмы от прародителей
еже не поднимати руки против царя,[42] то како аз могу
клятву разорити съпротив царя стати: послушай убо боголюбивый царю! аще клятва по нужди бывает, пращати
от таковых и разрешати нам повелено есть, иже пращаем и
разрешаем и благословляем, якоже святейши митрополит,
такоже и мы и весь боголюбивый събор, не яко на царя, но
яко на разбойника и хищника и богоборца; тем же луче бе
сългавшу живот получити, нежели истинствовавшу погибнути, еже есть пущати тех в землю на разрушение и потреб-
ление всему христианству и святых церквей запустение и
осквернение, и не подобитися окаанному оному Ироду, иже
не хоте клятвы преступити и погибе. И се убо который
пророк пророчьствова, или апостол который или святитель
научи сему богостудному и скверному самому называю-
щуся царю повиноватися тебе, великому Руских стран Хри-
стианскому царю? Не точию нашедшаго ради съгрешениа
и неисправлениа к Богу, паче же отчааниа, еже не уповати
на Бога,[43] попусти Бог на преже тебе прародитель твоих и
на всю землю нашу оканнаго Батыя,[44] иже пришед разбой-

нически поплени всю землю нашю, и поработи, и въцарися над ними, а не царь сый, ни от рода царьска; и тогда убо прогневахом Бога, и Бог на ны прогневася и наказа нас якоже чадолюбивый отець, по глаголющему апостолу: егоже любит Господь наказает, бьет же всякого сына, егоже приемлет.[45] И се убо тогда и ныне тойжде Бог и в веки, потопивый Фараона, избавлей Иисраиля и преславнаа съдеявый. И аще убо, государю, покаешися от всего сердца, и прибегнеши под крепкую руку его, и обещаешися всем умом и всею душею своею престати от прьвых твоих, еже прилучитися яко человеку съгрешити,[46] «человечьско бо еже съгрешати, рекше падати и покаанием въстати, аггельское же еже не падати, бесовское же еже пасти не встати и отчаатися»,[47] и сътворити суд и правду посреди земля, любовь же имети к ближним, не насиловати никому же, и милость показати съгрешающим, да милостива Господа обрящеши в день зол. Не словом же кайся, а в сердцы инаа помышляй, не приемлет бо Бог таковаго покааниа, не точию еже словом, то и сердцем; якоже благоразумный разбойник на кресте не в длъзе времени, но единым словом спасен бысть, истинно бо всем сердцем позна свое съгрешение и к творцу възопи: помяни мя, Господи, егда приидеши в царствие си; но милостивый и щедрый Господь не токмо съгрешениа прости ему, но и раю наследника сътвори его. Сицевому поревнуй покаанию; истинное бо покаание престати от греха. Аще убо сице покаемся, такоже помилует нас милосердый Господь, и не токмо свободит и избавит, якоже древле Иисраильтских людей от лютого и гръдого Фараона, нас же, нового Иисраиля,[48] Христианских людей, от сего нового Фараона, поганого Измаилова сына Ахмата, но нам их поработит; якоже древле съгрешающа Иисраильтяне к Богу и порабощаше их Бог иноплямянником, егда же покаахуся тогда въставляше им Бог от их колена судью и избавляше их от работы иноплеменник, и работаху им иноплемянницы. Якоже се егда работаху в Египте, и избави их Господь от работы Египетскиа Моисеем рабом своим; потом же дарова им Господь Исуса сына

Наввина,[49] иже введе их в землю обетованиа, приемь 20 и 9 царств, и вселишяся ту. И по семь съгрешиша сынове Иисраилеви Господу Богу, и Господь Бог предасть их в работу в руце врагом их; и паки покаашяся и въстави им Господь Бог Июду от роду их, изби Хананеа и Ферьзея, и поима царя их Адонивезека; и повеле Июда Адонивезеку отсещи пясти руку его и плесне ногу его, сей же Адонивезек сам глаголя: седмидесять царемь отсекох конець рукам им и подбираху под трапезою моею крупицы; якоже бо сътворих, такоже и отда ми Бог — и приведоша и в Ерасолим и умре ту.[50] Июда же не усумнеся и не рече так: яко не царь есмь, ни от рода царьска, как царю супротивлюся? но на Бога надеяние и всю надежду имея царя царем побеждаше, поимав же казнию повеле казнити его, и всю землю их поработи их сыном Иисраилевомь. И паки егда съгрешаху сынове Иисраилеви Господу Богу, тогда предааше их в руце врагом их и работаша им; и егда покаашяся, тогда въставляше им от рода их судиа. Якоже се глаголю Гофониила, и Аода, и Девору с Вараком, и Гедеона трема сты губившаго множество тысящь Мадиамлян, даждь и до Самсона, убившаго ослею челюстию тысящу мужий,[51] и иных многых въставляше им Бог избавльше их от работы иноплемянник, и рабогаша им иноплеменницы. Ныне же тойжде Господь. Аще покаемся вседушно престати от греха, и въставит нам Господь тебя, государя нашего, якоже древле Моисеа и Исуса и иных свободивших Иисраиля; тебя же да подасть нам Господь свободителя новому Иисраилю, христоименитым людем, от сего окаапнаго, хвалящагося на ны новаго Фараона, поганаго Ахмата, но и его велеречие покорит Господь под нозе твои и послет ти способники, своя аггелы и святыа мученики, и смятет их и погибнут. Тем же и пророческы рещи, богоутверженный царю: напрязи, и спей, и царствуй истинны ради и кротости и правды, и наставит тя чюдно десница твоя; и престол твой правдою и кротостию и судом истинным съвръшен есть; и жезл силы послет ти Господь от Сиона, и удолееши посреди враг твоих.[52] Тако глаголет Господь: Аз въздвигох тя царя правды, и

приах тя за руку десную, и укрепих тя, да послушают тебе
языци; и крепость царемь раздрушаю, отворю ти двери и
гради не затворятся; Аз пред тобою поиду, и горы поравняю,
и двери медны съкрушу, и затворы железны сломлю.[53] Се
твердое и честное и крепкое царство да дасть ти Господь
Бог в руце твои, Богом утверженный владыко, и сыном
твоим, в род и род и в веки. Тем же убо и мы от чистыя
веры молитвою к Богу день и нощь в молитвах и в молбах,
и литиами и съборы святительскими и божествеными възно-
шенми нашими, потребную и лепую память о благочестивей
вашей дръжаве, и царские ваша победы исповедаем в святых тайнах, яко да покорени будут врази ваши под ногами
вашими и да одолеете посреди ратных, да разсыпаются
поганыа страны, хотящаа брани, от Божиа млъниа омра-
чаеми; яко пси гладнии языки своими землю да лижут и
аггел господень буди погоняа их; радуемся и веселимся,
слышаще доблести твоея крепость и твоего сына, Богом
данную ему победу и великое мужество и храбрость, и
твоего брата, государей наших, показавших против безбожных сих Агарян,[54] но по евангельскому великому словеси: претерпевый до конца той спасен будет.[55] Молю же
о сем царское твое остроумие, Богом данную ти прему-
дрость, да не позазриши моему худоумию; писано бо есть:
дай премудру вину, премудрее будет, сказай праведному, и
приложит приимати: и еже разумевати закон помысла есть
блага.[56] Сим бо образом, владыко, много лет поживеши
и приложат ти ся лета животу; с сими же всеми да будет
милость великого Бога и Спаса нашего Исус Христа, молитвами пречистыя его матери и святых великих чюдотворець,
Леонтиа и Исаиа и Игнатиа Ростовских чюдотворець,
и всех святых, и нашего смирениа благословение на тебе
на нашем государе, и на твоем сыну, и на всем на твоем
государьстве, и на твоей братьи, и болярех, и воеводах
и всем вашем христолюбивом въинстве, мирно да будет
и многолетно ваше государьство, победно с всеми послу-
шающими вас христолюбивыми людми да пребудет в вся
дни живота вашего и в веки веком, аминь.

IX

Сказание о новоявившейся ереси новогородцких еретиков Алексея протопопа и Дениса попа и Феодора Курицина и инех, иже тако же мудрьствующих

Подобает ведати, яко многы ереси в различная лета и времена диавол внесе, и много плевел зловериа служащими ему ересеначалникы безаконными в всей вселенней насеав на превращение и смущение правыя веры, их же проклинает святая божественая и апостольскаа церкви, о них же многа суть списаниа святых преподобных и богоносных отець наших. Но яже в первых летех явльшаяся еретикь, вси ведять, православиа светом просвещаемии, и под клятвою сих имуть, от божественых писаний научившеся, а еже ныне в наша лета многи ереси диавол безбожными еретики всеявь, праведно непщевах сказати, яко да учения их убежим,[1] и съвершеною ненавистию възненавидим их.

Имать же сказание сице. Рускаа великаа земля, иже убо древле идол неистовьства омрачяшеся тмою, до конца осквернена сущи, и безбожных прилежащи делех.[2] Егда же единородный Сын Божий, сый в ядрех Отчиих, и своего създаниа нетерпя зрети грехом поробощаема, о сем своим милосердием преклонься, явися человек, по нас кроме греха, и Отчя престола не оставль в девицю вселися нас ради, да мы вселимся на небеса, и от древняго падениа въстахом, и от грех свободихомся, преднее сынотворение въсприемше, все убо плотьское, еже о нас, съвершив смотрение, крест же и смерть въсприим, и с небесными преславно сътворив земнаа, въскресе же из мертвых, с славою на небеса вознесеся, и одесную величьствия Отча сед, самовидцем его ученикомъ по обещании в видении огньных язык утешительный Дух посла. И посла их в вся языкы просвещати в тме невидениа седящих и крестити их во имя Отца и Сына и Святаго Духа, яко же оттоле овем убо въсточныа конца овем же западныа, приати проходити, северныа и южныя протицати страны, и повеленныа им исполняюще заповеди.

Тогда священный Андреа, един сый от двоюнадесяте числа полка ученик Христов, брат Петра верховнаго апостола, и от Иерусалима в Синапию прииде, и от Синопиа в Херсонь,[3] и от Херсоня поиде Днепром вверх, и ста под горами при брезе. И заутра въстав, и рече к сущим ту с ним учеником: «Видите ли горы сиа, яко на сих горах восиает благодать Божиа, и будет град велик, и церкви многи имат Бог въздвигнути». И вшед на горы тыа и благослови их и постави крест, и помолися к Богу, и сниде с горы, иде же ныне град Киев. И поиде по Днепру вверх и прииде, иде же ныне Новгород Великый, и оттуду поиде в варяги, и прииде в Рим.[4] Проповедати же слово спасеное в Рустей земли възбранен бысть от Святого Духа, его же судбы бездна многа, и сего ради суть сиа несказанны.

По всем же странам спасенаа проповедь еуангельскаа изыде, и вси от тмы идольскыя избавлени быша, и светом богоразумиа озаришася, точию же Рускаа земля помрачяшеся тмою идолобесиа, и скверными делы до конца осквернена сущи. И много убо время преиде по възнесении на небеса единороднаго Сына Божиа, и яко в тысущу лет достиже, от создания же миру лет 6500. Но не терьпя своего създания зрети погыбающа святаа и блаженнаа и поклоннаа Троица, и посети нас въсток свыше, и светом богоразумиа просвети, и верою и благочестием, премудростию же и разумом самодержьца и владыкы всеа Рускыа земля блаженнаго Владимера сына Святославова и внука Игорева и блаженныа Ольги, правнука же Рюрикова, призре бо на него всевидящее око, и просвети его божественым крещением, и бысть сын света, и не токмо же сам един подщася спастися, но и всех спастись подвижесь, и всем повеле креститися во имя Отца и Сына и Святаго Духа.

От того времене солнце еуангельское землю нашу осиа, и апостольскый гром нас огласи, и божественыа церкви и монастыри съставишася, и быша мнози святитилие же и преподобнии чюдотворци же и знаменосци, и якоже златыма крилома на небеса възлетаху, и яко же древле нечестием всех превзыде Рускаа земля, тако и ныне благочестием всех одоле. Во инех бо странах, аще и мнози бяше благочестивии же и праведни, но мнози беаху нечестиви же и неверни с ними живуще, и еретичьскаа мудрьствующе. В Рустей же земли не токмо веси и села мнози и несведомии, но и гради мнози суть, иже ни единаго имуща неверна, или еретическая мудрствующе, но вси единаго пастыря Христа едина овчата суть, и вси единомудрьствующе, и вси славяще святую Троицу, еретика же, или злочестива нигде же никто видел есть. И тако быша 400 и 70 лет. Но оле, еже на нас твоеа злобы,[5] сатана ненавидяй добра, диавол вселукавый, злым помощник и споспешник, Божий отметник, поглотивый мира всего и ненасытивыйся, възненавидевый и небо и землю, и вечней тме въжделевый![6] Зри, что творит, и что козньствует!

Бысть убо в та времена жидовин именем Схариа, и сей бяше диаволов съсуд, и изучен всякому злодейства изобретению, чародейству же и чернокнижию, звездозаконию же и астрологы, живый в граде Киеве, знаем сый тогда сущему князю, нарицаемому Михаилу, Христианину сущу, и Христианская мудрьствующе, сыну Александрову, внуку же Владимерову, правнуку же Вольгирдову. И сей убо князь Михаил в лето 6979 прииде в Великый Новгород в дни княжениа великаго князя Ивана Василиевича,[7] и с ним прииде в Великый Новгород жидовин Схариа. И той преже прелсти попа Дениса, и в жидовство отведе. Денис же приведе к нему протопопа Алексеа, еще тогда попа суща на Михайловской улици, и той также отступник бысть непорочныа и истинныа Христианьскиа веры. Потом же приидоша из Литвы инии жидове, им же имена Осиф Шмойло Скарявей Мосей Хануш. Толико же Алексей и Денис подщания положиша о жидовской вере,[8] яко всегда с ними пити же и ясти и учитися жидовству. И нетокмо же сами, но и жены своа и дети научиша жидовьству. Въсхотеша же и обрезатися в жидовьскую веру, и не повелеша им жидове, глаголюще: «Аще уведять сиа Христиане, и въсхотят видети, и будете обличени. Но держите тайно жидовьство, явьствено же христианство!» Премениша же имя Алексею, нарекоша его Авраам, жену же его нарекоша Сарра. Потом же Алексей научи многих жидовьству, еще же и зятя своего Ивашка Максимова и отца его попа Максима и многих от попов и от диаков⁹ и от простых людей. Денис же поп тако же многих научи жидовьствовати, потом и протопопа Гавриила Съфейскаго¹⁰ жидовствовати научи, научиша же и Гридю Клоча. Гридя же Клочь научи Григория Тучина¹¹ жидовьству, его же отець бяше в Новегороде велику власть имеа. Потом же многих научиша, а се суть имена их: попа Григориа, сына его Самсонка, Гридю, диака Борисоглебскаго, Лавреша, Мишука Собаку, Васюка Сухого Денисова зятя, да попа Феодора, да попа Василиа Покровских, да попа Якова Апостольскаго, да Юрьку Семенова сына Долгаго, да Авдеа да Степана крилошан,¹² да попа Ивана Въскресенскаго, да Овдокима Люлишу, да диакона Макара, да диака Самуху, да попа Наума, и инех многих. И толика створиша безакониа, яко ни древнии еретици!

О, кто достойно въсплачется тоа беды, кий язык изглаголет съдеаннаа, кый слух кротце приимет такову повесть! Божественое бо Христово превечное рожество, еже от Отца, ложна нарекоша, и въчеловечению его, еже нашего ради спасениа, поругашеся, глаголюще, яко Бог Отець вседержитель не имать Сына ни Святаго Духа, единосущны и съпрестольны себе, и яко несть святыа Троица; а еже книги глаголют, яко Бог Отець вседержитель имать слово и дух, то есть слово произносно, и дух на въздусе разливается. А его же писаниа наричют Христа Сына Божиа, тот еще не родился есть, егда же родиться, тогда наречеться Сын Божий не по существу, но по благодати, якоже Моисей и Давид и прочии пророци. А егоже глаголют Христиане Христа Бога, тот прост человек есть, а не Бог, и распят бысть от июдей и истле в гробе. Сего ради, рече, подобает ныне закон Моисеов держати. Еще же глаголюще и се:

еда не можааше Бог спасти Адама от ада и сущих с ним, и еда не имеаше небесныа силы, и пророкы и праведныкы, еже послати исполнити хотение свое? Но сам сниде, яко нестяжатель и нищь, и въчеловечився и пострада и сим прехитри диавола, — не подобает убо Богу тако творити. И многаа хуление и уничижениа глаголаху на божественую церковь и на всечестныа иконы, глаголюще, яко не подобает покланятися рукотворению, и яко не подобает писать на святых иконах святую Троицу: Авраам бо Бога виде с двема аггелома, а не Троицу. И божественым иконам и честному кресту възбраняюще покланятися, и овы в нечистаа места и сквернаа метаху, иныа же зубы кусающе, яко же беснии пси, иныя же съкрушающе, иныа же в огнь вметающе, и глаголаху: поругаемся иконам сим, яко же жидове Христу поругашеся. О, сквернии языци, о, мерьзскаа и гнилаа уста, елици богохулный он испустиша глас! Тогда же приспе х концу и седмаа тысяща лет от сътворениа всего мира,[13] еретици же глаголаху яко седмь тысущ лет скончася, и пасхалиа преиде, а втораго Христова пришествиа несть, и писаниа отечьскаа суть ложна, подобает сих огнем съжещи. И не токмо отечьскаа писаниа хуляще, но и апостольскаа, глаголаху бо: «Что ради несть втораго пришествиа Христова, а уже время ему быти? — Апостоли убо написаша, яко Христос родися в последняя лета, и уже тысуща и пятьсот лет преиде по Христове рожестве, а въторааго пришествиа несть, и апостольская писаниа ложна суть». Еще же и святаго Ефрема[14] писаниа хуляще, глаголюще, яко ложна суть писаниа его: писал бо есть, яко се уже Господь наш Иисус Христос грядеть судити живым и мертвым, и се конец приспе, и после его писаниа тысуща лет преиде, а въторааго пришествиа несть. И не токмо святаго Ефрема писаниа укоряюще, но и вся божественая писаниа отеческаа укоряху, и не токмо писаниа, но и самый той образ иноческый и жительство иноческое укоряюще, глаголаху, яко иноци убо отступиша от пророческых и от еуангельскых и от апостольскых учений, и самосмышлением и самоучениемь изобретоша себе житие, и оставльше заповедь Божию, држать предания человеческаа. Инии же глаголють, яко аще бы было иноческое жительство богоугодно, был бы убо сам Христос и божественни апостоли в иноческом образе, ныне же видимь Христа написана, тако же и святых апостоль в мирьском образе, а не во иноческом. Инии же глаголють, яко не от аггела свята предань бысть Пахомию образ иноческый, еже есть схима[15]; аще бы аггель Божий, светел бы явился, но понеже черн явися, се есть знамение бесовскаго действа. Инии же развращают словеса святаго апостола Павла, еже к Тимофею пишеть глаголя: «Дух же речию глаголеть, яко в последняа времена отступять неции от веры, внимающе духом лесчимь и учениемь бесовскымь в лицемерии злосовесник ижженных своею съвестию възбраняющих женитися, и удалятися от брашен, яже Бог сътвори в снедение с благодарением вернымь и познавшим истинну»;[16] еретици же глаголють, яко сиа рекль есть святый апостоль Павел о иноцех — тии во възбраняють женитися и брашень ошаатися; о них же писано есть: «Проклят всяк, иже не въставит семени в Израили». И не токмо до сего престаша сквернии и нечистии, но пиюще и объедающеся и в святый великый пост и в вся святыя посты, и в среду и в пяток мясо ядуще и блудомь сквернящеся и в божественыа церкви входяще и святую литургию съвершающе. Како не удивимся не изглаголанному ти, слове, долготерпению! Како неизъреченныа твоеа благости изречем глубину! Дръзнуша ко инем сквернии ти языци, великое се и лукавое провещати, и самую ту деву и Богородицу похулити и великаго предтечю Иоанна и святых апостоль и священных святителей и преподобных и богоносных отець наших. Толика и токова сътвориша сатанин первенець, Алексей и Денис в Великомь Новегороде.

В лето же 6988 прииде князь великый Иван Васильевичь в Великый Новъгород, и тогда взят Алексеа попа на Москву на протопопство к церкви Пречистыя Успения, и Дениса попа к архаггелу Михаилу.[17] Но кто без слезь имать исповедати, елика и какова сътвориша сии сквернии пси с своими поборникы! По пришествии бо на Москву в великомь оном и многочеловечестемь граде, еще не смеюще проявити ничто же неподобно, но таяхуся, яко же змиеве в скважне, человекомь же являющеся святии и кротци, праведни и въздеръжници, тайно же сеюще семя скверное, и многыя душа погубиша, и в жидовьство отведоша, яко же некыим отбежати и обрезатися в жидовьскую веру: от них же есть Ивашко Черный, яко же именем тако же и делы, и стаинникь его Игнат Зубовь.

В лето же 6993 поставлен бысть архиепископ Великому Новугороду и Пьскову священный Генадие,[18] и положен бысть яко светилникь на свещнице Божиимь судом. И яко лев пущень бысть на злодейственыа еретикы, устреми бо ся, яко от чаща божественых писаний, и яко от высоких и красных гор пророческых и апостольскых учений, иже ногты своими растерзаа тех скверныя утробы, напившаася яда жидовъскаго, зубы же своими сокрушаа и растерзаа и о камень разбиваа. Они же устремишася на бегание, и приидоша на Москву готову имуще помощ Алексеа протопопа и Дениса попа, уже многых прельстивша, и приобретше в помощь своея скверныя жидовьскыя веры от черньцев же некоего, не реку архимандрита, но съквернителя, радующася калу блудному, именем Зосиму, яко же перваго еретика Зосиму Чернаго[19] тако и сего окааннаго Зосиму. Потом же привлекоша к своей ереси черньца Захара. Потом же от двора великого князя Федора Курицина,[20] да дьяковь крестовых, Истому да Сверчька, от купьцевь же Семена Кленова. Федор же Курицин и Истома и Сверчекь и Семен Кленов многых научиша жидовьствовати. Толико же дрьзновение тогда имеаху к державному[21] протопоп Алексей и Федор Курицин, яко никто же ин: звездозаконию бо прилежаху, и многым баснотворениемь и астрологы и чародейству и чернокнижию. Сего ради мнози к ним уклонишася, и погрязоша во глубине отступлениа. Снаходи бо прескверный сатана и обрете многых имущих землю сердечную възорану и умягчену сластьми житейскыми, тщеславием, и сребролюбием, и сластолюбием и неправдою, и посея в них скверныа своя плевелы, скверноубийственных онехъ ехиднино исчадие, дерзнувших на милостиваго и сладкаго ми владыку. О земле, о солньце, како терпиши! Ни единоя бо скверннии оставиша хулы и поругания, еяже не излияша мерьскыми своими языкы на единороднаго Сына Божия, и на пречистую его матере и на вся святыа.

Сия же быша в лета Геронтиа митрополита. И сам же убо Христианьскаа мудръствуа, о прочих же ни мало попечеся, погыбающим, увы мне, Христовемь овцамь еретическымь учением,[22] или грубостию[23] съдръжимь, или не радяше о сих, или бояшеся дръжавнаго. По мале же Геронтею преставльшуся в лето 6997.

Минувшу же мало времени, Истома диак, стаинникь диаволов, адов пес, ученикь Алексеевь, растерзается удицею Божиа гнева; скверное бо его сердце, иже седьми лукавыхь духовь жилище, съгни, и чрево его прогни. И призва к себе некоего врача, он же видевь, сказа ему, яко божественый гневь есть, и неисцелно человечьскымь врачеваниемь. И тако много мучим, изверже скверную свою душу. Не по мнозе же и окаанный он сатанин съсуд и диаволов вепрь, пришедый от луга и озобавый виноград Христовь, Алексей, глаголю, протопоп изверже свою скверную душу в руце сатане, постиже бо на него Божий суд, и одержимь быв болезнию лютою, и поражен бысть мечемь Божиа суда. Прежде же умертвиа его своим волъхованиемь подойде дръжавнаго, да поставит на великом престоле святительском скверного съсуда сатанина, его же онь напои яда жидовьскаго, Зосиму глаголю сквернаго, иже по мале и бысть в лето 6999 месяца сентября 26.

Малу же времени минувшу и преосвященный архиепископ Великого Новагорода и Пьскова свещеный Генадие присылает к дръжавному и к митрополиту Зосиме, еще бо не ведомо бяше злодейственое скверьныя душа его, и приносятся многаа и истиннаа сведетельства на новогородскых еретиков, елици бяху в Новегороде, и елици на Москву прибегоша, о хуле и о поругании божественых икон, и честныхь и животворящих крестовь. И повелением дръжавнаго събрашася епископи: архиепископь Ростовьскый Тихон, и епископь Нифонт Суздальскый, Симион Резаньскый, Васиян Тверьскый, Прохор Сарьскы, Филофей Пермьскый, и архимандрити и игумени и весь священый собор руськыя митрополиа в лето 6999 октября 17. Прииде же к митрополиту Зосиме, еще не ведяще известно, яко той есть началник и учитель еретиком. Зосима же творяшеся Христианскаа мудръствуя, повеле прокляти еретикы: новогородскаго протопопа Гаврила, умерл бо уже бяше душею мертвый Алексей протопопь, и попа Дениса Архаггельскаго, и попа Максима Ивановьскаго, и попа Василиа Покровьскаго, и диакона Мокара Никольскаго, и диака Гриду Борисоглебьскаго, и Васка зятя Денисова, и Самуху диака Никольскаго и всех еретиков, елици тая же мудръствують.

И инии же послани быша от дръжавнаго в Великый Новъгород ко архиепископу Генадию. Он же за четыридесять поприщь[24] повелеваше всажати на коня в седла ючныя,[25] и одежа их повеле обращати передомь назадь и хрептом повеле обращати их к главам коньскым,[26] яко да зрят на запад в уготованный имь огнь. А на главы их повеле възложити шлемы берестены остры, яко бесовьскыа, а еловци мочалны,[27] а венци соломены, с сеном смешаны, а мишени[28] писаны на шлемех чернилом: «Се есть сатанино воиньство!». И повеле водити по граду, и сретающимь их повеле плевати на них, и глаголати: «Се врази Божии и Христианьстии хулници!». Потом же повеле пожещи шлемы, иже на главах их. Сиа сътвори добрый он пастырь, хотя устрашити нечестивыа и безбожныа еретикы, и не токмо сим, но и прочим ужаса и страха исполнен позор, поне на сих зряще, уцеломудрятся. Инии же еретици осужаются от дръжавнаго в заточениа и изьгнаниа. Денис же поп по проклятии и заточении предань бысть всельшемуся в него бесу хулному, и пребысть месечное время, козлогласуя скверный гласы зверьскими и скотии и всякых птиць и гадов, и тако зле изверже скверную и еретическую свою душу. Také и Захар чернець подобно тому мудръствуя.

По разсечении бо и по растерьзании пред адомь текущих

пьсов онех и сынов погибелных, въскормленых ядомь жидовскым, но и еще велик съсуд злобе и главня съдомьскаго огня изоставшиа, змий тмоглавный, огню геоньскому пища, Арие новый, Манента злейший, сатанин первенець, Зосима прескверный.[29] Якож преже речено бысть, посадися злодейственый сей на месте святем. И абие не възможе удрьжати яда жидовьскаго в скверном своемь сердци, но на многых лица излия, и оскверни великый святительскый прьстол церкви Божиа матере, ея же достоит нарещи земное небо, сиающу, яко великое солнце посреде Рускыя земля, украшену всяческыми виды и чюдотворными иконами и мощьми святых, и аще бы благоволил Бог в созданных жити, в той бяше, где бо инде;[30] и в сей ныне пребываа черный он вран, изимает очеса напившимся житиа сего суетнаго и уснувшим в смерть душевную. Отлетоша бо от нас яко щурове[31] добропеснивии, яко славие великогласнии, яко ластовици сладкоглаголивии, божественнии святителие и велиции чюдотворци Петр и Алексие[32] и инии православнии святителие, иже посреди сада церковнаго оглашающе уши слышащих православие учение; отлетеша яко орли крилатии, иже ногты своими истерьзающе очеса не зрящих правосмотрение Христово; отлетеша к Христу, иже крилы покрывающе верных множество, и оставльше нас сиры. Скверный же и злобесный вълк оболокъся в пастырьскую одежу, и их же убо простейших обретааше, напаяше яда жидовьскаго, инех же скверняше содомьскыми сквернами,[33] змий пагубный, и обьядаяся и упиваася и свиньскым житием живый и всяко нечестие и претыкание и съблазн на непорочную Христианьскую веру полагаа, и Господа нашего Иисуса Христа истиннаго Бога похулив, и глаголаше, яко Христос сам себе нарек Богом, тако же и на пречистую Богородицу многые хулы глаголаше, и божественыа животворящиа кресты в скверных местехь полагаа, и святыа иконы огнем жьгы и болъваны нарицаа, и еуангельскаа предаииа и апостольскыя уставы и всех святых писания отмеща, и глаголя сице: «А что то царство небесное? А что то второе пришествие? А что то въскресение мертвым? Ничего того несть, — умерл кто ин, то умер, по та места и был».[34] И с ним и инии мнози ученици Алексея протопопа и Дениса попа, си же суть Федор Курицин, дьяк великаго князя, да Сверчекь, да Ивашко Максимовь, да Семен Кленов и многи ини, иже в тайне держаще ереси многы, десятословием[35] на жидовьство учаще, и саддукейскую и месалианьскую ересь дръжаще, и много развращениа творяще. И их же видяху благоразумных, и писаниа божественнаа ведящих, тех еще в жидовьство не смеюще приводити, но некыя главизны божественаго писания Ветхаго же завета и Новаго накриво сказующе, и к своей ереси прехыщряюще, и баснословиа некаа и звездозакониа учаху, и по звездамь смотрити и строити рожение и житие человеческое, а писание божественое презирати, яко ничто же суще, и не потребно человеком; простейших же на жидовьство учаху. Аще кто и не отступит в жидовство, то мнози научишася от них писаниа божественаа укаряти. И на торжищих и в домехь о вере любопрение[36] творяху и съмнение имеяху. И толико бысть смущение в Христианех, якова же никогда же быша, отнели же солнце благочестиа начат восияти в Руской земли.

Иноческый же чин, иже в манастырех и иже в пустынях пребывающе, тако же и от мирьскых человекь и благородных и христолюбивых многи съгражахуся[37] сердци, и многыя скорби и печали душа имуще исполнены. И не могуще терпети пагубныя и богохулныя буря, с слезами горькыми Бога моляху, да упразднит пагубную ону жидовьскую зиму, и съгреет сердца паметью единосущныя Троица и озарит истинну, и въсиаеть солнце благочестиа. И якоже мощно кому, тако подвизашеся о томь, еже искоренити пагубныя плевелы жидовскыя с скверным плевелосеятелем. И ови убо обличиша того отступление и скверная дела содомьскаа, он же несмирную брань на тех въздвизаеть, и овех убо от божественаго причащениа отлучаеть, елици же священици или диакони, сих от священьства отлучаеть, глаголаша же, яко не подобает осужати ни еретика ни отступника, глаголаше же и се, яко аще и еретик будет святитель или священник, и аще кого отлучить или не благословить, последуеть божественый суд его суду. Не ведящеи же божественаго писания, боящеся обличати того отступление; прочитающеи же божественаа писаниа ведяху, яко не токмо осужати подобаеть еретиковь и отступниковь, но и проклинати, и не точью проклинати, но и казнемь лютым предаати. Они же не престааху обличающе и всем поведующе того еретичество и сквернаа дела. Он же к деръжавному приходить и на тыя клевещеть, и абие неповиннии заточениемь осуждаются от дръжавнаго, и скорби многы и юзы и темница и разграбление имением приемлють. Овии же спострадують тем, аще не изгнаниемь, но писанием утешителным и телесных потреб скудость утешающе темь, еще же и противу еретических глагол съпротивно и обличително отвещание от божественых писаний събирающе посылаху, еретиком съпротивляющеся.

X

Прение Вассиана Патрикеева с Иосифом Волоцким

Видех мужа, мневша себе мудра быти, упование же паче
его имать безумный, еже не бывайте мудри о себе, премуд-
рость запрещает нам.[1] Но и сам спасительный духа бо-
жественный апостол исповедает, глаголя: Ни бо довольни
есмы о себе помышляти что, яко от себе, но довольство
наше от Бога, и еже не яко от Бога пред Богом о Христе
глаголем. Но таковы словеса не сладка и не просвещена,
не от живаго источника духа приемлюще и глаголюще, но
яко же от некоего озера тименнаго[2] — сердца пиявица[3] и
змиа и жабы — похотем воздержания имущаго, питающе,[4]
и вода разума их смердящи, мутна же и тепла, юже пиющеи
на возгнушение же и скаредие есть и блевание обращаются.
В Еуангелии от Матфеа о обличении зачало 75,[5] а во Апостоле в Вановых соборных посланиих: Горе им, иже в путь
Каинов ходяще по своих похотех сквернавых.[6] В Ыудине
послание 78 зачало, в зачале 229-м и 286, и 295, и 297, и
302.[7] А в Василии Великом о том же в Посническых сло-
весех число: 39, 57, 88, 142, 161, 187. В Златаструе[8] в
слове 61: Не преобедети святых таин и обличении гресех
братних. А во Апостоле о премудрости духовней и плот-
стей зачало 96, и пакы о лукавых самолюбцех и непоко-
ривых зачало 295, 296.[9]

4. *Иосиф.* Яко подобает еретикы и отступникы святителем и священиком и всем православным Християном не
токмо ненавидети, но и проклинати; царем и князем подобает сих в заточения посылати и казнем лютым предавати.

Васиан. Ответ. Яко подобает еретиков святителем и
всему священическому собору проклинати, аще котории не
каются или паче насилующе съпротивляются; царем же и
князем сих подобает заточити и казнити, яко же писано в
сих тетратех напреди, в 2-м слове. А кающихся повелевает

святая писаниа приимати на покаяние. Аще ли святители не начнут им давати покаяния, сих святая писаниа изврещи повелевает и к ереси наватове, римскаго попа, причитает, иже сый поп Нават римский после крещения согрешающему не веляше давати покаяния.[10] Писано о сем в правилех Нила Черноризца Послание к Хараклию презвитеру, сурово нападающи на съгрешающих, глава 47. А в Никоне зри о сем о покаянии слово 51, 52.

5. *Иосиф.* Свидетельство от божественых писаниих, яко едино есть, еже еретикы и отступникы оружием убивати и молитвою смерти предавати.

Васиан. Ответ. Аще речеши, яко едино есть, еже еретикы и отступникы оружием убивати и молитвою смръти предавати, сие, Иосифе, и с своими ученики облъгуеши[11] святая писаниа. И мы же противу сего речем: Молитвою убивати — от святых есть, а оружием убивати — от царскаго повеления и от человечьскаго се обычая бывает, яко же напреди изъявлено о сем в сих тетратех, в 2-м слове.

6. *Иосиф.* Сказание от божественных писаний, яко подобает православным Християном учительство проводити от ветхих писаний и божественым писанием Новаго завета.

Васиан. Ответ. Аще от ветхаго закона к новому закону что приведено от святых Христовых уст, от Еуангелия, и от апостольских посланий в апостольстве, и от святых правил седми собор, и от поместных, — сие приемлем. Аще ли же кто что нововведет или что приложит, или уложит, кроме Еуангелия и Апостола и правил, — и в святых правилах сего иноязычника и мытаря имянует и проклятию предает.

7. *Иосиф.* Сказание о том, еже Васиан глаголет и пишет о милосердии Божии, яко всех хощет спасти и неединаго погибнути. Сии убо пишет еретиком и отступником устроити жизнь немятежну, яко да не боящеся еретицы прельщают православныя и в жидовство отводят.

Васиан. Ответ. Вем истинно милосердие Божие, яко всех Бог хощет спасти и в разум истинный грешных привести покаянием, яко же мытаря и блудницу и отступников

и всех согрешающих. Сие пишешь, Иосифе, от попа римскаго, от Навата еретика, иже по крещении не даваше
съгрешающим покаяния. О сем писано покаяниа еретиком
в втором слове ответном от святаго писания в сих тетратех.

8. *Иосиф.* О том, еже Васиан глаголет, яко еще и согре-
шиша еретицы и отступникы, и покаются, прияти будут.

Васиан. Что, Иосифе, много пишешь о сем, акы ума
иступив? Что не хощеши давати покаяния еретиком? Възри
в сих тетратех, в 2-м слове, что пишет от святаго писания,
разумеши истинну.

9. *Иосиф.* О том, еже Васиан пустынник глаголет: Которых еретиков и отступников казнили, то суть мученицы.

Васиан. Сиа глаголю: Которым еретиком кающимся, не
приемля их покаяния, казнили их, сии суть мученицы, понеже несть грех непрощаем, аще кается. Ты же коея ради
вины, о Иосифе, не велиши давати согрешающим покаяниа? Зри о сем в 2-м слове в сих тетратех.

10. *Иосиф.* О еже како Нил и ученик его Васиан похул-
лиша великих чюдотворцев Антониа и Феодосия и всех
святых чюдотворцев, иже в Печерском манастыре и во всей
Руской земли.[12]

Васиан. Сие, Иосифе, на мя и на старца моего лжеши,
что будто се мы похулили и всех чюдотворцев во всей Руской земли. Мы же благодатию Божиею чюдотворцов киев-
ских вублажаем[13] и всех во всей Руской земли, и молитвы их
на помощь призываем, и знаменосцы их имянуем, понеже
сохранили заповеди Божия и жили по Еуангелию и по Апостолу, а не яко же ты, Иосифе, и твои ученицы, преступив
заповеди Божия, не токмо яко мирстии человецы живут, но
и греши того,[14] яко же в предисловии о тебе и о твоих учени-
цех писано сих тетратей. А в Еуангелие пишет: Аще кто
едину заповедь не сохранит, мний наречется в царствии
небеснем.[15] Толк: А мний ино ничтоже, токмо[16] геона огнь-
ная и мука вечная. А во Апостоле пишет: Аще от закона
Христова кто преступит что, сый всем грехом есть повинен.[17]
И многая писания глаголет о сем. А ты, Иосифе, имянуеши
себе свята и знаменоносца, и пророчьствия дар прият,[18] и

ученицы твои о тебе тоже проповедают, а ты, преступатарь[19] заповеди Божиа, сице имянуешися. О таковых пишет чюдотворениих и знамениих ложных в Никонской книге, в слове 43-м: Бесовская се есть чюдотворения и знамениа, по Божию попущению, ими же весть судьбами Бог, а нам не подобает на таковая веровати. В Матфее зачало 22 о ложных пророцех,[20] и в Каноне слово 43 о творящих знамения и пророчествующих или сония видящих, по попущению Божию, и яко не подобает нам блюсти таковая, и в 2-м слове Златаустаго от слова, еже на ложныя на пророкы и ложныя учителя, в Симоновском прилозе июня в 2-м слове Григория Беседовника о ложнем чюдотворении. И пакы в правилех писано о таковых игуменех Поучение игуменом: Аще возлюбят таковии дщеря человеческыя, сиречь славы человечьскыя, угодия ради человеческаго, от таковых игуменов жидове родятся. И пакы в Никоньской книзе пишет в седмом слове Афонасия Александраскаго заповедание: Аще настоятели неподобно живут, не подобает с ними ни в церьковь вшед помолитися; лучше без них молитися в церкви, неже с ними в церковь вшед молящеся осудитися в геону огньную и в муку вечную. И многая такова писания в святых правилех о настоятелех, не по правилом живущих и людей и братий не учащих, наипаче съблажняющих своим жительством. Дозде.[21] Аминь.

11. *Иосиф.* О еже како в второе лето князь великий Иван Васильевичь всея Русии повеле быти на Москове святителем, и Нилу и Осифу, попов ради, иже дръжаху наложницы; паче же рещи — восхоте отъимати села у святых црькввей и у манастырей.[22]

Васиан. А о попех о вдовцех, Иосифе, что ми тебе противу вещати? Веси сам в святых правилех, что вдовцем чистым повелевает служити.[23] А ты, презрев святая правила, по страсти, человекоугодия ради, отговорил всем вдовцем не служити, и чистым и нечистым. И о том на вашу неправду суд Божий на вас лежит, и от святых правил под клятвою есте: преступая правила, тако творите. А о селех: не подобает монастырем сел дръжати — о сем писано в

3-м слове сих тетратей. У соборных церьквей у мирскых[24] повелевают святая правила земли дръжати, но не епископу ими владети, ни попом, но все церьковное богатство ведати иконому и давати от него, со епископля доклада, и с всего его священнаго собору попов его, причетником церковным всем комуждо что на потребу, тако же и нищим и убогим, и плененных окупати и всяким в убожестве живущим помогати. Сего ради христолюбци приношают ко церквам соборным мирским своя имениа и богатства. Аще ли будет церьков обидима от кого чим, мьстителем поставленым отмещается. А иноком не подобает богатествовати и земли дрьжати, понеже отреклися сего всего — чюже им есть.

12. *Иосиф.* О еже како иногда прииде на Москву Васиан пустынник, яко да великаго князя научит и вся благородныя человеки, иже у манастырей и у мирских церьквей села отъимати.

Васиан. Сие, Иосифе, на мя не лжеши, что аз великому князю у манастырей села велю отъимати и у мирскых церквей. И яз пишу и глаголю истину. О сем писано в первом на десяте слове сих тетратей.

13. *Иосиф.* О еже како Нил и ученик его Васиан похулиша не токмо в Русской земли чюдотворцев, но иже и в древняя лета и в тамошних землях бывших чюдотворцев, чюдесем их не вероваша и от писаниа изметаша чюдеса их.

Васиан. Сие, Иосифе, лжеши на мя и на моего старца Нила, что мы хулим чюдотворцев и древних и новых. И сия о сем писано в десятой главе сих тетратей. А чюдес из их святых писаний ничего старець Нил не выкинул, наипаче исправил, со иных справил списков. А ты, Иосифе, оболгуеши его по страсти, яко человеконенавистник.

14. *Иосиф.* О еже како Нил и ученик его Васиан глаголют и пишут, яко не подобает божественых церквей и всечестных икон украшати златом и сребром, тако же и священых сосудов не подобает имети в церкви златых и сребряных.

Васиан. О сем тебе пишу, Иосифе, Иоан Златоустый о сем пишет, яко не подобает церквей украшати, а нищих и убогих обидети, но лучше есть нищим и убогим даяти, нежели церкви украшати. Понеже церьковные украшение емлемо бывает огнем и варвары, и татьми крадомо. А еже нищим даяти, сего ни диявол может украсти. Аще ли будет излишнее у милостыни, по совету убогих церьковнаго богатства, и сие подобает творити епископом или мирским человеком, а не иноком в монастырех. А иноком в конечном нестяжании и убожьстве и в неукрашении, ниже богатствовати, ни излишняа имати милостыня, но токмо потребная церкви дръжати и неукрашена и себе нужными потребами питати и одежами. А зри о сем достаточно в Никоньской книге слове 21.

15. *Иосиф.* Яко не подобает Ниловым и Васиановым учеником совокуплятися в дружбе и в совете, ниже сожительствовати с ними, яко да не навыкнем тако же хулити вся чюдотворци.

Васиан. Сие, Иосифе, пишеши и запрещаеши своим учеником — не совокуплятися с нами в дружестве и в совете и жительствовати с нами, не хотя слышати истинны от святаго писания, похуляя сам чюдотворцы своим жительством неподобным, яко же написано в предисловии о твоем жительстве. Слыши Господа, глаголюща во Еуангелии: Возлюбиши Господа Бога твого всем сердцем твоим, и всею душею твоею и всею крепостию твоею. И вторая заповедь: Возлюбиши искренняго своего, яко сам себе.[25] И пакы: Любите врагы ваша, добро творите ненавидящим вас, молитися за творяших вам напасть.[26] И сия заповеди презрел еси, Иосифе, гневашися на нас туне за истину Божию и закон. Тому ли ся еси научил и своя ученики Божиим заповедем и закону сопротивлятися? Ох! что будет тебе, Иосифе, пред Христом в день судный и с твоими ученикы? Ниже у нас еси потребовал прощения, оскръбляя нас в Божиих заповедех и смущая, ниже сам еси нас простил, отходя на путь вечный. Комуждо поделом его! Аминь.

XI

Сказание о Магмете-салтане Ивана Пересветова

Царь турской Магмет-салтан[1] сам был философ мудрый по своим книгам по турским, а се греческия книги прочел, и написав слово в слово по-турски, ино великия мудрости прибыло у царя Магметя. Да рек тако сеитам своим, и пашам, и молнам, и абызам:[2] «Пишется великия мудрости о благоверном царе Констянтине.[3] Вы естя сами мудрыя философы, да смотрите то в книги своя мудрыя, как о великом царе Констянтине пишет: он же родился источник мудрости воинския; пишется: от меча его вся подсолнечная не могла сохранитися. Да он же на царстве своем отца своего остался[4] млад, трех лет от рода своего; и от злоимства[5] и от нечистаго собрания, от слез и от крови роду человеческаго, богатели велможи его, и они праведный суд изломили, да неповинно осуждали по мздам. Да та же неповинная кровь и слезы столпом ко Господу Богу на небо с великою жалобою шла. Велможи царевы до возрасту[6] царева богатели от нечистаго собрания. На возрасте цареве, и царь почал трезвитися от юности своея и почал приходити к великой мудрости к воинской и к прирожению своему царскому. И велможи его, видя то, что царь приходит к великой мудрости и к своему царскому прирожению,[7] да будет с коня своего воинъскаго не сседом,[8] и пишется об нем от мудрых философ во всех странах: от меча его вся подсолнечная не может сохранитися, и велможи рекли тако: «Будет нам от него суетное житие, а богатество наше будет с ыными веселитися». И рече Магмет-салтан, турской царь, философом своим мудрым: «Видите ли то, яко они богати, так и ленивы, и осетили[9] царя Констянтина вражбами и уловили его великим лукавъством своим и кознми, дияволскими прелестьми мудрость его и щастие укротили, и меч его царской обнизили своими прелестными вражбами, и меч его был высок надо всеми недруги его, и оне то ухитрили ересию своею». И рече Магмет-салтан, турской царь, философом своим мудрым: «Видите ли, то Бог хитрости не любит и гордости и ленивства, противится тому Господь Бог, гневом своим святым неутолимым за то казнит? Иже видите вы, что нам Бог выдал таковаго великаго царя и по писанию мудраго вроженнаго источника воинскаго про гордость греческую и про лукавъство?[10] И вражбы их Бога разгневили, иже таковаго мудраго царя осетили вражбами своими и уловили его лукавством своим и укротили воинство его. А яз вам о том реку, мудрым своим философом: поберегайте мя во всем, еже бы нам Бога не разгневити ни в чем».

В лето 6960 перваго[11] царь Магмет-салтан турской велел со всего царьства все доходы к собе в казну имати, а никому ни в котором городе наместничества не дал велможам своим для того, чтобы не прелщалися, неправдою бы не судили, и оброчил[12] вельмож своих из казны своея, царския, кто чего достоит. И дал суд во все царство, и велел присуд[13] имати к собе в казну для того, чтобы судьи не искушалися и неправдою бы не судили. Да приказал судиям: «Не дружитеся с неправдою, да не гневити Бога да держитеся правды, что Бог любит». Да послал по градом судии свои, паши верныя и кадыи и шибошии и амини,[14] и велел судити прямо. И рек тако Магмет-салтан: «Братия моя любимая, верная, судити прямо и воздадите Богу сердечную радость».

Да по мале времяни обыскал царь Магмет судей своих, как они судят, и на них довели пред царем злоимство, что оне по посулом судят.[15] И царь им в том вины не учинил, только их велел живых одирати. Да рек тако: «Естьли оне обростут опять телом, ино им вина та отдастъся». А кожи их велел проделати, и бумагою велел набити, и написати велел на кожах их: «Без таковыя грозы не мочно в царство правды ввести». Правда Богу сердечная радость: во царьстве своем правду держати, а правда ввести царю во царство свое, ино любимаго своего не пощадити, нашед виноватаго. А не мочно царю без грозы быти; как конь под царем без узды, тако и царство без грозы.

Царь же рече: «Не мочно без грозы царство царю держати. Яко же Констянтин-царь велможам своим волю дал и сердце им веселил; они же о том радовалися и не правдою судили и обема исцем по своей вере по Християнской целования присужали, правому и виноватому; и оба не правы, и истец и ответчик, — един бою своего приложив ищет, а другой всего запрется: ни бивал, ни грабливал есми; его иску не обыскав, да оба крест поцелуют, да Богу изменят, и сами от Бога навеки погибнут.[16] И таковым, которыя в сердцах своих правды не помнят, ино таковыя Бога гневят, ино им мука вечная готовится. И с теми неправыми судьями во всем греки в ересь впали, и в крестном целовании греха себе не ставили, во всем Бога прогневали».

И царь Магмет вразумел от великия мудрости, что есть таковый суд великий грех и Бога гневят. И он дал одному з жребия крестнаго целования; целовати крест, направивше огненную стрелбу против сердца и самострел против горла, а стояти доколе противу таковыя смерти, доколе десятера приказания отец его духовный проговорит еуангельские притчи:[17] не лжи, не кради, на лжи послух не буди, чти отца и матерь, люби ближняго своего яко сам себя. То есть царь дал греком, з жребия крестнаго целования: естьли ево огненная стрелба не убиет, и самострел на него не выпустит, и он крест поцелует, и свое возмет, в чем ему суд был.[18] А турком дал чрез меч острый, горлом переклонитися и шерт пити,[19] а меч наведен.[20] А молнам своим велел при том месте быти и наказати их по своей вере турской с того же обычая греческаго: есть ли меч с наводу на него не спустит, а горла ему не рушит, и речь свою доведет, и через меч шерт пиет, и свое возмет, в чем ему суд был, — то есть Божий суд. А поля[21] им судил в своем царстве без крестнаго целования: нагым лести в темницу, бритвами резатися, а бритву им одну положат в тайне месте, и кто найдет, тот и прав, — то есть Божий суд: свое возьмет, на чем ему суд был, а виноватаго своего волен жива выпустити из темницы, волен зарежет его.

Царь же Магмет велико о том умудрился, кое великую

правду во царство свое ввел, и он великия знамения грозныя указал для того, ащебы люди не слабели ни в чем и Бога бы не гневили. А ту мудрость царь Магмет снял з греческих книг, образец — таковым было греком быти. И Магмет-салтан правый суд во царство свое ввел, и ложь вывел, и Богу воздал сердечную радость, и рек тако: «Бог любит правду лутчи всего: не мочно царю царства без грозы держати; яко же царь Констянтин велможам своим волю дал и сердце им веселил, они же о том радовалися и нечисто збирали, богатели, а земля и царство плакало и в бедах купалося. И за то Господь Бог разгневался на царя Констянтина и на велможи его и на все царство греческое неутолимым гневом своим святым, что они правдою гнушалися и не знали того, что Бог любит силнее всего правда. А вы меня на то же ли приводите, чтобы Бог разгневался, такоже да и с вами бы аз погибл?».

И послал на те грады своя прямыя судьи, угрозив их своею грозою царскою, и выдал им книги судебныя, по чему им правити и винити. А суд им дал полатной на всякой град бес противня,[22] и послал на всякой град свой и во все царство свое паши, и кадыя, и шубаша, и амина, то есть судьи царевы на всяком граде. А воинников своих велел судити с великою грозою смертною казнию безпошлинно для того, чтобы не искушалися неправдою судити. А судей своих изоброчил из казны своим царским жалованием для того, чтобы не искушалися неправдою судити. А воинников судят паши, под которым сколко в полку воинства, и тот свое войско знает; и судит прямо для великия грозы царевы беспошлинно и безпосулно, и суд их свершают въскоре.

И тем царь умудрился и умножил сердце свое и войску своему да возвеселил все воинство свое. З году на год оброчил их своим царским жалованием из казны своея, кто чего достоит, а казне его несть конца, Богом исполнена за его великую правду, что со всего царства своего, из городов, и из волостей, и из вотчин, и из поместей — все доходы в казну свою царскую велел собирати по всяк час

А зборщиков тех из казны же оброчил своим жалованием, которые збирают казну цареву, и после зборщиков обыскивает, по приказу ли царскому збирают, а для того, чтобы царство его не оскудело. А войско его царское с коня не сседает[23] николи же и оружия из рук не испущают. А воинником своим всегда сердце веселит своим царским жалованием и алафою[24] да речью своею царскою. И рек тако всему войску своему: «Не скучайте, братие, службою; мы же без службы не можем быти на земли; хотя царь мало оплошится, и он окротеет, ино царство его оскудеет и иному царю достанется от небрежения царского. Яко же небесное по земному, а земное по небесному: аггели Божии, небесныя силы, ни на един час пламеннаго оружия из рук не испущают, хранят и стрегут рода человеческаго от Адама и по всяк час, да и те небесныя силы службою не скучают». Тако царь турской Магмет-салтан возрастил сердце войску своему, и все же воинники его похвалили речь царскую и рекли: «Тако ли волю Божию делаем, — что Бог любит воинство, и кого у нас убиют на побоищи, ино им пишется, те грехи омываем своею кровию; ино душа наши Господь приимает в свою руку святую, и таковыми чистыми воинники небесныя высоты наполняются».

Царь же турской умудрился, на всяк день 40 тысящ янычан[25] при себе держит, гораздых стрелцов огненыя стрелбы, и жалование им дает, алафу по всяк день. Для того их близко у себя держит, чтобы ему в его земли недруг не явился и измены бы не учинил, и в грех бы не впал, безумный царя потребляет, умножився велми и угордится, и царем похощет быти, и то же ся ему не достанет, а сам навеки погибнет от греха своего, а царство без царя не будет; для того царь бережет. А иныя у него верныя любимыя люди, любячи царя, верно ему служат, государю, про его царское жалование. Мудр царь, что воином сердце веселит, — воинниками он силен и славен. И пашам своим и велможам противу недруга всякого велел в челе ставитися в первых полках для того, чтобы люто ставилися противу недруга, и младыя бы люди не ужасалися, которыя не столь заможныя[26], и на них бы смотрячи, люты к недругом были. У турского царя воинники с великия мудрости и с науки ставятся противу недруга играти смертною игрою. И гроза велика турского царя такова по приказу его: «А кои не хощет честно умрети на игре смертной с недругом моим за мое государево великое жалование, как юнаки[27] храбрыя умирают, играючи с недруги моими смертною игрою, ин здесе умрет же от моей государевы опалы, да нечестно ему будет и детем его, кои воинник с отпяткою биется».[28]

Да Магмет-салтан турской царь уставил иным царем после собя от тех лет и до сих лет, а во всем царстве дал волно служити у велмож своих, кому ни буди. А не велел их прикабаливати, ни прихолопити, а служити им доброволно. А рек тако велможам своим: «Един Бог над нами а мы рабы его. Фараон царь был поработил израилтян и Бог на него разгневался своим святым неутолимым гневом, да потопил его Чермным морем». Да велел пред собя книги принести полныя и докладныя[29] да велел их огнем пожещи. А полоняником учинил урок, доколе кому робить, в седмь лет выробится, и в силах девять лет.[30] А естьли кто дорого купил кого, а чрез девять лет у себя будет держит его, и будет на него жалобник от полоняника, ино на него опала царская и казнь смертная: не делайте того, что Бог не любит, блюдитеся Бога, чтобы Его не разгневить ни в чем, а помните заповедь цареву и блюдитеся его.

А все то царь Магмет-салтан списал со Християнских книг ту мудрость, — таковому годится Християнскому царю Божию волю делати. И рече тако Магмет-салтан: «В котором царстве люди порабощены, и в том царстве люди не храбры и к бою не смелы против недруга: они бо есть порабощены, и тот человек срама не боится, а чести себе не добывает, а рече тако: «Хотя и богатырь или не богатырь, однако, есми холоп государев, иново мне имени не прибудет». А во царстве Констянтинове при царе Констянтине Ивановиче велможи его что люди лутчие, и те порабощены были в неволю, а все те были против недруга не боецы, и конныя и доспешныя; и цветно видети было велможи его, полки противу недруга бою крепко не держали и з бою утекали и ужас полком давали, и иным царем они же прелщалися. И то царь Магмет вразумевши, и дал им волю, и взял их к собе в полк, и они стали у царя лутчие люди, которые у велмож царевых в неволе были. Ино как стали в воле в цареве имени, и кажной стал против недруга люто стояти, и полки у недругов розрывати и смерътною игрою играти, и чести себе добывати. И царь рек: «Се есми Бога утешил и Божию волю сотворил, что Бог любит, а се есми в полк к себе юнаков храбрых прибавил». У турского царя по триста тысящ ходит против недругов ученых людей храбрых, а все те сердцем веселы, от царева жалования и от алафы, коли идут воевати, и они идут тихо. На день им живет по три торгы,[31] порану, да о полудни, да в вечере; всему цена уставлена, что за что дати, а купят все в вес; а наметывают те торгы торговати на гости,[32] на торговыя люди, по городом ходити с войском со всем с тем. Что кому надобеть купити, и он заплатит цену, да возмет; а не заплатит тоя цены, что указано, ино таковому смертная казнь, да и лутчаго не пощадити. А естьли то он оманет, не столко дасть, как вес держит, или цену возмет не такову, или болши того устава царева, которому царь цену уставил, ино таковому человеку смертная казнь бывает, что цареву заповедь преступает.

Ино у царя кто против недруга крепко стоит, смертною игрою играет, и полки у недругов розрывает, и царю верно служит, хотя от меншаго колена, и он его на величество подъимает, и имя ему велико дает, и жалования много ему прибавливает, для того ростит сердце воинником своим. У нынешняго царя турскаго Орнаут-паша Орнаутския земля полоняник был да удался против недруга крепко стояти и полки приводити да Короман-паша Корманския земли[33] полоняник, для того их слава повышено, для их великия мудрости, что умеют царю служити и против недруга крепко стояти. А ведома нету, какова они отца дети, да для их мудрости царь на них велико имя положил для того, чтобы иныя такоже удавалися верно царю служити. А царь тако рек во все войско свое, малу и велику: «Братия, все есмя дети Адамовы; кто у меня верно служит и стоит люто против недруга, и тот у меня лучшей будет». То царь рек войску своему на возращение сердца, чтобы и кажной впредь собе чести добывал и имяни славнаго. Царь говорит и жалованием своим жалует и грозою всею: «Кто не хощет умрети доброю смертию, играючи с недругом смертною игрою, ино он умрет же от моея опалы царския смертною казнию, да нечестно ему будет и детем его».

А коли сам царь нейдет противу недруга, и он пошлет пашу мудраго во свое место царево да всем пашам велит его слушати и чтити, как самого царя. А все у него в полку разряжены воинники по десятским и по сотником, а те сотники по тысящником,[34] чтобы не было в полках его татбы и разбою, и игры костарства,[35] и пиянства. И естьли что найдут, конь или аргамак,[36] или платно,[37] или что ни есть, и они несут или отведут к большему паше к шатру: а у кого что пропало, и он найдет у шатра у болшого паша, а переем[38] заплатит по цареву уставу, что за что довелося. А станется татба в войске или разбой или что иное, да к шатру не отнесут или не отведут, ино на такия лихия люди, тати и разбойники обыск царев живет накрепко по десятником и по сотником и по тысящником; а который десятцкой утаит лихово человека во своем десятку, ино десятник тот с лихим человеком казнен будет смертною казнию, для того, чтобы лиха не множилося; лише опалным людем тюрьма до обыску царева. И по городом у него те же десятския уставлены и сотники и тысящники на лихия люди, на тати и на разбойники и на ябедники,[39] тут их и казнят смертною казнию; а десятник утаит лиха человека во своем десятке, ино потом обыщется всею сотнею, ино ему та же смертная казнь.

И у царя Констянтина судили татей и разбойников и ябедников в полате для своего злоимства и нечистаго собрания велможи его, да всем тем Бога разгневили, неправыми суды своими, от слез и от крови рода Християнскаго богатели по языком по разбойническим; кто был у них богат, тот и виноват, да в напрасне от них люди прямыя погибали, мученическия смерти приимали. А татей и разбойников на окуп[40] пущали, нечисто збирали, во всем прелщались и Бога разгневили. Магмет-салтан списал с Християнских книг ту мудрость и праведный суд, да рек тако: «Чего для малые речи[41] прелстилися, нечисто збирали и путь царства небеснаго потеряли, во всем Бога разгневили? Аще бы велику громаду злата найти нечистаго собрания, — и тому Господь Бог мъстит до девятаго роду многими страшными знамении. А самому нечисто собрати, как Богу ответ дати?».

Да писал Магмет-салтан турской царь в тайне себе: «Таковому было быти Християнскому царю, всеми правдами Богу сердечную радость воздати и за веру Християнскую крепко стояти». И сам о том много мыслил с великой мудрости, хотел веру Християнскую приняти с сердечной радости и возхвалил веру Християнскую: «Нет таковы веры великия у Бога, яко вера Християнская где пойдет неверных к вере приводити и веры Християнской умножати, ино где войско его побьют, ино тамо Божия воля сталася, и то есть мученики Божия последняя, яко же пострадали за веру Християнскую, яко первыя, — души их к Богу в руки; небесныя высоты наполняются таковыми чистыми воинники, аггелом равны и украшенны от Бога златыми венцы».

А греки в том ослабели во всем, и правду потеряли, и Бога разгневили неутолимым гневом своим, и веру Християнскую выдали неверным на поругание. И ныне греки хвалятся государевым царством благовернаго рускаго царя от того взятия Магметова и до сех лет. А иного царства волнаго и закона Християнскаго греческаго нету, и надею[42] на Бога держат во умножение веры Християнския на то царство руское благовернаго царя рускаго; хвалятся им, государем волным царем и великим князем Иваном Василиевичем всея Русии.

Коли на споре с латыняны латынския веры дохтуры спираются[43] со греки: «На вас, на греков, Господь Бог разгневался неутолимым гневом своим святым, тако, яко же и на жидов, да выдал вас турскому царю в неволю за вашу гордость и за неправду. Видите, как Господь Бог гордым противляется, за неправду гневается, а правда Богу сердечная радость и вере красота». Они же о том отказывают им и хвалятся: «Есть у нас царство волное и царь волной, благоверный государь князь Иван Васильевич всея Русии, и в том царстве великое Божие милосердие и знамя Божие, святыя новыя чюдотворцы,[44] яко первыя, — тако от них милость Божия, якоже и от первых». И латыняня рече против им на споре: «То есть правда. Ино лучилося нам быти в том царстве на отведывание[45] веры Християнския: ино они истинныя веры Християнския, и велика Божия милость в той земли. Как про них молвить, про святыя чюдотворцы? Ино таково есть Божие милосердие. Естьли к той истинной вере Християнской да правда турская,[46] ино бы с ними аггели беседовали». Греки же рекоша: «А естьли бы к той правде турской да вера Християнская, ино бы с ними аггели же беседовали».

XII

Переписка князя А. Курбского с Иваном Грозным

1

Эпистолиа первая князя Андрея Курбскаго, писана к царю и великому князю Московскому прелютаго ради гонения его

Царю, от Бога препрославленному, паче же во православии пресветлому явившуся, ныне же, грех ради наших, сопротив сим обретшемуся.[1] Разумеваяй да разумеет совесть прокаженну имущий, якова же ни во безбожных языцех обретаетца.[2] И больше сего о сем всем по ряду глаголати[3] не попустих моему языку; гонения же ради прегорчайшаго от державы твоея, от многия горести сердца подщуся[4] мало изрещи ти.

По что, царю, сильных во Израили побил еси и воевод, от Бога данных ти, различным смертем предал еси?[5] и победоносную, святую кровь их во церквах Божиих, во владыческих торжествах,[6] пролиял еси и мученическими их кровьми праги церковные обагрил еси? и на доброхотных твоих и душу за тя полагающих неслыханныя мучения, и гонения, и смерти умыслил еси, изменами и чародействы и иными неподобными оболгающи православных,[7] и тщася со усердием свет во тьму прелагати и сладкое горько прозывати?[8] Что провинили пред тобою, о царю, и чим прогневали тя Кристьянскии предстатели?[9] Не прегордые ли царства разорили и подручных во всем тобе сотворили, мужеством храбрости их, у нихже прежде в работе[10] быша праотцы наши? Не претвердые ли грады Германские[11] тщанием разума их от Бога тобе данны бысть? Сия ли нам бедным воздал еси, всеродно погубляя нас? Или безсмертен, царю, мнишись? Или в небытную ересь прельщен, аки не хотя уже предстати неумытному[12] судии, богоначальному Иисусу, хотящему судити вселенней в правду, паче же прегордым мучителем, и не обинуяся истязати их и до влас прегрешения, яко же словеса глаголют?[13] Он есть — Христос мой, седящий на престоле херувимском, одесную Силы владычествия во превысоких, — судитель между тобою и мною.

Коего зла и гонения от тебя не претерпех! и коих бед и напастей на мя не подвигл еси! и коих лжеплетений презлых на мя не возвел еси! А приключившимися от тебя различные беды по ряду, за множеством их, не могу ныне изрещи, и понеже горестию еще души моей объят бых. Но вкупе все реку конечне:[14] всего лишен бых и, от земли Божии туне[15] отогнан бых, аки тобою понужден. Не испросих умиленными глаголы, не умолих тя многослезным рыданием, ни исходатайствовах от тебя никоея же милости архиерейскими чинми.[16] И воздал еси мне злые за благие, и за возлюбление мое — непримирительную ненависть. Кровь моя, яко вода пролитая за тя, вопиет на тя ко Господу моему. Бог сердцам зритель — во уме моем прилежно смышлях и совесть мою свидетеля поставлях, и исках, и зрех мысленне и обрачаяся,[17] и не вем себя, и не наидох ни в чем же пред тобою согрешивша. Пред войском твоим хождах и исхождах,[18] и никоего же тебе безчестия приведох; но токмо победы пресветлы, помощию ангела Господня, во славу твою поставлях и никогда же полков твоих хребтом к чюждим обратих;[19] но паче одоления преславныя на похвалу тобе сотворях. И сне ни во едином лете, ни во дву, но в довольных летех потрудихся, со многими поты и терпением; и всегда отечества своего отстоях, и мало рождшия мя зрех и жены моея не познавах: но всегда в дальноконных[20] градех, против врагов твоих, ополчахся и претерпевах нужды многие и естественные болезни, имже Господь мой, Иисус Христос свидетель; паче же учащен бых ранами от варварских рук на различных битвах, и сокрушенно уже язвами все тело имею. Но тебе, царю, вся сия аки ничто же бысть, но развие нестерпимую ярость и горчайшую ненависть, паче же разженные пещи,[21] являешь к нам.

И хотех рещи все по ряду ратные дела мои, ихже сотворих на похвалу твою, силою Христа моего, но сего ради не изрекох, зане лутче Бог весть, нежели человек: Он бо есть за все сия мздовоздаятель, и не токмо, но и за чашу студеныя воды;[22] а вем, яко и сам их не невеси. И да будет ти, царю, ведомо к тому: уже не узришь, мню, в мире лица моево до дня преславного явления Христа моего. И да не мни мене молчаща ти о сем: до скончания моего буду непрестанно вопияти со слезами на тя пребезначальной Троице, в неяже верую; и призываю в помощь херувимского Владыки Матерь, надежду мою и заступницу, Владычицу Богородицу, и всех святых, избранных Божиих, и государя моего праотца, князя Феодора Ростиславича, иже целокупъно тело имеет, во множайших летех соблюдаемо, и благоухания, паче арамат, от гроба испущающе и благодатию Святаго Духа струи исцеления чудес источающе, яко же ты, царю, о сем добро веси.[23]

Не мни, царю, не помышляй нас суемудренными мысльми, аки уже погибших, избиенных от тебя неповинно, и заточенных, и прогнанных без правды; не радуйся о сем, аки одолением тощим[24] хваляся: избиенные тобою, у престола Господня стояще, отомщения на тя просят; заточенные же и прогнанные от тебя без правды от земли ко Богу вопием день и нощь, аще и тьмами хвалишися в гордости своей,[25] в привременном сем скоротекущем веце, умышляючи на Христианской род мучительныя сосуды, паче же наругающе и попирающе ангельский образ,[26] и согласующимся ласкателем и товарищем трапезы, несогласным твоим бояром,[27] губителем души твоей и телу, иже тя подвижут на Афрадитския дела и детьми своими, паче Кроновых жерцов, действуют.[28] И о сем, даже до сих,[29] писание сие, слезами измоченное, во гроб со собою повелю вложити, грядуще с тобою на суд Бога моего Иисуса Христа. Аминь. Писано Волмере, граде государя моего, Августа Жигиманта короля,[30] от негоже надеюся много пожалован и утешен быти ото всех скорбей моих, милостию его государскою, паче же Богу ми помогающу.

Слышах от священных писаний, хотяще от диявола пущенна быти на род Христианский губителя,[31] от блуда зачатаго, богоборнаго антихриста, и видех ныне сигклита,[32] всем ведома, иже от преблудодеяния рожден есть, иже днесь шепчет ложное во уши царю и льеть кровь Христианскую, яко воду, и выгубил уже сильных и благородных во Израили, аки согласник делом антихристу: не пригоже таким потакати, о царю! В законе Господни первом писано: «Моавитин и Аммонитин и выблядок до десяти родов в церковь Божию да не входит».[33]

2

Царево государево послание во все его Росийское
царство на крестопреступников его, на князя
Андрея Курбсково с товарищи о их измене

Бог наш Троица, иже прежде век сый, ныне есть, Отец и Сын и Святый Дух, ниже начяла имать, ниже конца, о немже живем и движемся есмы,[34] имже цари царьствуют и силнии пишут правду; иже данна бысть единороднаго слова Божия Иисусом Христом, Богом нашим, победоносная херугви крест честный, и николи же победима есть, первому во благочестии царю Констянтину и всем православным царем и содрьжителем православия, и понеже смотрения Божия слова всюду исполняшеся, божественным слугам.[35] Божия слова всю вселенную, яко же орел летанием обтекши, даже искра благочестия доиде и до Росийского царствия.[36] Сего православия истинного Росийского царствия самодержавство Божиим изволением почен[37] от великого царя Владимера, просветившаго всю Рускую землю святым крещением, и великого царя Владимера Мономаха, иже от Грек достойнейшую честь восприемшему,[38] и храбраго великаго государя Олександра Невскаго, иже над безбожными Немцы победу показавшего,[39] и хвалам достойного великого государя Дмитрея, иже за Доном над безбожными Агаряны великую победу показавшаго,[40] даже и до мстителя неправдам, деда нашего, великаго князя Иванна, и закосненным прародителствия землям обретателя,[41] блаженные памети отца нашего великаго государя Василия, даже доиде и до нас, смиренных скипетродръжания[42] Росийского царствия. Мы же хвалим за премногую его милость, произшедшую на нас, еже не попусти десницы нашей единоплеменною кровью обагритися, понеже не восхитихом ни под кем же царьства, но Божиим изволением и прародителей и родителей своих благословением, яко же родихомся во царьствии, тако и воспитахомся и возрастохом и воцарихомся Божиим повелением, и родителей своих благословением свое взяхом, а не чюжее восхитихом. Сего православнаго истинного Христьянского самодержства, многими владычествы владующаго, повеление, наш же Кристьянский смиренный ответ[43] бывшему прежде православнаго истиннаго Кристьянства и нашего самодержания болярину и советнику и воеводе, ныне же крестопреступнику честнаго и животворящего креста господня, и губителю Хрестьянскому, и ко врагом Кристьянским слугатою, отступльшим божественнаго иконнаго поклонения и поправшим вся божественная священная повеления, и святыя храмы разорившим, осквернившим и поправшим священныя сосуды и образы, яко же Исавр, и Гноетезный, Арменин,[44] сим всем соединителю,[45] — князю Андрею Михайловичу Курбскому, восхотевшему своим изменным обычяем быти Ерославскому владыце,[46] ведомо да есть.

Почто, о княже, аще мнишися благочестие имети, единородную свою душу[47] отверъгл еси? Что же даси измену на ней в день Страшнаго суда? Аще и весь мир приобрящеши, последи смерть всяко возхитит тя; чесо на теле душу предал еси, аще и убоялся еси смерти, по своих бесоизвыкших друзей и назирателей[48] ложному слову?..

Како же не страмишися раба своего Васки Шибанова?[49] Еже убо он свое благочестие соблюде, пред царем и предо всем народом, при смертных вратех стоя, и ради крестнаго целования тобя не свержеся, и похваляя и всячески умрети за тобя тщашеся. Ты же убо сего благочестию не поревновал еси: единого ради малого слова гневна не токмо свою едину душу, но и своих прародителей души погубил еси, понеже Божиим изволением деду нашему, великому государю, Бог их поручил в работу, и они, дав свои души, и до своей смерти служили, и вам, своим детем, приказывали служити и деда нашего детем и внучятам. И ты то все забыл, собацким своим изменным обычяем преступил крестное целование, ко врагом Кристьянским соединился еси; и х тому, своея злобы не сматряя,[50] сицевыми скудоумными глаголы, яко на небо камение меща,[51] нелепая глаголеши, и раба своего благочестия не стыдишися и подобна к тому сотворити своему владыце отверглъся еси...[52]

Крови же во церквах Божиих никакие не проливали есмя. Победоносные и святыя крови во своей земли в нынешнее время несть ея явленно, не вемы. Праги же церковныя, — елика наша сила и разум осязает,[53] яко же подовластные наши к нам службу свою являют, сице украшенна всячески церкви Божия светитца, всякими благостинями, елико после вашия бесовския державы сотворихом, не токмо праги и помост,[54] преддверия, елика всеми видима есть и иноплеменным украшения. Кровию же никакою праги церковныя не обагряем; мучеников же в сие время за веру у нас нет; доброхотных же своих и душу свою за нас полагающих истинно, а не лестно, не языком глаголющи благая, а сердцем злая собирающи, не пред очима собирающе и похваляюще, а вне[55] расточающе и укаряюще (подобно зерцалу, егда смотрят и тогда видитца каков бе, и егда же отъидет, и абие забыв, каков бе), и егда кого обрящем всех сих злых свобоженна, а к нам прямую свою службу содевающе, не забывающе порученныя ему службы (яко в зерцале), и мы того жалуем своим великим и всяким жалованьем; а иже обрящется в сопротивных,[56] еже выше рехом, тот по своей вине и казнь приемлет. А в ыных землях сам узриши, елика содеваетца злым злая: тамо не по здешнему! То вы своим злобесным обычаем утвердили изменников любити, а в ыных землях изратец[57] не любят: казнят их да тем и утвержаютца.

А мук и гонения и смертей многообразных ни на кого не умышливали есмя; а еже о измене и чяродействе воспомянул еси, — ино, таких собак везде казнят...

Тако же изволися судьбами Божиими быти, родительницы нашей благочестивей царицы Елене преити от земнаго царьствия на небесное;[58] намь же со святоопочившым братом Георгием сиротствующим родителей своих и ни откуда же промышления человеческого приемлюще, токмо на Божье милосердие уповающе и пречистыя Богородицы на милость, и на всех святых молитвы и на родителей своих благословение упование положихом.[59] Мне же осмому лету от рожения тогда преходящу и тако подвластным нашим хотение свое улучившим, еже царьство безо владетеля обретоша,[60] нас убо, государей своих, никоего промышления доброхотнаго не сподобиша, сами же ринушася[61] богатству и славе, и тако наскочиша друг на друга. И елико тогда сотвориша! Колико боляр, и доброхотных отца нашего и воевод избиша! И дворы, и села, и имения дядь наших восхитиша и водворишася в них! И казну матери нашея перенесли в большую казну и неистова ногами пихающе и осны колюще;[62] а иное же и собе разделиша. А дед твой Михайло Тучков то и творил. И тако князь Василей и князь Иван Шуйские самовольством у меня в бережение учинилися,[63] и тако воцаришася; а тех всех, которые отцу нашему и матери нашей главные изменники, ис поимания повыпускали и к себе их примирили. А князь Василей Шуйской на дяди нашего княж Андрееве дворе Ивановичя учял жити, и на том дворе, сонмищем июдейским,[64] отца нашего да и нашего дьяка ближняго, Федора Мишурина изымав, позоровав, убили; и князя Ивана Федоровичя Бельского и иных многих в розная места заточиша, и на церковь вооружишася, и Данила митрополита, сведши с митрополии, в заточение послаша,[65] и тако свое хотение во всем улучиша, и сами убо царьствовати начяша. Нас же, со единородным братом, святопочившим Георгием, питати начяша как иностранных, или убо яко убожайшую чядь.[66] Таковая же тогда пострадах во одеянии и в алчбе! Во всем воли несть; но вся не по своей воли и не по времени юности. Едино воспомянути: нам бо во юности детская играющим, а князь Иван Василевич Шуйской седит на лавке, локтем опершися об отца нашего постелю, ногу положа на стул, к нам же не приклоняяся не токмо яко родительски, но ниж властельски, рабское же ниже начяло обретеся.[67] И таковая гордения хто может понести? Како же исчести таковая многая бедне страдания, еже во юности пострадах? Многажды поздо ядох не по своей воли. Что же убо о казнах родительского ми достояния?[68] Вся восхитиша лукавым умышлением, будто детем боярским жалованье, а все себе у них поимаша во мъздоимание; а их не по делу жалуючи, верстая не по достоинству,[69] а казну деда и отца нашего безчисленну себе поимаша; и тако в той нашей казне исковаша себе сосуды златые и сребрянные и имя на них родителей своих возложиша, будто их родительское стяжание; всем людем ведомо: при матери нашей у князя Ивана Шуйсково шуба была мухояр зелен на куницах,[70] да и те ветхи; и коли бы то их была старина, и чем было сосуды ковати, ино лутче шуба переменити, да в ысходке суды ковати.[71] А о казнах наших дядей глаголати, но все себе восхитиша. По сем же на грады и на села наскочиша, и тако горчяйшим мучением многоразличными виды имения ту живущих без милости пограбиша. Соседствующим же от них напасти[72] хто может исчести? Подовласных же всех аки рабы себе сотвориша, рабы же свои аки вельможа сотвориша; правити же мнящеся и строити, и, вместо сего, неправды и неустроения многая устроиша, мъзду же безмерную ото всяких собирающе, и вся по мзде творяще и глаголюще...

Нам же пятагонадесят лета возраста преходящим, и тако сами яхомся строити свое царство, и по Божии милости благо было начялося строити. Понеже грехом человеческим повсегда Божию благодать раздражающим, и тако случися грех ради наших, Божию гневу разпростершуся, пламени огненному царствующий град Москву попалившу, наши изменные бояре, от тебе же нарицаемая мученики (их же имена волею премену),[73] аки время благополучно своей изменной злобе улучиша, наустиша народ художайших умов, будто матери нашея мать, княгина Анна Глинского, с своими детьми и людьми сердца человеческая выимали и таким чяродейством Москву попалили;[74] да бутто и мы тот совет ведали: и тако тех изменников научением болярина нашего, князя Юрья Васильевичя Глинсково, воскричяв, народ июдейским обычаем[75] изымав его, в пределе великомученика Дмитрия Селунскаго, выволокши, в соборной и апостольской церкви пречистыя Богородицы против митрополичья места,[76] безчеловечно убиша и кровию церковь наполниша и, вывлекши его мертва в передние двери церковныя, и положиша на торжище, яко осуженника.[77] И сие убийство во церкви всем ведомо, а не яко ты, собака, лжеши! Нам же тогда живущим во своем селе Воробьеве,[78] и те изменники наустили были народ и нас убити за то, что бутто мы князь Юрьеву матерь, княину Анну, и брата его князя Михаила у собя хороним от них. Тако же убо смеху подлежит сия мудрость! Про что убо нам самим царству своему запалителем быти? Толика убо стяжания, прародителей наших благословение,[79] у нас погибоша, еже и во всей вселенней обрестися не может. Хто же безумен или яр таков обрящется, разгневався на рабы, да свое стяжание погубити? И он бы их и палил, а себя бы уберег. Во всем ваша собачья измена обличяетца. Како же на такую высоту, еже Иван святый, водою кропити?[80] Сие убо безумие явьственно. И тако ли доброхотно подобает нашим боляром и воеводам нам служити, еже такими собраниями собацкими, без нашего ведома, боляр наших побивати, да еще и в черте кровной нам?[81] И тако ли душу свою за нас полагают, еже нашу душу от мира сего желающи на всяк чяс во он век препустити? Нам убо закон полагающе во святыню, сами же с нами путь шествовати не хотяще! Что же, собака, и хвалишися в гордости и иных собак и изменников похваляешь бранною храбростию? Господу нашему Исусу Христу глаголющу: «аще царство само на ся разделитца, не может стати царство то»[82]; како же и может бранная люте понести[83] против врага, аще межусобными браньми растлитца царство? Како убо может древо цвести, аще корени суху сущу? Тако и сие: аще не прежде строения во царстве благо будет, како бранная храбре поставятца?[84] Аще убо предводитель не множае полк утвержает, тогда множае побеждаем паче бывает, неже победит. Ты же, вся сия презрев, едину храбрость похваляешь; о чесом же храбрости состоятися, сия ни во что же полагаеши, и являяся не токмо утвержая храбрость, но паче разрушая.[85] И являяся яко же ничто же еси; в дому изменник, в ратных же пребывании[86] рассуждения не имея, понеже хощешь междоусобными браньми и самовольством храбрость утвердити, ему же быти не возможно...

И аще кровь твоя, пролитая от иноплеменных за нас, по твоему безумию, вопиет на нас к Богу, и еже убо не от нас пролитая, тем же убо смеху подлежит сия, еже бо от иного пролитая и на иного вопиет, паче же и должная отечеству си совершал еси: аще бо сего не сотворил еси, то неси еси был Християнин, но варвар. И сие к нам прилично:[87] кольми же паче наша кровь на вас вопиет к Богу, от вас самех пролитая, не ранами, ниже кровными потоки, но многими поты и трудов множество от вас отяхчения безълепа,[88] яко по премного от вас отяготехомся паче силы! И от многаго вашего озлобления и скорбления и утеснения, вместо крови, многи излияшеся наших слез и воздыхания и стенания сердечнаго...

А еже свое писание хощеши во гроб вложити, се убо последнее християньство[89] и свое отложил еси. Еже бо Господу повелевшу еже не противитися злу,[90] ты же убо и обычное, еже невежды имут, конечное прощение

отвергл еси; и посему бо неподобно и пению над тобою
быти.

В нашей же вотчине, в Вифляньской земле, град Владимер[91]
недруга нашего Жигимонта короля нарицаеши, — се убо
свою злобесную собацкую измену до конца совершаеши...

Дана во вселенней Росийстей царствующаго, православнаго града Москвы, степени чеснаго порога, крепкая
заповедь и слово то, лета от создания миру 7072-го, июля в
5 день.[92]

3

Краткое отвещание князя Андрея Курбскаго
на зело широкую епистолию великаго
князя Московскаго

Широковещательное и многошумящее твое писание приях,
и вразумех и познах, иже от неукротимаго гнева сь ядови-
тыми словесы отрыгано, еж не токмо цареви, так великому
и во вселенней славимому, но и простому, убогому воину
сие было не достойно; а наипаче так ото многих священных словес хватано,[93] и те со многою яростию и лютостию,
ни строками, а ни стихами,[94] яко обычей искусным и ученым,
аще о чем случится кому будет писати, в кратких словесах
мног разум замыкающе; но зело паче меры преизлишно и
звягливо,[95] целыми книгами, и паремьями[96] целыми, и пос-
ланьми! Туто же о постелях, о телогреях,[97] и иные безчисленные, воистинну, яко бы неистовых баб басни; и так
варварско, яко не токмо ученым и искусным мужем, но и
простым и детем со удивлением и смехом, наипаче же в
чюжую землю, идеже некоторые человецы обретаются, не
токмо в граматических и риторских, но и в диалектических
и философских ученые...

XIII

История о великом князе Московском, еже слышахом у достоверных, и еже видехом очима нашима, сие сокращенне вмещаючи, елико возмогох, написах прилежнаго ради стужания от многих

Много крат ото многих светлых мужей вопрошаем бых, с великим стужанием: «Откуды сия приключишася, так прежде доброму и нарочитому царю, многажды за отечество и о здравии своем не радяшу, и в военных вещах, сопротив врагов креста Христова, труды тяжкие, и беды, и безчисленные поты претерпевающу, и прежде от всех добрую славу имущему?» И многажды умолчах со воздыханием и слезами, не восходех[1] отвещати; последи же, частых ради вопрошений, принужден бых нечто рещи отчасти о случаех, приклучьшихъся таковых, и отвещах им: аще бы из начала и по ряду рех,[2] много бы о том писати, яко в предобрый Русских князей род всеял диявол злые нравы, наипаче же женами их злыми и чародейцами, яко и во Израильтеских царех, паче же которых поимовали от иноплеменников[3]. Но сия вся оставя, нечто изреку о том самом настоящем.

Яко глаголют многие премудрые: «доброму началу и конец бывает добр»; такожде и сопротив: злое злым скончавается; а наипаче, от самовластнаго человеческаго естества, злым произволением и по всему сопротивным противу Божиих заповедей дерзати.[4] Князь великий Василий Московский ко многим злым и сопротив закона Божия делом своим и сие приложил (иже и писати, и исчитати, краткости ради книжицы сея, не вместно,[5] а еже достоит воспомянути, зело вкратце напишем по силе): живши со женою своею первою, Соломаниею, двадесять и шесть лет, остриг ея во мнишество, не хотящу и немыслящу ей о том,[6] и заточил в далечайш монастырь, от Москвы больши двусот миль, в земли Каргапольский лежащь, и затворити казал ребро свое в темницу, зело нужную и уныния исполъненую, сиречь жену, ему Богом данную, святую и неповинную.[7] И понял себе Елену, дщерь Глинского, аще и возбраняющу ему сего беззакония многим святым и преподобным, не токмо мнихом, но и сигклитом его;[8] от нихже един Васьян, пустынник, сродник ему сущь по матери своей, а по отце внук княжати Литовского, Патрикиев, и оставя мирскую славу, в пустыню вселился, и так жестоко и свято житие препровожал во мнишестве, подобне великому и славному древнему Антонию.[9] Да не зазрит кто дерзостне рещи,[10] — Иоанну Крестителю ревностию уподобился; бо и оный о законопреступном браку царю возбранял, беззаконие творящу. Он в Моисейском, сей же во Евангельском беззаконовал. От мирских сигклитов возбранял ему Семен, реченный Курбский, с роду княжат Смоленских и Ярославских, о немже и о святом жительстве его не токмо тамо Русская земля ведома,[11] но и Герберштен, нарочитый муж, цесарский и великий посол, на Москве был и уведал, и в кронице своей свидетельствует, юже Латинским языком, в Медиоламе, в славном граде, будучи, написал.[12]

Он же, предреченный Василий, великий, паче же в прегордости и в лютости, князь, не токмо их не послушал, так великих и нарочитых мужей, но оного блаженнаго Васьяна, по плоти сродника своего, изымав, заточити повелел, и связана святаго мужа, аки злодея, в прегорчайшую темницу, к подобным себе в злости презлых Осифляном, в монастырь их отослал и скорою смертию уморити повелел.[13] Они же, яко лютости его скорые послушницы и во всех злых потаковницы, паче же еще и подражатели, умориша его вскоре. И других святых мужей, овых заточил на смерть, от нихъже един, Максим философ,[14] о немъже напреди повем; а других погубити повелел, ихже имена зде оставлю. А князя Семена ото очей своих отогнал, даже до смерти его.

Тогда зачалъся нынешний Иоанн наш, и родилася, в законопреступлению и во сладострастию,[15] лютость, яко рече

Иоанн Златоустый в слове о жене злой, емуж начало: днесь нам Иоанново преподобие и Иродова лютость егда возвещалась, смутились и внутренные, сердца вострепетали, зрак помрачился, разум притупился, слух скутался,[16] и протчее. И аще святые великие учители ужасалися, пишуще от мучителей на святых дерзаемые,[17] кольми паче нам грешным подобает ужасатися, таковую трагедию возвещати! Но послушание вьсе преодолевает, паче же стужения, або докучания ради вашего частого. Но и сие к тому злому началу еще возмогло,[18] понеже остался отца своего зело млад, аки дву лет;[19] по немногих летех, и мати ему умре; потом питаша его велицые гордые паны, по их языку боярове, его на свою и детей своих беду, ретящеся друг пред другом, ласкающе и угождающе ему во всяком наслаждению и сладострастию.

Егда же начал приходити в возраст, аки лет в дванадесять, и впредь что творил, умолчю иные и иные, обаче же возвещу сие. Начал первие безсловесных крови проливати, с стремнин высоких мечюще их, а по их языку с крылец, або с теремов, тако же и иные многие неподобные дела творити, являющи хотящее быти немилосердое произволение[20] в себе, яко Соломон глаголет (мудрый, рече, милует души скотов своих, тако ж и безумный биет их нещадно);[21] а пестуном ласкающим, попущающе сие и хваляще, на свое горшее отрока учаще.[22] Егда же уже приходяще к пятомунадесять лету и вящей, тогда начал человеков ураняти. И собравши четы юных около себя детей и сродных оных предреченных сигклитов, по стогнам и по торжищам начал на конех с ними ездити и всенародных человеков, мужей и жен, бити и грабити, скачюще и бегающе всюду неблагочинне. И воистину, дела разбойнические самые творяше, и иные злые исполняше, ижже не токмо глаголати излишно, но и срамно; ласкателем же всем таковое на свою беду восхваляющим: «О, храбр, глаголюще, будет сей царь и мужествен!» Егда же прииде к седьмомунадесять лету, тогда теже прегордые сигклитове начаша подущати его и мстити им свои недружбы, един против другаго; и первие убиша мужа пресильнаго, зело храбраго стратига и великородного, иже был с роду княжат Литовских, единоколенен кролеви Польскому Ягайлу, имянем князь Иван Бельский, иже не токмо быв мужествен, но и в разуме мног и в священных писаниих в некоторых искусен.[23]

По мале же времени, он же сам повелел убити такожде благородное едино княжа, имянем Андрея Шуйского, с роду княжат Суждальских.[24] Потом, аки по двух летех, убил трех великородных мужей: единаго, ближняго сродника своего, рожденнаго с сестры отца его, князя Иоанна Кубенского, яже был у отца его великим земским марщалком; а был родом княжат Смоленских и Ярославских, и муж зело разумный и тихий, в совершенных уже летех,[25] и вкупе побиени с ним предреченные мужие, Феодор и Василий Воронцовы, родом от Немецка языка, а с племени княжат Решских.[26] И тогда же убиен Феодор, глаголемый Невежа, зацный и богатый землянин.[27] А мало пред тем, аки за два лета, удавлен от него князя Богдана сын Трубецкого, в пятинадесяти летех младенец, Михаил имянем, с роду княжат Литовских;[28] и потом, помятамися,[29] того ж лета убиени от него благородные княжата: князь Иоанн Дорогобужский, с роду великих княжат Тверских, и Феодор, единочадый сын князя Иоанна, глаголемаго Овчины, с роду княжат Торуских и Оболенских, яко ягнцы неповинно заколены, еще в самом наусии.[30] Потом, егда начал всякими безчисленными злостьми превосходити, тогда Господь, усмиряющий лютость его, посетил град великий Москву презельным огнем,[31] и так явственне гнев свой навел, аще бы по ряду писати, могла бы повесть целая быти, або книжица; а пред тем, еще во младости его, безчисленными плененьми варварскими, ово от царя Перекопскаго,[32] ово от Татар Нагайских, сиречь Заволских, а наипаче и горши всех, от царя Казанского, сильнаго и можнаго мучителя Христианского, (яже подо властию своею имел шесть языков различных), имиже безчисленное и неисповедимое пленение и кровопролитие учинял, так, иже уже было все пусто за осьмнадесять миль до Московского места.[33] Тако же и от

Перекопского, або от Крымского царя, и от Нагай вся Резанская земля, аже по самую Оку реку, спустошена; а внутрь человекоугодником, со царем младым, пустошащим и воюющим нещадно отечество. Тогда ж случилось, после того предреченнаго пожару, презельного и воистинну зело страшного, о немъже никто же сумнитця рещи явственный гнев Божий — а что ж тогда бысть?

Бысть возмущение велико всему народу, яко и самому царю утещи от града со своим двором его; и в том возмущению убиен вой[34] его князь Юрий Глинский от всего народа, и дом его весь разграблен; другий же вой[34] его, князь Михаил Глинский, которой был всему злому начальник, утече, и другие человекоугодницы сушие с ним разбегошася.[35] И в то время дивне неяко[36] Бог руку помощи подал отдохнути земле Християнской, образом сим. Тогда убо, тогда, глаголю, прииде к нему един муж, презвитер чином, имянем Селиверстр, пришлец от Новаграда Великого, претяще ему от Бога священными писаньми и срозе[37] заклинающе его страшным Божиим имянем; еще к тому, и чюдеса и аки бы явление от Бога поведающе ему (не вем, аще истинные, або так ужасновение пущающе, буйства его ради, и для детских неистовых его нравов, умыслил был собе сие; яко многажды и отцы повелевают слугам детей ужасати мечтательными страхи,[38] и от излишных игор презлых сверстников, сице, и се мню блаженный малую грозу присовокупляет благокознению,[39] еюже великое зло целити умыслил). Яко и врачеве делают, по неволе, согнившие гагрины стружуще и режуще железом, або дикое мясо, возрастающее на ране, обрезающе аж до живаго мяса; сему негли подобно, и он блаженный, льстец истинный,[40] умыслил; яко и последовало дело: иже душу его от прокаженных ран исцелил и очистил был, и развращенный ум исправил, тем и овым[41] наставляюще на стезю правую.[42] С ним же соединяется во общение един благородный тогда юноша, ко доброму и полезному общему, имянем Алексей Адашев; цареви ж той Алексей в то время зело любим был и согласен, и был он общей вещи[43] зело полезен, и отчасти, в некоторых нравех, ангелом подобен.[44] И аще бы вся по ряду изъявил о нем, воистинну вере не подобно было бы пред грубыми и мирскими человеки. И аще же возрим, яко благодать Святаго Духа верных в Новом эавете украшает, не по делом нашим, но по преизобильности щедрот Христа нашего, иже не токмо не дивно будет, но и удобно,[45] понеже и крови своей сотворитель всяческих не жаловал за нас излияти. Но, прекратив сие, до предреченных паки возвратимся.

Что же сие мужие два творят полезное земле оной, спустошенной уже воистинну и зело бедне сокрушеной? Приклони же уже уши и слушай со прилежанием! Сие творят, сие делают: главную доброту начинают — утверждают царя, и якого царя? царя юнаго, и во злострастиах[46] и в самовольствии без отца воспитаннаго, и преизлище прелютаго, и крови уже напившися всякие, не токмо всех животных, но и человеческия. Паче же, и согласных его на зло прежде бывших, овых отделяют от него (яже быша зело люты), овых же уздают и воздержат страхом Бога живаго. И что ж еще по сем придают? Наказуют опасне благочестию; молитвам же прилежным ко Богу, и постом, и воздержанию внимати со прилежанием завещавает оный презвитер, и отгоняет от него оных предреченных прелютейших зверей (сиречь ласкателей и человек угодников, над нихъже ничто же может быти поветреннейшаго во царстве), и отсылает и отделяет от него всяку нечистоту и скверну, прежде ему приключшуюся от сатоны; и подвижет на то и присовокупляет себе в помощь архиерея оного великого града,[47] и к тому всех предобрых и преподобных мужей, презвитерством почтенных; и вожбужают царя к покаянию, и исчистив сосуд его внутренний, яко подобает, ко Богу приводят, и святых, непорочных Христа нашего тайн сподобляют, и в сицевую высоту онаго, прежде бывшаго окаянного, возводят, яко и многим окрестным языком дивитися обращению его и благочестию.

И к тому еще и сие прилогают: собирают к нему советников, мужей разумных и совершенных, во старости мастите сущих, благочестием и страхом Божиим украшенных;

других же, аще и во среднем веку, тако же предобрых и
храбрых, и тех и онех в военных и в земских вещах по
всему искусных; и сице ему их в приязнь и в дружбу усвояют,
яко без их совету ничесоже устроити или мыслити.
Воистинну по премудрому Соломану глаголющему: царь,
рече, добрыми советники, яко град претвердыми столпы
утвержен,[48] и паки: любяй, рече, совет, хранит свою душу,
а не любяй его, совсем изчеснет;[49] понеже, яко безсловесным
есть, належит чувством по естеству управлятися, сице всем
словесным советом и разсуждением.[50] И нарицались тогда
оные советницы у него избранная рада;[51] воистинну по делом
и наречение имели, понеж все избранное и нарочитое
советы своими производили, сиречь суд праведный, нелицеприятен,
яко богатому, тако и убогому, еже бывает во царстве
наилепшее; и к тому воевод, искусных и храбрых
мужей, сопротив врагов избирают, и стратилатские[52] чины
устрояют, яко над езными, так и над пешими; и аще кто
явитца мужественным в битвах и окровил руку в крови
вражии, сего дарованьми почитано, яко движными вещи,
так и недвижными.[53] Некоторые же от них, искуснейшие,
того ради и на вышние степени возводились. А парозитов,
или тунеядцов, сиречь подобедов[54] или товарищей трапезам,
яже блазенством[55] или шутками питаются и кормы хают, не
токмо тогда не дарованно, но и отгоняемо, вкупе и скомрахи[56]
и со иными, прелукавыми и презлыми, таковыми
роды; но токмо на мужество человеков подвизаемо и на
храбрость, всякими роды даров или мздовоздаяньми, кождому
по достоянию.

NOTES

I

Слово о законе и благодати митрополита Илариона

Ilarion, a priest of Prince Yaroslav's private church at Berestovo, was on the initiative of his sovereign appointed in 1051 metropolitan of Kiev. At a time when most of the primates of the Russian Church appear to have been Byzantines, the appointment of a native Russian to this office was of some significance. On internal evidence his *Sermon* may be dated to the period between 1037 (the date of the foundation of the church of the Annunciation in Kiev, to which it refers) and 1050 (the year of the death of Yaroslav's wife Ingegerd-Irene, who is mentioned among the living), that is, before Ilarion's elevation to the see of Kiev. The *Sermon* expounds the traditional Christian theme of the superiority of the New Testament concept of Divine Grace, given by Christ to the whole of mankind, over the Old Testament notion of Judaic Law; the antithesis is illustrated by means of allegory, e.g. in the contrast between Hagar, the bondswoman, and Sarah, the free wife of Abraham. Ilarion then goes on to enumerate the benefits which Christianity has brought to the human race, describes the spread of the Christian faith from Byzantium to Russia, utters a glowing panegyric of Prince Vladimir, whose work of implanting the true religion in his country is so ably continued by his son Yaroslav, and concludes with a prayer for the whole land of Russia.

The *Sermon*, written in the elevated style of Byzantine panegyrics, is a remarkable illustration of its author's rhetorical skill and of his interest in historical theology.

The text is reprinted from the edition of N. N. Rozov, published in *Slavia*, Ročník xxxii (Prague, 1963), pp. 152–73.

1. *Kagan* (or *Kogan*), an Altaic title of the supreme ruler (cf. the forms *Khan* or *Kan*), borrowed by Russian princes of the tenth and eleventh centuries, probably from the Turkic Khazars.

2. St. Vladimir, prince of Kiev (*c.* 980–1015), introduced Christianity as the religion of the Russian state.

3. 'for he did not despise his creation [nor allow it] to remain till the end in the power of the darkness of idolatry'.

4. 'looking favourably, he looked favourably'.

5. Ps. lxxvii. 13–14.

6. 'cleansed'.

7. 'superfluous'.

8. Gen. xvi. 2.

9. the tree in the plains of Mamre (see Gen. xviii).

10. Luke i. 38.

11. Gen. xxi. 10.

12. 'that which was older'.

13. Cf. Acts xv.

14. Gen. xlviii. 18–19.

15. Isa. xlii. 9–10.

16. Judg. vi. 36–37.

17. Judg. vi. 39.

18. John iv. 21, 23.

19. 'that is to say'.

20. Luke x. 21.

21. 'so much'.

22. John i. 12–13.

23. 'ruling together with the Father'.

24. Ps. cxiv. 3.

25. 'crucified with Him'.

26. 'bribing'.

27. Ps. lxxvii. 13–14.

28. Ps. lxxiv. 12.

29. 'drive away'.

30. Luke xx. 18.

31. Matt. xv. 24.

32. Matt. v. 17.

33. Matt. xv. 26.

34. Cf. Luke xi. 18.

35. Matt. xxi. 40–41.

36. Cf. John iii. 19–20.

37. Luke xix. 41–44.

38. Matt. xxiii. 37–38.

39. John i. 11.

40. Cf. Gen. xlix. 10.

41. Matt. viii. 11–12.

42. Matt. xxi. 43.
43. Mark xvi. 15–16.
44. Matt. xxviii. 19–20.
45. Cf. Mark ii. 22; Luke v. 37.
46. 'both', i.e. law and grace.
47. 'dried up'.
48. 'cursed'.
49. Mal. i. 10–11.
50. Ps. lxvi. 4.
51. Ps. viii. 1.
52. Isa. xxxv. 6–7.
53. Isa. xxxv. 5.
54. Isa. xxxv. 6.
55. Hos. ii. 18, 23.
56. The seven Oecumenical Councils.
57. Isa. lii. 10.
58. Rom. xiv. 11.
59. Isa. xl. 4–5.
60. Dan. vii. 14.
61. Ps. lxvii. 3–4.
62. Ps. xlvii. 1–2, 6–8.
63. Ps. lxvi. 4.
64. Ps. cxiii. 3–4.
65. Ps. xlviii. 10.
66. Ps. lxv. 5.
67. Ps. lxvii. 2.
68. Ps. cxlviii. 11–13.
69. Isa. li. 4–5.
70. The Roman province of Asia (in western Asia Minor), Ephesus (one of its principal towns), and Patmos (an island in the Dodecanese) were residences of St. John the Evangelist (known in the Eastern Church as The Theologian), and are hence regarded as his spiritual domain. Similarly, India and Egypt which, according to tradition, were respectively evangelized by St. Thomas and St. Mark, are here said to glorify their apostolic teachers.
71. Igor', prince of Kiev from *c.* 913 to 944.
72. Svyatoslav, prince of Kiev from 945 to 972.
73. 'having grown up'.
74. 'perfecting himself'.
75. 'prospered'.

76. 'monarch'.

77. 'stainlessly white of aspect'.

78. Vladimir on his baptism received the Christian name Vasily (Basil), doubtless in honour of his godfather, the Byzantine emperor, Basil II.

79. 'he did not stop at this in his religious exploits'.

80. John xx. 29.

81. Matt. xi. 6; Luke vii. 23.

82. Cf. 1 Cor. i. 18.

83. Dan. iv. 27.

84. 'you did not confine yourself to hearing what was said'.

85. 'most beloved'.

86. 'freedom of speech', *lit.* 'boldness'.

87. Cf. Jas. ii. 13.

88. Matt. v. 7.

89. Jas. v. 20.

90. Matt. x. 32.

91. Constantine I, the Great (324–37), the first Roman emperor to accept Christianity.

92. 'You who paid the same honour to his servants [as Constantine did].'

93. The first Oecumenical Council, convened by Constantine in Nicaea in 325.

94. 'among them [i.e. the Greeks and the Romans]'.

95. St. Helen, mother of Constantine the Great, is, with her son, closely connected with the traditional story of the discovery of the Cross.

96. St. Olga, Vladimir's grandmother, was baptized in Constantinople in 957.

97. The church of the Tithe (Десятинная церковь) in Kiev, dedicated to the Mother of God, and built by Vladimir between 989 and 996.

98. Георгий (George) was Yaroslav's Christian name.

99. This is the cathedral church of St. Sophia in Kiev, whose foundation stone was laid in 1037, and which was consecrated in 1039, in the reign of Yaroslav. It is possible that *The Sermon on Law and Grace* was first preached by Ilarion in St. Sophia in the presence of Prince Yaroslav and his wife.

100. A reference to the celebrated—and still extant—mosaics of St. Sophia of Kiev.

101. The church of the Annunciation, built by Yaroslav over the Golden Gate (на великыихъ вратѣхъ), the main gateway to early medieval Kiev.
102. Luke i. 28.
103. Yaroslav's wife Irene (Ingegerd), daughter of Olaf, king of Sweden.
104. 'radiance'.
105. 'that he may navigate'.
106. 'you have recently begun'.
107. Cf. John x. 14–15.
108. Luke xii. 32.
109. 'efface the list of our sins'.
110. Ps. cxliii. 2.
111. 'we beseech'.
112. Dan. ix. 5.
113. 'fugitives'.
114. Ps. cxxx. 3.
115. Cf. Ps. cxxx. 7.
116. 'merciful care'.
117. Ps. li. 1.
118. Ps. xiv. 3.
119. Cf. Ps. xii. 1.
120. The sense seems to be: 'for the godly man has disappeared . . ., not because You leave us . . ., but because we do not seek You, but [rather] persist in things visible'.
121. Cf. Ps. cxliii. 10.
122. 'false'.
123. 'forgive us'.
124. 'inspire fear of our sovereign in foreign countries'.

II

Съказание и страсть и похвала святую мученику
Бориса и Глѣба

This anonymous work, probably composed in the late eleventh or early twelfth century, describes the death, and posthumous cult, of the two princely brothers Boris and Gleb, sons of St. Vladimir, who

were murdered in 1015 for political reasons by order of their brother
Svyatopolk, and who became the first Russian saints to be canonized.
The *Tale* is a faithful illustration of the widespread cult of Boris and
Gleb in medieval Russia: the two brothers are depicted as martyrs,
not in the sense that they were killed for their Christian faith, but
because, by their act of non-resistance to the physical power of evil,
they chose to die as innocent and voluntary victims in imitation of
Christ. The story of their death, interspersed with panegyrics and
laments, is told with a fine command of dramatic tension, which is
enhanced by the absence of any heroic element and by the emphasis
laid on the pitiful helplessness of the young princes who are afraid to
die, and cling desperately to their last moments on earth.

The text is reprinted from the edition of D. I. Abramovich, Жития
святых мучеников Бориса и Глеба и службы им: Памятники
древнерусской литературы, ii (Petrograd, 1916).

1. St. Vladimir, prince of Kiev from *c.* 980 to 1015, introduced
Christianity as the religion of the Russian state and people in 988
or 989. His father Svyatoslav and his grandfather Igor' had both
ruled over Russia as princes of Kiev, Igor' from *c.* 913 to 944,
Svyatoslav from 945 to 972.

2. 'different'.

3. Yaropolk, Svyatoslav's eldest son, was prince of Kiev from 973
to 980.

4. Rogneda was the daughter of Rogvolod, prince of Polotsk.
According to the Russian *Primary Chronicle*, Vladimir, while still
a pagan, killed her father, seized his principality, and forced her
to marry him.

5. The promiscuity shown by Vladimir before he became a Christian has doubtless been exaggerated by the medieval sources.
According to the *Primary Chronicle*, he had five wives and 800
concubines.

6. Vladimir died on 15 July 1015. If the statement made here that
he died twenty-eight years after receiving baptism is correct (and
it is corroborated by the eleventh-century monk James in his *Eulogy
of Vladimir*), it would follow that Vladimir was baptized in 987.

7. The Pechenegs (or Patzinaks), a Turkic nomadic people from
Asia, occupied the steppes north of the Black Sea in the tenth and
early eleventh centuries, and frequently attacked Kievan Russia.

8. The author of Притъчи, the Book of Proverbs, i.e. Solomon.

9. Prov. iv. 3.

10. See above, p. 159, n. 6.

11. Berestovo was Vladimir's country estate near Kiev. It was there that he died.

12. See above, p. 157, n. 97.

13. i.e. to Svyatopolk.

14. Jas. iv. 6.

15. 1 John iv. 20, 18.

16. In 980 Vladimir drove his elder brother Yaropolk out of Kiev and had him murdered.

17. Eccles. xii. 8.

18. See Matt. x. 39, xvi. 25; Mark viii. 35; Luke ix. 24.

19. Svyatopolk succeeded his father Vladimir as prince of Kiev in 1015. Driven out by his brother Yaroslav in 1016, he regained the throne in 1018 with Polish assistance. In 1019 Svyatopolk was finally defeated by Yaroslav, deposed, and driven out of Russia.

20. 'I will add to what your father gave you.'

21. The town of Vyshgorod was situated on the right bank of the Dnepr, 12 miles upstream from Kiev.

22. Cf. Isa. lix. 7.

23. The river L'to (or Al'ta), an affluent of the Trubezh (a river which flows into the Dnepr about 60 miles downstream from Kiev).

24. *instr. pl.* шатьръ, 'he pitched his tents'.

25. St. Nicetas is said to have been the son of the anti-Christian Emperor Maximian (286–305) and to have been martyred in Nicomedia.

26. St. Wenceslas (Václav), duke of Bohemia, was murdered in 935 by order of his brother Boleslav. His cult is attested in Russia as early as the eleventh century, and was no doubt enhanced by the striking similarities between the circumstances of his death and the fate of Boris and Gleb.

27. According to tradition, St. Barbara, the daughter of a pagan of Nicomedia, was, after her conversion to Christianity, handed over by her father to the prefect of the province and beheaded. The father himself is said to have carried out the death sentence.

28. Wisd. v. 15.

29. 'having awoken'.

30. This is a reference to the six psalms (Шестопсалмие) (Pss. iii, xxxviii, lxiii, lxxxviii, ciii, cxliii) with which the office of matins in the Orthodox Church begins.

31. Cf. Ps. xxii. 16, 12.

32. Ps. vii. 1.

33. The canon, consisting of nine odes, is sung during the office of matins.

34. 1 Cor. xiii. 4–5, 7.

35. 1 John iv. 18.

36. 'bathed in sorrow'.

37. 'a Hungarian'.

38. 'They considered me to be.'

39. Ps. lv. 12.

40. 24 July (old style) is the Feast of St. Boris and St. Gleb in the calendar of the Russian Church.

41. The Kalends were the first day of the month in the Roman Calendar. 24 July falls nine days before the Kalends of August, if 1 August is included in the reckoning.

42. 'are sent'.

43. Ps. lviii. 1–4.

44. 'so far, to this point'.

45. 'I can expect one of two things.'

46. 'if my brothers hear me [i.e. hear what I have done], when they meet me they will do me in return worse things than what I have done to Boris.'

47. 'the zeal of my land will eat me up': a paraphrase of Ps. lxix. 9. The meaning here is: 'sorrow for my lost land will eat me up'.

48. i.e. the murdered Boris.

49. 'I have added wounds to his sufferings.'

50. The city of Smolensk, on the upper Dnepr.

51. The river Smyadyn', an affluent of the Dnepr.

52. Predslava was the daughter of St. Vladimir, and the half-sister of Boris and Gleb.

53. Yaroslav, Predslava's brother, known as 'the Wise', later prince of Kiev (1019–54).

54. 'estranged, removed'.

55. See above, p. 157, n. 86.

56. 'when they drew level [with the other boat]'.

57. 'spare me'.

58. 1 Cor. xiv. 20.

59. 'the cutting of unseasoned timber'.

60. Luke xxi. 12; Mark xiii. 12; Luke xxi. 19.

61. 'having seized'.

62. Gleb's death is still commemorated by the Russian Church on 5 September.

63. Ps. ix. 17.

64. Ps. xxxvii. 14–15.

65. Ps. lii. 1–5.

66. Ps. xxxiv. 20.

67. At the time of Vladimir's death Yaroslav was prince of Novgorod. The Varangians, here referred to, were Scandinavian mercenaries who served in Yaroslav's army.

68. This is the village of Rakomo (or Rakoma) near Novgorod.

69. *Lit.* 'I cannot now bring these men back to life.' This formula, which occurs several times in the medieval chronicles, was apparently used to signify renunciation of vengeance.

70. Ps. vii. 8–9.

71. The town of Lyubech on the middle Dnepr, north of Kiev.

72. Historical events were dated in medieval Russia, and in Byzantium, from the supposed date of the creation of the world, 5508 B.C. 6524 *anno mundi* is thus A.D. 1016.

73. The medieval tradition that Yaroslav was lame has been corroborated by an anatomical study of his skeleton.

74. 'we shall kill [him]'.

75. 'they [i.e. the two opposing armies] marched one against the other'.

76. 'across the lake'.

77. The Poles.

78. A.D. 1018.

79. Bolesław I, the Brave, king of Poland (*c.* 992–1025).

80. The town of Volyn', situated on the upper course of the Western Bug.

81. 'to prepare himself for battle'.

82. Kiev fell to the Poles on 14 August 1018.

83. A.D. 1019.

84. The town of Berest'e (Brest-Litovsk) in Western Russia.

85. 'they are pursuing us'.

86. Poland.

87. *Lit.* 'in the wilderness between Bohemia and Poland'; the expression may perhaps mean no more than 'heaven knows where'.

88. Cf. Gen. iv. 24.

89. The Emperor Julian the Apostate (361–3).

90. Yaroslav finally established himself as prince of Kiev in 1019.

91. Matt. v. 14–15.

92. St. Dimitri (Demetrius), martyred probably in the reign of the Emperor Maximian (286–305). From the fifth century his cult is attested in Thessalonica (Salonica), of which he became the patron saint.

93. 'coffins'.

94. The city of Thessalonica.

95. Matt. x. 8.

96. John xiv. 12.

97. Ps. xci. 10.

98. 'we have temporarily erred [stumbled]'.

99. 'let your love of mankind fall in drops upon us'.

100. 'in appearance'.

101. Roman (Romanus) and David were the Christian names of Boris and Gleb respectively.

102. Eccles. i. 8.

103. John i. 12.

104. Ps. xvi. 3.

105. Cf. Ps. lxxii. 18.

106. A reference to the 'Libellus de recta sententia' by St. John Damascene (d. *c.* 749), one of the great theologians of the Byzantine Church.

107. 1 Cor. i. 18.

108. Luke xx. 18.

109. Historians have long debated the identity of this Metropolitan (or Archbishop) John. Some regard him as the incumbent of the see of Kiev and the primate of the Russian Church.

110. 'a cell'.

111. The discovery, or first translation (изнесение), of the relics of Boris and Gleb was the first public act leading to their canonization.

112. 'crooked'.

113. This second translation of the relics—into the newly built church in Vyshgorod—is usually, though without full certainty, dated to the year 1026. The institution of the annual commemorative feast, to be celebrated on 24 July, was equivalent to the formal canonization of Boris and Gleb by the Russian Church.

114. Yaroslav died in 1054.

115. Kiev, Chernigov (near the lower Desna), and Pereyaslavl' (on the lower Trubezh) were, in that order, the three most important

cities in South Russia. Before he died, Yaroslav distributed them in order of seniority to his three eldest sons, Izyaslav, Svyatoslav, and Vsevolod.

116. The third, and the most solemn, translation of the relics of Boris and Gleb—into a new church in Vyshgorod—took place on 20 May 1072.

117. Belgorod was a town in the neighbourhood of Kiev.

118. The town of Yur'ev, on the river Ros', near the southern boundary of the principality of Kiev.

119. St. Feodosy (Theodosius), the celebrated abbot (c. 1062–74) of the Kiev monastery of the Caves.

120. The monastery of St. Michael at Vydubichi, on the outskirts of Kiev.

121. Probably the monastery of the Saviour in Berestovo.

122. *pres. 3 sing.*: бости, 'is pricking'.

123. 'his heart beat within him'.

124. Ps. cvi. 2.

125. Cf. Ps. lxxii. 18.

126. The town of Dorogobuzh in Volynia.

127. John xxi. 25.

128. Vsevolod became prince of Kiev in 1078 .

129. *aor. 3 sing.*: from върютитися, 'collapsed'.

130. Vsevolod died in 1093.

131. On Vsevolod's death in 1093, the next generation of princes, Yaroslav's grandsons, came to power in Russia. Svyatopolk, the son of Izyaslav, succeeded to the throne of Kiev; Chernigov, the former patrimony of Svyatoslav, fell a year later to his son Oleg; while Vsevolod's son, Vladimir Monomakh, obtained in 1094 his father's city of Pereyaslavl'.

132. These are the Turkic Polovtsy (or Cumans), who in the third quarter of the eleventh century succeeded the Pechenegs as the dominant power in the steppe and as Russia's traditional enemy.

133. Ps. ci. 4–5.

134. An obscure sentence, the meaning of which appears to be: ' it known to you that you will remain blind, unless you repent'.

135. *dat. pl.*: рясьно, 'eye-lashes'.

136. Κύριε ἐλέησον.

137. A.D. 1102.

138. 'having modelled the saints in relief upon them'.

139. Svyatopolk died in 1113.

140. Vladimir Monomakh succeeded Svyatopolk as prince of Kiev in 1113.
141. This, the fourth, translation of the relics of Boris and Gleb into a new church in Vyshgorod occurred in 1115.
142. 'his cousins'.
143. Metropolitan Nicephorus occupied the see of Kiev from 1104 to 1121.
144. Polotsk, a city on the Western Dvina.
145. The monastery of the Caves (Печерьскіи) at Kiev.
146. The church of the Mother of God of the Blachernae (Blachernitissa) in Constantinople.
147. The second Sunday after Easter is, in the calendar of the Orthodox Church, dedicated to the memory of the myrrh-bearing women.
148. *acc. pl.*: росныи, 'different'.
149. 'a fence'.

III

Поучение Владимира Мономаха

Vladimir Monomakh (1053–1125), as prince successively of Smolensk, Chernigov, and Pereyaslavl', played a leading part in the political and military affairs of his country during the last quarter of the eleventh century and the early years of the twelfth, and ruled over the whole of Russia as prince of Kiev from 1113 to 1125. He was the grandson of Yaroslav the Wise, and the son of a princess of the Imperial house of Byzantium; he married the daughter of Harold Godwinson, king of England. During Vladimir's reign Russia, virtually for the last time before the Mongol invasion, was united politically and able to withstand the pressure of the Polovtsy from the southern steppe.

Vladimir's *Instruction*, written in the first place for his children but also aiming at a wider public, consists of a didactic part, in which the author speaks of man's duties to God, his neighbour, and himself, and of an autobiographical section, in which he relates some episodes of his active and eventful life. The work was probably composed in

1117, and was inserted into the Laurentian version of the Russian Primary Chronicle, under the year 1096.

The text is reprinted from the edition of V. P. Adrianova-Peretts and D. S. Likhachev, Повесть временных лет, i (Moscow–Leningrad, 1950).

1. See above, p. 161, n. 53.

2. Vasily (Basil) was Vladimir's Christian name.

3. The practice of referring to princes of the ruling dynasty both by their Christian and their pagan (Russian) names persisted until the thirteenth century, though the pagan name was more widely used.

4. This Greek name was probably given to Vladimir in honour of the Byzantine emperor, Constantine IX Monomachos; Vladimir's mother, who belonged to the Byzantine imperial family, was probably Constantine IX's daughter.

5. A lacuna of four and a half lines follows the word Мьномахы in the manuscript.

6. Here and below, the expression 'seated on a sleigh' is doubtless a metaphor, meaning either 'on a journey in winter' or (more probably) 'in my declining years': the latter interpretation is supported by the medieval Russian custom of conveying the body of a deceased person to its resting place on a sleigh.

7. This meeting between Vladimir and the envoys from his first cousins (one of whom was Svyatopolk, prince of Kiev) probably took place in 1099.

8. The Rostislavichi were Volodar', prince of Peremyshl', and Vasil'ko, prince of Terebovl', sons of Prince Rostislav.

9. Ps. xliii. 5.

10. Ibid.

11. Ps. xxxvii. 1–3, 10–17, 20–27.

12. Ps. cxxiv. 2–4.

13. Ps. lvi. 1–2.

14. Ps. lviii. 10–11.

15. Ps. lix. 1–3.

16. Ps. xxx. 5.

17. Ps. lxiii. 3–4.

18. Ps. lxiv. 2.

19. Cf. Pss. xxxiii. 1; xxxiv. 1.

20. An obscure passage. The meaning is perhaps 'not to avoid teaching those who are fond of power'.

21. 'to set at nought universal renown'.

22. 'to render service' (?).

23. This quotation, attributed to St. Basil of Caesarea (*c.* 330–79), and the subsequent one which follows the prayer to the Mother of God, were probably taken by Monomakh from one or several of the *Sborniki* (collections of translated Patristic and other sayings) current in Kievan Russia.

24. See previous note.

25. Isa. i. 17–18.

26. A hymn sung in the Orthodox Church during Vespers on the Wednesday preceding the first day of Lent.

27. Ps. viii. 4.

28. Cf. Pss. cxxxix. 14; cxlv. 3.

29. According to an old Slavonic belief, ирье (or ирий) was the land of eternal summer, where nature hides during the winter.

30. 'in Thee'.

31. Cf. Pss. xlviii. 1; xcvi. 4; cxlv. 3.

32. Cf. 1 Cor. xvi. 22.

33. As it stands, the second half of the sentence makes little sense; it is possible that some words are missing, and that трижды refers to the repetition of the prayer 'Господи помилуй' mentioned below.

34. A verb is presumably missing after the word игумены.

35. One or several words are presumably missing after the word молитву.

36. This incomprehensible word is perhaps a corrupted form of убога и нища, or убога и странна.

37. Vladimir's father was Vsevolod, prince of Kiev from 1078 to 1093.

38. The preposition 'с', absent from the manuscript, is inserted by several editors and commentators. Certainly 'from the age of thirteen' makes better sense than 'for thirteen years', since Vladimir's 'expeditions', recorded in the *Chronicle* and in the *Pouchenie*, cover a much longer period.

39. The wording of this passage suggests that Vladimir was appointed prince of Rostov by his father. This probably took place in 1068.

40. The Vyatichi were an east Slavonic tribe which lived along the upper course of the Oka. This direct route from south Russia to Rostov through the vast forests of central Russia involved many hazards in the eleventh century. The usual, though longer, route followed the courses of the Dnepr and the upper Volga.

41. Vsevolod probably found refuge in Kursk in 1068, when his elder brother Izyaslav was expelled from Kiev after a popular revolt.

42. Vladimir's transference to Smolensk has been variously dated to 1068 and to 1069–70.

43. The identity of this person is unknown.

44. See above, p. 162, n. 84.

45. Izyaslav Yaroslavich, prince of Kiev.

46. The subject of the verb посла is Izyaslav.

47. The town of Vladimir in Volynia. Monomakh may have been transferred there from Smolensk in 1073.

48. i.e. the two brothers Svyatoslav and Vsevolod, respectively the uncle and father of Vladimir (this accounts for the dual form посласта).

49. 'a burnt out place'.

50. The Poles.

51. The city of Pereyaslavl' in south Russia had been granted to Vsevolod in 1054.

52. Easter Sunday.

53. An unidentified locality.

54. In 1076, when Svyatoslav was prince of Kiev, Vladimir and his cousin Oleg were sent to help the Poles to fight the Czechs. Глогова is Głogów on the Oder; Чешьский лѣсъ is either the Böhmer Wald, between Bohemia and Bavaria, or—more probably—the Sudety Mountains, between Silesia and Moravia.

55. Vladimir's eldest son Mstislav was born in 1076. His mother was Gytha, daughter of Harold Godwinson, king of England. Mstislav was prince of Novgorod from 1095 to 1117, and succeeded his father as prince of Kiev in 1125.

56. The town of Turov (on the Pripet) may have belonged to Vladimir in 1076–7.

57. Svyatoslav died on 27 December 1076.

58. Gleb Svyatoslavich, prince of Novgorod.

59. The town of Polotsk on the Western Dvina.

60. Svyatopolk, son of Prince Izyaslav of Kiev. He became prince of Novgorod in 1078.

61. An unidentified locality.

62. On Svyatoslav's death in 1076, his elder brother Izyaslav, who in 1073 had been driven out of Russia by Svyatoslav and Vsevolod, returned to Kiev. Vsevolod thereupon became prince of Chernigov, and Vladimir Monomakh—once more—prince of Smolensk.

63. Oleg Svyatoslavich, Monomakh's first cousin, was presumably expelled (выведенъ) from Vladimir in Volynia.

64. In all probability Oleg was invited by Monomakh to dine with his father Vsevolod in Chernigov in the spring of 1078. On 10 April 1078 Oleg fled to Tmutorokan'.

65. This episode refers to a defeat suffered by Vsevolod at the hands of the Polovtsy in August 1078. Vladimir succeeded in relieving the city of Pereyaslavl'.

66. The reference is to the battle of Nezhatina Niva near Chernigov on 8 October 1078, in which Vsevolod, Izyaslav of Kiev, and Vladimir Monomakh defeated the latter's first cousins, Boris Vyacheslavich and Oleg Svyatoslavich. Izyaslav and Boris were killed in the battle.

67. An unidentified locality.

68. A reference to Vladimir's campaign during the winter of 1078 against Vseslav, prince of Polotsk, who had burned Vladimir's town of Smolensk.

69. Lukoml', Logozhsk, and Dryutesk (or Drutsk) were towns in the principality of Polotsk.

70. i.e. the winter of 1078–9.

71. Starodub, a town in the principality of Chernigov.

72. Asaduk and Sauk were two Polovtsian chieftains, captured by Vladimir by the river Desna.

73. Probably in error for избихом.

74. The town of Novgorod Seversky on the Desna.

75. Belkatgin was presumably a Polovtsian chieftain.

76. The word семечи remains mysterious. A possible meaning is 'servants'.

77. 'during two winters'.

78. Khodota was presumably a leader of the Slavonic Vyatichi.

79. An unidentified locality.

80. Probably a mistake in the manuscript for Ростиславичихъ; for the Rostislavichi, see above, p. 166, n. 8; по, 'in pursuit of'.

81. Mikulin, a town in Galicia, on the river Seret.

82. Brody, a town in Volynia, near what was then the Russo–Polish border. The meeting between Vladimir and Yaropolk Izyaslavich (a younger brother of Svyatopolk) probably took place in the spring of 1084.

83. Khorol, a tributary of the Psel (Psiol), in south Russia.

84. Goroshin, a town in the southern principality of Pereyaslavl'.

85. Presumably a Polovtsian tribe.

86. The town of Minsk.

87. This encounter with Yaropolk in Brody is perhaps different from the one mentioned above (p. 169, n. 82).

88. 'My father appointed me as prince of Pereyaslavl', in preference to my cousins.' This, apparently, occurred in the spring of 1086.

89. The Supoy, a left-bank tributary of the Dnepr, formed the boundary between Russia and the Polovtsian steppe.

90. Priluk was a town in the principality of Pereyaslavl'.

91. See above, p. 169, n. 76.

92. The Sula, a left-bank tributary of the Dnepr in the principality of Pereyaslavl'.

93. The feast of the Assumption (Успение) of Our Lady (15 August), or perhaps of her Nativity (8 September).

94. The town of Belaya Vezha, on the river Oster, in the region of Chernigov.

95. Bagubars, Asin', and Sakz' were Polovtsian khans.

96. Svyatoslavl', a town whose position is unknown.

97. The town of Torchesk in south Russia, probably on the borders of the Polovtsian steppe.

98. The town of Yur'ev on the river Ros', in the same area as Torchesk.

99. The town of Krasn, south of Kiev.

100. Rostislav, Vladimir's younger brother.

101. An unidentified locality.

102. See above, p. 168, n. 47.

103. Yaropolk (see above, p. 169, n.82) died on 22 November 1086. Shortly before his death he had been appointed by Monomakh as prince of Vladimir.

104. Vsevolod, Monomakh's father, died on 13 April 1093. He was succeeded as prince of Kiev by Svyatopolk Izyaslavich.

105. A reference to a battle by the river Stugna (a right-bank tributary of the Dnepr, south of Kiev) on 24 May 1093, in which the combined forces of Svyatopolk, Vladimir, and the latter's brother Rostislav were defeated by the Polovtsy. During the flight of the Russians Prince Rostislav was drowned in the Stugna.

106. 'we fought'.

107. The town of Khalep near the Stugna.

108. In 1094 Svyatopolk concluded peace with the Polovtsian leader, Tugorkan, and married his daughter.

109. 'Gleb's men'. Gleb was presumably a Polovtsian nobleman who bore a Russian name.

110. In 1094 Oleg Svyatoslavich, accompanied by his allies, the Polovtsy (с Половечьскою землею), marched from Tmutorokan' to Chernigov in order to seize this city which had belonged to his father and had been granted to Vladimir in 1078. Vladimir resisted for eight days, and then gave up Chernigov to his cousin and retired to Pereyaslavl', the former patrimony of his father Vsevolod. О малу греблю, 'for a small rampart'. Не хвалитися поганым, 'let the pagans [i.e. the Polovtsy] not boast'. Брату, 'my cousin'. Святаго Бориса день, the feast of St. Boris (24 July). Не въ 100 дружинѣ, 'with a retinue of about a hundred men'. В користь, 'as their prey'.

111. Vladimir was prince of Pereyaslavl' not for three years, but for eighteen (1095–1113). The reference here is probably to the first three years of his reign there, filled with the difficulties to which he alludes below.

112. Doubtless a reference to the Polovtsy.

113. Rimov, a town on the Sula.

114. 'God helped us', i.e. 'we were victorious'.

115. Itlar' was a Polovtsian khan who came to Vladimir with peace proposals. Vladimir had him treacherously murdered (24 February 1095).

116. The town of Goltav, in the principality of Pereyaslavl'.

117. For Starodub, see above, p. 169, n. 71. This is a reference to a campaign of Vladimir and Svyatopolk against Oleg (1095).

118. This is either the river Bug or the town of Boguslavl' on the Ros' (a right-bank tributary of the Dnepr).

119. Bonyak was a Polovtsian khan. Vladimir's campaign against him probably took place in 1096.

120. Either David Svyatoslavich, Oleg's brother, or David Igorevich, Vladimir's first cousin.

121. An unidentified locality.

122. The Torki were a Turkic nomadic people who lived alongside the Polovtsy in the south Russian steppe.

123. See above, pp. 170, n. 85.

124. A corrupt passage.

125. See above, p. 168, n. 52.

126. 'George's mother', i.e. Vladimir's wife Gytha (see above, pp. 168, n. 55), the mother of his youngest son George (or Yury). She died on 7 May 1107.

127. Ksnyatin, a town on the Sula.

128. 'in their pursuit'.

129. Aepa was a Polovtsian khan; Vladimir concluded peace with him in 1107. A marriage was arranged on this occasion between Aepa's daughter and Vladimir's son Yury.

130. Urub was a Polovtsian khan.

131. Luben, a town on the Sula.

132. Voin', a town at the confluence of the Sula and the Dnepr.

133. This campaign took place in 1111.

134. The town of Vyr', in the principality of Chernigov.

135. Romen, a town on the Sula.

136. Gleb Vseslavich, prince of Minsk.

137. A campaign against Yaroslav Svyatopolkovich, prince of Vladimir in Volynia (1117 or 1118).

138. = изъ Чернигова. The distance from Chernigov to Kiev is about 85 miles.

139. нестишьды = не (нѣ) сътишьды, 'about a hundred times'.

140. Sharukan was a Polovtsian khan.

141. For Bagubars and Asin', see above, p. 170, n. 95.

142. Koksus', Aklan, Burchevich, and Azguluy were Polovtsian khans. The meaning of the adjective Таревьскый is not clear.

143. Doubtless the river Sal'nitsa, near which Vladimir defeated the Polovtsy in 1111.

144. 'approximately': see above, n. 139.

145. 'I hunted a hundred [animals] each time [or 'have hunted a hundred times a year'?] and caught them [? имь] without effort [? except for one hunt], outside Turov, where [иже in error for идѣже?] my father and I hunted every kind of wild beast.'

146. *perf. 3 sing.*: бости, 'gored'.

IV

Слово о полку Игореве

This anonymous heroic poem, composed *c.* 1185, describes the campaign led in that year by Igor', prince of Novgorod Seversky, against the Polovtsy (or Cumans) of the steppe, the defeat of the Russians,

Igor''s capture, and his subsequent escape. Although none of the attempts to reduce the work to a regular metrical pattern may be regarded as successful—which accounts for the fact that the text is printed here in prose form—there are strong reasons for holding that it is a poem. The *Lay* conforms to many of the stylistic conventions of heroic poetry, and its high literary qualities, notably the richness of its imagery and the subtlety and expressiveness of its musical texture, place it among the great epic poems of European literature. The heroic ideal which it embodies is combined with an impassioned plea for national unity in the face of the Polovtsian danger.

The only known manuscript of the *Lay*, discovered *c.* 1791, perished in the Fire of Moscow in 1812, after an edition had been published in 1800, and a second copy made. The text is faulty in places, which accounts for the obscurity of several passages.

The text is based on the edition of V. P. Adrianova-Peretts, (Moscow–Leningrad, 1950), with emendations based on the edition of Roman Jakobson, *Annuaire de l'Institut de Philologie et d'Histoire Orientales et Slaves*, viii (New York, 1945–7). See also R. Jakobson, *Selected Writings*, iv (The Hague–Paris, 1966), pp. 133–63.

1. Igor' was the son of Prince Svyatoslav of Chernigov and the grandson of Prince Oleg Svyatoslavich. Born in 1151, he became prince of Novgorod Seversky (1179–98) and later prince of Chernigov (1198–1202). He died in 1202.

2. Boyan appears to have been a distinguished bard who lived in the second half of the eleventh century and composed heroic poems in honour of several Russian princes. The author of the *Slovo* clearly admired him greatly, despite his professed intention of departing from Boyan's poetic manner.

3. 'Whichever swan [a falcon] overtook was the first to sing a song.'

4. Yaroslav, 'the Wise', son of St. Vladimir, was prince of Kiev from 1019 to 1054.

5. Mstislav, Yaroslav's brother, was prince of Chernigov and Tmutorokan'. He died in 1036.

6. Rededya, prince of the Kasogi (Circassians), was, according to the Russian Primary Chronicle (*s.a.* 1022), killed by Mstislav in single combat.

7. Roman, grandson of Yaroslav the Wise and brother of Oleg Svyatoslavich, was prince of Tmutorokan'. He was killed by his allies, the Polovtsy, in 1079.

8. Vladimir 'the Old' is in all probability St. Vladimir (d. 1015) who converted Russia to Christianity.

9. 'girded his mind with firmness'.

10. 'sharpened his heart with valour'.

11. i.e. лучє, 'better'.

12. спала *aor. 3 sing.*: съпалати, 'to burn'. 'The prince's mind was ablaze with eagerness'.

13. 'longing to taste the great Don veiled the omen from him'.

14. 'at the far end'.

15. 'O Russians'.

16. 'both halves of this time', i.e. the past and the present.

17. The meaning of тропа Трояня remains uncertain, owing to the difficulty of determining the identity of Троян, who is mentioned four times in the *Slovo*. The majority of commentators have identified him with the Emperor Trajan, whose conquest of Dacia was commemorated in a number of legends in the Danubian area. Others have identified Троян with a pagan divinity of this name, referred to in several medieval Russian sources. A third school has connected Троян on the one hand with the Torki (also known as the Uz, or Ghuz), a Turkic nomadic people who lived in the south Russian steppes in the eleventh century, and, on the other, with the city of Troy. Homeric associations might well have been suggested to the author by his knowledge of Byzantine literature.

18. The meaning is perhaps: 'to Igor, grandson of Oleg'.

19. Veles, or Volos, was the pagan god of cattle. His cult is attested in tenth-century Russia. He may well have been also the protector of poets, in which case the expression 'grandson of Veles' would correspond to the classical 'son of Apollo'.

20. The Sula, a left-bank tributary of the Dnepr, in the principality of Pereyaslavl', bordered on the steppe in which the Polovtsy camped. See also above, p. 170, n. 92.

21. Novgorod Seversky, on the river Desna, was the capital of Igor''s principality.

22. Putivl' was a town on the river Seym at the southern extremity of the principality of Novgorod Seversky.

23. Vsevolod, prince of Trubchevsk, was Igor''s brother; he died in 1196.

24. Kursk was a town on the river Seym in the principality of Novgorod Seversky.

25. The eclipse of the sun, mentioned here, occurred on 1 May 1185.

26. Дивъ, mentioned twice in the *Slovo*, is generally taken to be a mythical being, perhaps a supernatural bird.

27. *Lit.* 'the unknown land'. The term refers to the Polovtsian realm whose principal landmarks are enumerated below in a passage that seems to be a call for their reconquest by the Russians.

28. The Volga.

29. 'the sea coast', i.e. the coast of the Black Sea, or the Sea of Azov.

30. The country on both sides of the river Sula (for which see above, p. 174, n. 20).

31. Surozh, also known in the Middle Ages as Sugdaia or Soldaia, is the present-day town of Sudak in the southern Crimea.

32. Korsun' was the Russian name for the city of Cherson, a Byzantine dependency in the southern Crimea, on the site of the ancient Greek colony of Chersonesus, near present-day Sevastopol'.

33. T'mutarakan' (Tmutorokan', or Tmutarakan'), a city on the Taman' peninsula, on the eastern side of the Straits of Kerch. Situated near the site of the ancient Greek Phanagoria, it was known to the Byzantines as Tamatarkha. In the eleventh century the city belonged to the Russians, and was governed by the princes of Chernigov. By the late twelfth century it was in the hands of the Polovtsy. One of the aims of Igor''s campaign was to reconquer Tmutorokan', the 'patrimony' of the princely house of Chernigov to which he belonged. This explains the important role played by this city in the poem.—The mysterious блъванъ of Tmutorokan' is generally taken to be an idol, a column, or a statue. Two colossal statues of pagan divinities, erected by a queen of Bosporus in the fourth century B.C., were still standing on the Taman' peninsula in the eighteenth century. The 'Idol of Tmutorokan'' may hence be a personification of the pagan enemies of Russia.

34. 'at midnight'.

35. 'stir up'.

36. The much debated meaning of these words is probably 'the glow of sunset has faded'.

37. *Aor. 3 sing.*: усъпнути, 'has fallen asleep', 'has ceased'.

38. 'the jackdaws' chatter is aroused'. This indicates the break of day, after the fall and passing of night which are described in the preceding lines.

39. 'scattering'.

40. 'coverlets'.

41. 'the horse-tail', which served as a pennon.

42. 'The valiant brood of Oleg' are the armies of Igor' and Vsevolod, the grandsons of Oleg Svyatoslavich of Chernigov.

43. Gzak (or Gza) and Konchak were khans who commanded the Polovtsian troups.

44. 'shows him the way'.

45. The 'four suns' whom the black clouds 'would veil' are the four Russian princes who took part in the campaign. According to the Hypatian Chronicle, these were—apart from Igor' and Vsevolod— their nephew, Svyatoslav of Ryl'sk, and Igor''s son, Vladimir of Putivl'.

46. The river Kayala, the place of Igor''s defeat, mentioned six times in the *Slovo*, has not been identified with any certainty. Its name is derived from the Turkic *kajaly*, 'rocky'. Some scholars believe it to be the present-day Kal'mius which flows into the Sea of Azov.

47. Stribog, a pagan divinity whose cult is attested in Russia in the tenth century. To judge from the fact that the winds are here called his grandsons, he may well have been associated with the wind.

48. 'in battle'.

49. The adjective харалужный may be derived from the Old High German *Karling, Charaling*, and may mean 'Frankish', 'Carolingian'. Medieval swords of Frankish workmanship have been found during excavations in different parts of Russia.

50. The Avars, a people of mixed Turkic and Mongol origin, moved westwards across the steppes of south Russia and settled in central Europe in the sixth century of our era. Their state was destroyed by Charlemagne in 791–6. The reference here is to the pointed helmets of the Avars of Daghestan in the eastern Caucasus, a region famed for its weapon-producing workshops.

51. 'What wound is of any consequence', i.e. 'What do wounds matter'.

52. 'to him who has forgotten'.

53. 'his honours'.

54. Chernigov on the river Desna, after Kiev the most important city in south Russia, had belonged to the father, the grandfather, and the great-grandfather of Igor' and Vsevolod.

55. Vsevolod's wife was Ol'ga Glebovna, the granddaughter of Prince Yury Dolgoruky.

56. 'the love and caresses', *lit.* customs and habits.

57. 'The ages of Troyan' (?). The meaning ascribed to this expression depends on the interpretation of Troyan, for which see above, p. 174, n. 17. Several editors have amended вѣчи to сѣчи, or сѣчѣ (сѣчѣ Трояни, the Trojan battles).

58. A reference to the campaigns that Oleg Svyatoslavich (d. 1115), Igor''s grandfather, waged in the interests of his own house against other Russian princes. This sudden digression, which evokes events a hundred years old and interrupts the account of the battle, suggests a causal relationship between the past and the present: the defeat of Igor''s army, which we are soon to witness, has its roots in the internecine wars provoked by Oleg, which weakened Russia's power to resist foreign invasion. Yet the author is no mere political moralist: Oleg, from a national standpoint the villain of the piece, is also painted as a tragic and heroic figure.

59. Three times—in 1078, in 1079, and in 1094—Oleg set out from Tmutorokan', with the help of the Polovtsy, to regain his father's principality of Chernigov. On the last occasion he was successful.

60. Yaroslav the Wise had died long before these events. This passage may refer either to the vigilance of this prince of Kiev, under whom Russia was united and strong, or to his vigorous counter-offensive in 1023–4 (when he was prince of Novgorod) against his brother Mstislav who, like Oleg in later times, marched from Tmutorokan' to Chernigov.

61. Vladimir Monomakh, Vsevolod's son, was prince of Chernigov in 1094, when Oleg made his third, and successful, attempt to seize the city. Whatever the exact meaning of the reference to Vladimir stopping up his ears every morning in Chernigov, it is clear that the author views him with disfavour and supports the claim of his rival and first cousin, Oleg.

62. Prince Boris Vyacheslavich, a first cousin of Vladimir Monomakh and of Oleg, accompanied the latter on his first expedition against Chernigov. At the battle of Nezhatina Niva (1078), alluded to in this passage, their armies were defeated by the forces of their uncles Izyaslav and Vsevolod. Boris was killed in the battle, while Oleg fled back to Tmutorokan'. See above, p. 169, n. 66.

63. 'vainglory'.

64. This is probably the river Kanina, which was near Chernigov, and hence not far from Nezhatina Niva.

65. The words храбра и млада князя refer to Борис Вячеславич.

66. The battle of Nezhatina Niva is here compared to Igor′'s defeat by the river Kayala (for which see above, p. 176, n. 46).
67. 'Hungarian amblers'.
68. Izyaslav, the prince of Kiev, was also killed in the battle of Nezhatina Niva. His son Svyatopolk, prince of Kiev from 1093 to 1113, appears to have had his father's body conveyed to its place of burial in Kiev on a stretcher attached to two ambling horses. St. Sophia is doubtless the famous cathedral built by Yaroslav; however, we know from the Russian Primary Chronicle that Izyaslav was buried in the church of the Tithe in Kiev.
69. A punned allusion to Oleg's real patronymic, Svyatoslavich, and to the sorrow (горе) associated with his name: this is generally taken to refer to the sorrow which his fratricidal wars brought to Russia, though it may also allude to Oleg's own misfortunes; in this case, Гориславличь could be rendered as 'the son of misfortune'.
70. An impersonal construction, with the logical subject in the instrumental case: 'feuds were sown and sprouted forth'.
71. 'the property', 'the substance'.
72. Dazh(d′)bog was the Russian pagan god of the sun. His 'grandson' is here the Russian people.
73. *Imp. 3 pl.*: кыкати (кикати), 'called out', 'shouted'.
74. 'the feast'.
75. *Lit.*, 'the match-makers', i.e. the guests of honour at a wedding-feast: the battle is here compared to a wedding-feast, given by the Russians for the Polovtsy, their guests.
76. 'the wilderness [i.e. the wild-growing steppe] has covered the Russian force'.
77. The image of the maiden flapping her swan's wings on the blue sea (i.e. the Black Sea) by the Don, personifying the injury (обида) that has arisen in the Russian forces, recalls the prophecy in the Russian version of the Byzantine 'Revelation of Methodius of Patara' that shortly before the end of the world a 'cursed maiden', daughter of the devil, will arise 'from the Pontus': her appearance will herald a time of hatred, murder, and war. In a Greek version of this 'Revelation' she is called *Parthenos Adikia*, of which expression *Deva Obida* seems to be the exact Russian counterpart.
78. 'she has driven away the times of abundance'.
79. 'the war of the princes against the infidels has ceased'.
80. *Karna* is doubtless 'the Mourner' who raises her plaint for Igor′'s

fallen army, while *Zhlya* is probably the personification of the abstract idea of lamentation.

81. 'flaming horns' were used as torches in the funeral ritual of medieval Russia.

82. 'abundant sorrow'.

83. 'roused the dissensions'.

84. 'had curbed'.

85. Svyatoslav III, prince of Kiev (d. 1194), was Igor''s first cousin. He is termed the 'father' of Igor' and Vsevolod because for the author Kiev was still the capital of Russia. In fact, however, by 1185 the city enjoyed no more than a moral supremacy in Russia, and Svyatoslav was far from being the formidable ruler described in the following passage.

86. 'he struck terror'.

87. лука моря (лукоморие), 'the shores of a bay', 'the arm of the sea'.

88. In the previous year (1184) Svyatoslav, at the head of a coalition of Russian princes, gained a resounding victory over the Polovtsy and captured their leader Kobyak. The effect of this victory was destroyed by Igor''s rash and disastrous campaign.

89. 'Venetians'.

90. 'Moravians'.

91. A word of uncertain meaning, referring perhaps to pagan Turkic tribesmen.

92. 'Now are the beams without a roof-tree.' An allusion—with rhetorical exaggeration—to the effect of Igor''s capture upon the Russian state.

93. 'gold-roofed'.

94. 'dark ravens were croaking'.

95. Some commentators identify Plesen'sk with a town in Galicia. Others believe that the name refers to some unknown locality near Kiev.

96. дебрьски сани ('a wooden sledge'?) seems an acceptable emendation of the incomprehensible дебрь Кисаню of the first edition.

97. The two suns who ceased to shine are Igor' and Vsevolod, who were taken prisoners on the third day of the battle.

98. The two purple pillars are probably the armies of Igor' and Vsevolod.

99. Igor' and Vsevolod were accompanied by the two young princes,

Igor''s son Vladimir and his nephew Svyatoslav. It is not altogether clear why the name of Oleg—probably Igor''s younger son—has been substituted here. It should be noted, however, that according to several chronicles Igor' was accompanied by two of his sons.

100. An old Slav name for the Huns. The term may be regarded as a designation either of the oriental nations in general, or of the Hungarians, who considered themselves descendants of the Huns.

101. *Aor. 3 sing.*: сънестися, 'has descended upon'.

102. *Aor. 3 sing.*: трѣснути, 'has struck'.

103. Remnants of the Goths, whose realm in south Russia was destroyed by the Huns in the fourth century, remained in the Crimea until the sixteenth century. In 1185 the Crimean Goths, subjects of the Polovtsy, could enjoy some of the spoils taken by the latter from the Russians.

104. Many commentators have identified Бусъ with Bozh or Boz, a king of the Antes of south Russia, who was killed in 375 A.D. by the king of the Goths. Others derive бусово from the adjective бусыи, 'dark'.

105. Sharukan was a Polovtsian chieftain who was defeated by the Russians in 1107. The Polovtsy and their Gothic supporters may have regarded their victory of 1185 as having avenged this defeat.

106. Igor' and Vsevolod are termed the 'nephews' of Svyatoslav in the figurative sense. The prince of Kiev, their overlord, is described in an earlier passage as their 'father'. In fact they were his first cousins.

107. 'rich in warriors'.

108. Svyatoslav's brother Yaroslav (d. 1198) was prince of Chernigov.

109. The *byli* and the *moguty*, and possibly the *tatrany*, appear to be titles of dignitaries at the court of Chernigov. The Shel'biry, the Topchaky, the Revugy, and the Ol'bery are, in all probability, names of Turkic tribes employed as auxiliaries by Prince Yaroslav. All these words, with the possible exception of *moguty* (which may be Slavonic), are of Turkic origin.

110. 'knives stuck in boot-legs'.

111. 'the times have turned inside out'.

112. Immediately after Igor''s defeat the Polovtsy invaded Russia. One of their armies, led by Konchak, invested Pereyaslavl'; the city was saved partly through the heroism of its prince, Vladimir Glebovich (d. 1187), who was wounded in the siege. But, during

their retreat from Pereyaslavl', the Polovtsy captured the fortress of Rim (or Rimov) which stood near the border between Russia and the Polovtsian steppe.

113. In the twelfth century one *nogata* was equal to two-and-a-half *rezany*. Both were small units of money, and are mentioned here in order to emphasize Vsevolod's military power: if he were to come to the rescue of Kiev, the author implies, his victory over the Polovtsy would be so complete, and the number of prisoners so great, that a Polovtsian slave-girl would cost a farthing and a male captive a mite.

114. A word of uncertain origin, whose meaning is probably 'fire-bearing missiles'.

115. Vsevolod Yur'evich (d. 1212), grand prince of Vladimir and Suzdal', grandson of Vladimir Monomakh, nicknamed 'Large Nest', was one of the most powerful Russian princes of his time. The author alludes to his victorious campaign in 1184 against the Volga Bulgars, in which Vsevolod was assisted by a number of dependent princes, including the 'sons of Gleb'—the princes of Ryazan'.

116. Ryurik Rostislavich (d. 1215), a great-grandson of Vladimir Monomakh, acquired and lost the throne of Kiev seven times. He was famed for his military valour, his learning, and his patronage of the arts. His brother David (d. 1197) was prince of Smolensk.

117. Yaroslav, prince of Galicia from 1152 to his death in 1187, Igor''s father-in-law, was one of the most powerful Russian princes of his time. The 'Hungarian mountains' are the Carpathians, which abutted his principality in the west. The 'king' whose route to Russia he barred, is the King of Hungary. His realm extended south-eastward to the lower Danube. The expression 'you open the gates of Kiev' refers to his frequent and decisive interventions in the affairs of that city. The epithet 'Osmomysl' ('having eight thoughts'), mentioned in no other source, may refer to his wisdom.

118. Roman Mstislavich (d. 1205), a descendant of Vladimir Monomakh, was prince of Volynia and, after 1199, of Galicia as well. He was famed for his victories over the Polovtsy, and was well-known in Western Europe. Mstislav is probably Roman's first cousin, prince of Peresopnitsa in Volynia.

119. See above, n. 100.

120. The Yatvyagians, a tribe akin to the Lithuanians, lived between the rivers Bug and Niemen.

121. The mysterious term 'Deremela' has been identified by some scholars with the Yatvyagian place-name, Dermne or Derne.

122. *Aor. 3 sing.* утърпнути, 'has been dimmed'.

123. The Ros', a right-bank tributary of the Dnepr, south of Kiev.

124. The descendants of Oleg Svyatoslavich ('Gorislavich').

125. Ingvar' and Vsevolod, the sons of Yaroslav of Lutsk, were brothers of Mstislav of Peresopnitsa, mentioned above (p. 181, n. 118).

126. The 'three sons of Mstislav' are probably the princes Roman, Svyatoslav, and Vsevolod.

127. 'six-winged hawks'.

128. 'where'.

129. 'Polish'.

130. Pereyaslavl' was a city on the river Trubezh, south-east of Kiev. See above, p. 168, n. 51.

131. The Dvina was then Russia's frontier river in the north-west, as the Sula was in the south-east. Russia was then simultaneously exposed to the threat of the Lithuanians and the Polovtsy.

132. The city of Polotsk on the Western Dvina was the centre of an important principality, whose princes were descended from a senior branch of the family of Vladimir I. After his appeals to the descendants of Vladimir Monomakh to rally to the defence of Russia, it is to the princes of Polotsk that the author now turns.

133. 'as though upon a couch with his beloved'. An emendation of an undoubtedly corrupt passage.

134. The anonymous author of the quotation that follows is perhaps Boyan.

135. *Collect sing.*, 'the birds'.

136. This is, in all probability, an allusion to the battle of Gorodets (near Minsk) in 1162, in which the army of the men of Polotsk was defeated by the Lithuanians. Among the sons of Vasil'ko, prince of Polotsk, the chronicle mentions Bryachislav, but not Izyaslav nor Vsevolod.

137. This is perhaps Yaroslav, prince of Chernigov, the brother of Svyatoslav of Kiev.

138. All the princes of Polotsk were descended from Prince Vseslav (for whom see below, p. 183, n. 144).

139. See above, p. 178, n. 71.

140. *Instr. sing.*: котора, 'through your feuds'.

141. вѣкъ has probably here the meaning of 'millenium'. A belief

existed in Byzantium that the seventh millenium (reckoned from the traditional date of the creation of the world, 5508 B.C.) would be the last. For Троян see above, p. 174, n. 17.

142. 'he was swathed in a blue mist'.

143. 'some three times he snatched a streak of good fortune'. An emendation of a corrupt passage.

144. Vseslav Bryachislavich was prince of Polotsk from 1044 to 1101. The Primary Chronicle relates that he was born 'by enchantment', and in this passage of the *Slovo* he is depicted as a werewolf. The author alludes first to the central event of his life—his accession to the throne of Kiev in 1068, when the inhabitants of the city deposed their prince, Izyaslav, and liberated Vseslav from the prison into which he had been cast by his enemies, the sons of Yaroslav. The 'maiden' whom Vseslav loved is the city of Kiev. But Vseslav remained prince of Kiev for only seven months (this is why he only 'touched' its throne 'with his spear-shaft'). The next year—1069—Izyaslav, with Polish help, regained Kiev. Vseslav, whose troops had advanced to Belgorod—a town at the western approaches to Kiev—fled in the night and returned to his own city of Polotsk. The author then refers to earlier events of Vseslav's career which led up to his accession to the Kievan throne: to his capture in 1067 of Novgorod, a city which in earlier times had belonged to Yaroslav the Wise (whose 'glory' Vseslav thus 'shattered'); and to his consequent struggle against Yaroslav's sons, Izyaslav, Svyatoslav, and Vsevolod, which came to a head in the battle on the river Nemiga near Minsk (3 March 1067), in which Vseslav was defeated. Dudutki has not been identified with certainty; it may be the village of Duduchi near Minsk, or a locality near Novgorod where in the early nineteenth century there was a monastery, на Дудутках.

145. Vseslav's magical powers are exemplified by his werewolf acti-ties at night, and in the supernatural speed of his movements. Хръсъ or Хорсъ was the pagan god of the sun. Such was Vseslav's speed that he covered the distance between Polotsk and Kiev while the bells of the church of St. Sophia in Polotsk were ringing for matins.

146. St. Vladimir did not confine his activities to Kiev alone, but went out to guard the whole of Russia against her enemies. Hence he 'could not be nailed to the hills of Kiev'.

147. 'Their pennons flutter apart in strife.' After Igor''s defeat David

of Smolensk refused to help his brother Ryurik to defend the principality of Pereyaslavl′, invaded by the Polovtsy.

148. Igor′′s wife (here referred to by her patronymic) was the daughter of Prince Yaroslav of Galicia (for whom, see above, p. 181, n. 117).

149. 'desolate'.

150. 'why'.

151. See above, p. 180, n. 100.

152. 'was it not enough for you'.

153. This epithet of the Dnepr has survived in modern Ukrainian folklore.

154. Cf. above, p. 179, n. 88.

155. 'that I may no more send'.

156. *Aor. 3 sing.*: съпрящи, 'shrivelled'.

157. *Aor. 3 sing.*: затъкнути, 'stopped'.

158. See above, p. 175, n. 34.

159. 'Ovlur, [having brought] a horse, whistled from across the river.' Ovlur, or Vlur (Lavor in the Hypatian Chronicle) was a Polovtsian who helped Igor′ to escape.

160. It is possible that one or more words are missing here, and that the passage may mean 'Prince Igor′ shall not be a captive any longer'.

161. 'a white-footed wolf'.

162. 'black ducks'.

163. A passage almost certainly corrupted in the first edition. When emended, as it is here, it probably means 'having tossed the boats to its estuary'.

164. 'it closed over'.

165. This is the last of the author's digressions into the past. In 1093 the Russian forces, defeated by the Polovtsy, retreated to the river Stugna (a right-bank affluent of the Dnepr, below Kiev). Two of the Russian commanders, Vladimir Monomakh and his brother Rostislav, prince of Pereyaslavl′, tried to ford the river, which was in spate. Rostislav was drowned, and Vladimir nearly perished in the effort to save him (see also above, p. 170, n. 105). The cruel Stugna is here contrasted with the friendly Donets, which is assisting Igor′′s escape.

166. 'the snakes'.

167. An allusion to the subsequent marriage of Igor′′s son Vladimir, at this time still a prisoner of the Polovtsy, to the daughter of the

khan Konchak. Vladimir returned to Russia with his Polovtsian bride in September 1187.

168. This passage (the text of which has been emended) probably means: 'Boyan said [foreboding] even the son of Svyatoslav' (i.e. Igor').

169. 'of Prince Oleg'. For коганъ see above, p. 154, n. 1.

170. Borichev was (and still is) a slope connecting the lower part of Kiev (*Podol*) with the upper part (the former citadel).

171. The church of 'Our Lady of the Tower' (Пирогоща), founded in 1132 and completed in 1136, probably contained the ikon of the Blessed Virgin of that name (Greek *Pyrgiotissa* or *Pyrgotissa*), brought from Constantinople.

172. 'long live!'

V

Повесть о битве на реке Калке

The battle on the Kalka, a small river running into the Sea of Azov, took place in 1224, or 1223 according to some sources. It was the first clash between the Tatars and the Russians. The narrative was probably written shortly after the event and it was later incorporated into the chronicles. Stylistically the work illustrates the literary conventions of the 'Military Tales' (*voinskie povesti*). Interesting to note are the frequent reminders that the disasters which befell the Russian land were due to God's anger at the sins of the people.

The text is printed from the First Novgorod Chronicle (old recension). See *Novgorodskaya pervaya letopis'*, Moscow–Leningrad, 1950.

1. i.e. 1224. See above, p. 162, n. 72.

2. Probably a corruption of Туркмены, 'Turkmens'.

3. For the Pechenegs, see above, p. 159, n.7.

4. 'The Revelation of Methodius', attributed to Methodius, Bishop of Patara (d. 312), was a popular work in Kievan Russia.

5. Ossetians, Avars (?), and Circassians—Caucasian tribes.

6. The Polovtsians, or Cumans, a nomadic tribe which supplanted the Pechenegs in the eleventh century and harassed the Kievan state until the end of the twelfth century.

7. For 'sons of Ishmael', see p. 203, n. 40.

8. Prince Mstislav the Daring, prince of Novgorod and later of Galicia.

9. Zarub, a town on the Dnepr in the district of Smolensk.

10. Olesh'e, a town on the lower reaches of the Dnepr.

11. The meaning of this elliptical phrase is probably: 'God is judge of us all.'

12. Mstislav III Romanovich, grand prince of Kiev at the time.

13. The *brodniki* were free Russians who formed communes in the Don steppes during the twelfth and thirteenth centuries. They were outside the authority of the Kievan state.

14. Probably an error for яко or како.

VI

Повесть о разорении Рязани Батыем

In 1237 Khan Baty sacked the town and district of Ryazan'. The most famous, and by far the most moving, account of this event is the *Tale of the Destruction of Ryazan' by Baty*, which was probably written in the first half of the fourteenth century. The *Tale* has no political message; it is merely a stirring and lyrical account of the destruction of Ryazan' and a lament for the past glories of the principality. One of the leitmotives is the theme of divine retribution, so common in literature immediately following the Tatar invasions.

The text, based on the sixteenth-century Volokolamsk manuscript, is taken from *Voinskie povesti drevney Rusi*, ed. V. P. Adrianova-Peretts, Moscow–Leningrad, 1949, pp. 9–19.

1. i.e. 1237, twelve years after the transference of the ikon of St. Nicholas from Korsun' (Cherson in the Crimea) to Ryazan', the story of which precedes the present tale in the cycle of Ryazan' stories connected with the ikon of St. Nicholas.

2. A tributary of the Don.

3. The normal meaning of бездельный is 'idle' or 'senseless'. Here, presumably, it is used to denote the fruitlessness of the envoys' mission. Yury Ingorevich was prince of Ryazan'.

4. Georgy (Yury) was grand prince of Vladimir from 1212 to 1217 and from 1218 to 1238.

5. Neither David nor Gleb is mentioned in any other source. Oleg the Fair, though called Yury Ingorevich's brother, was probably his nephew. Vsevolod, according to the chronicles, died in 1208.

6. The normal meaning of охабитися is 'to refrain from'; here it clearly means 'promised [not to wage war on]'.

7. 'informed'; the usual meaning of насочити is 'to arouse, to stir up'.

8. 'unbefitting'.

9. i.e. with his mother, Agrippina Rostislavna.

10. Ps. lix. 1–2.

11. Ps. xxxv. 6.

12. It is not known who Ingor' (Igor') Svyatoslavich was.

13. For Boris and Gleb, see pp. 158 sq.

14. Pronsk and Belgorod—both towns in the Ryazan' area. There is no information as to the whereabouts of Izheslavets.

15. 'false faith, heresy'.

16. A reference to the first Christian martyr (страстоположник), St. Stephen. Oleg the Fair, in fact, died in 1258.

17. In February 1238 Baty laid siege to Vladimir on the Klyaz'ma, while at the same time his troops occupied Suzdal'. Vladimir fell after four days.

18. Ingvar' Ingorevich (Igorevich) was presumably the brother of Yury Ingorevich, as later in the tale he talks of Agrippina as 'our mother'. However, Ingvar' Ingorevich is known to have died in the beginning of the 1220s.

19. 'to pay our respects'.

20. The meaning of this elliptical sentence is evidently: 'do not be amazed . . . that we have no time to pour out our cups on the great Tatar army'—i.e. 'to fight the Tatars to the end'.

21. Probably the son of his brother-in-law (шурин).

22. 'in half'.

23. 'banner-bearers'.

24. 'entertained'. Note the image of the battle-feast.

25. Prince of Chernigov since 1225.

26. = отступник, 'apostate'.

27. Presumably in error for лежаше, 'he lay'.

28. 'brought him back to consciousness [by pouring water over him]'.

29. Here узорочие, elsewhere used to mean 'precious stones, valuables', refers to people—'the adornment of Ryazan''.

30. 'from my eyes'.

31. 'the sight of your face', 'your expression'.

32. 'so as not to see', or 'so that I might not have seen'.

33. Should be вещающих in agreement with словес.

34. 'my face changes'.

35. For the expressions 'sons of Hagar' and 'Ishmaelites', see p. 203, n. 40.

36. From рака, 'coffin'. See above, p. 163, n. 93.

37. The princes of Ryazan' were, in fact, descended not from Svyatoslav Ol'govich of Chernigov (the father of Igor', the hero of the *Lay of Igor''s Campaign*), but from Yaroslav Svyatoslavich, younger brother of Oleg of Chernigov and grandson of Yaroslav the Wise.

38. 'eager to give feasts'.

39. Кир, 'lord, master'. From the Greek κύριος. Only one Mikhail Vsevolodovich of Pronsk is known in the chronicles, and he died in 1217.

VII

Слово о житии и о преставлении великого князя Дмитриа Ивановича, царя Русьскаго

This anonymous *Life* of Dmitry Donskoy, grand prince of Moscow and Vladimir, here unhistorically styled tsar, is an excellent example of the new type of panegyrical *vitae* which flourished at the end of the fourteenth century and in the early fifteenth century. The *Life* is notable not only for its rhetorical style, but also for its ideology (see, for instance, Dmitry's farewell to his sons and boyars). It was written shortly after Dmitry's death (1389), perhaps by Epifany the Wise, the author of the *Lives* of St. Stephen of Perm' and St. Sergy of Radonezh. The Life is found in several chronicle compilations, the fullest being that contained in the Novgorod Fourth Chronicle.

The text is reprinted from *Polnoe sobranie russkikh letopisey*, vol. iv, part 1, *vypusk* 2, 1925, pp. 351–66.

1. Dmitry Donskoy (1350–89) was the son of Ivan II of Moscow and his second wife, Aleksandra, and a grandson of Ivan I.

2. 'In evil he was found to be like a child', i.e. he was as innocent as a child. Cf. 1 Cor. xiv. 20.

3. In 1367 Dmitry was married to Evdokia (= Avdot'ya, Ovdot'ya), daughter of Dmitry of Suzdal' (1322–85) and Anna Konstantinovna (of Rostov?). Dmitry of Suzdal' was grand prince of Vladimir from 1359 to 1361.

4. Mamay, ruler of the Golden Horde from 1361 to 1380.

5. Og, king of Bashan. See Deut. iii.

6. For 'sons of Hagar', see below, p. 203, n. 40.

7. The Russians defeated the Tatars on the Vozha (a tributary of the Oka) in 1378.

8. Cf. Pss. xxxv. 19; lxxix. 10; lxxi. 24; cxvi. 16.

9. Ps. lxi. 3.

10. St. Peter, metropolitan of All Russia from 1308 to 1326.

11. A reference to the struggle between Yaroslav of Kiev and his brother Svyatopolk, 1015–19.

12. The battle of Kulikovo Pole took place in 1380.

13. Cf. Exod. xvii.

14. Job xxix. 15, 16.

15. 2 Cor. vi. 16. The word Бог has been omitted after рече.

16. 'he did all that a good man should do'; *lit.* 'that which is befitting to goodness'.

17. Konstantin Dmitrievich was born on 16 May 1389, three days before his father's death.

18. Cf. Prov. iii. 3.

19. Cf. Ecclus. iii. 9.

20. Cf. John xvi. 20.

21. старейший путь is a technical term which is found in princely will and treaties of the fourteenth century and means the share of income from taxation given to the senior prince. The author of the Life evidently borrowed the phrase from Dmitry's will, but took it (wrongly) to mean 'the senior position'. Vasily (b. 1371) succeeded his father as Grand Prince Vasily I.

22. The north-eastern district of Galich had once been the principality of the descendants of Konstantin Yaroslavich (Aleksandr

Nevsky's brother). His great-great-grandson was driven out of Galich by Dmitry in 1362. Николи is in error for неколи (= once).

23. The allocation of districts by Dmitry to his sons follows closely Dmitry's will.

24. Easter Sunday.

25. 'late in the evening'.

26. Cf. Matt. viii. 20.

27. 'Metropolitan of Trebizond'; 'Bishop of Saray'. The see of Saray (the capital of the Golden Horde) was founded in 1261.

28. Ivan, who was in fact the fifth son of Dmitry, died in 1393 according to the chronicles. Konstantin was the eighth son, but the sixth surviving son at the time. Daniil was the eldest son; he died in 1379.

29. The sense of these two complex sentences is as follows: 'Let me speak thus, for the life of this man has forced me [понуди мя?] to write. Yet let no one be amazed at what gave rise to the composition and affirmation [и утверждению?] of what I say, for I make God my helper in praising the holy one . . .'.

30. Exod. iii. 6.

31. Evidently a verb is missing here: '[I shall describe] the exceeding love and virtue of the tsar.'

32. The sense here is: 'other people's lives are described in order merely to honour them, or friendship obliges one to add to their praise.'

33. The origin of this quotation is unknown.

34. 'Just as the sea [cannot be measured by] the rivers which flow into it.'

35. Cf. Wisd. iv. 9.

36. The meaning of this obscure passage is: 'his soul is like a certain burden; I would say like a pilot [whose ship is] burdened, full of good rewards [наим?]'.

37. Cf. Jer. xxiii. 29.

38. Ps. cxviii. 12.

39. This passage, from понеже видение down to хулящим is very confused. A possible rendering is as follows: 'for the sight of him has passed by all who are beneath the moon [i.e. humans can no longer see him], but in the hour of triumph his Life is [as good as] the sight [of him]; [for] not [но = не?] only that which is beneath the clouds, but that which is on the sea, is also in his Life [i.e. his Life is full]. But in the day of triumph one does not remember

evil things; the main thing in the day of triumph is divine memory.
Now divine memory is divided into two: if one acts according to
intellect—praise; if one errs because of [or away from?] right
judgement—rebuke. For God is not encompassed by passion,
and not only is he not encompassed by passion, but even by praise,
whereas human affairs are subject to both those who praise and
those who rebuke.'

40. Pythagoras.

41. 'Your Reverence.' From this it would appear that the Life was
commissioned by a cleric senior in the hierarchy to the author.

42. Probably 'our wretchedness'—a typical example of monastic
self-denigration.

43. 'asking for grace that our mouth may be opened [to utter] the
word'.

44. 'Our life, whether thought, word, or deed, is vain; not only the
evil things [are vain], but even the things we think are right, for
only by right judgement is a thing right.'

45. The meaning is presumably: 'should he who loves us be vexed
by him who is loved by us'.

46. Cf. Matt. v. 46.

47. Cf. Matt. xiii. 7, 22.

48. A short passage, the text of which is both corrupt and unintel-
ligible, is omitted here.

49. Adam.

50. = в восторзе, 'in forgetfulness, in sleep'.

51. The shores of the Black Sea.

52. Cf. Ilarion, *Sermon on Law and Grace*. See above, p. 11.

VIII

Послание Архиепископа Вассиана на Угру

In October 1480 the Tatars of the Great Horde carried out their last
major invasion of Muscovite territory. While they were preparing to
cross the river Ugra, the last natural barrier to the south-west of
Moscow, and advance on the capital, Ivan opened negotiations with
the khan. Although in fact Ivan was probably attempting to gain

time—he was anxiously awaiting the return of his two rebellious brothers together with some 20,000 men—his motives were construed by some as cowardice. His spiritual father, Archbishop Vassian of Rostov, took it upon himself to address the following epistle to the grand prince.

The *Epistle to the Ugra*, as it is called, is a good example of rhetorical panegyrics so popular in the fifteenth and sixteenth centuries. The style is distinguished by its clumsy Old Church Slavonic constructions.

The text is printed from the Voskresensky Chronicle (*Polnoe sobranie russkikh letopisey*, vol. viii, pp. 207–13).

1. 'I greet you', *lit*. 'I strike [the ground] with my forehead'.

2. *Dat. abs.* 'for daring for the first time'.

3. 'face to face', *lit*. 'mouth to mouth'.

4. 'namely to stand firm'.

5. 'who whisper in your ear, [advising you] to betray Christianity'.

6. Constantine the Great.

7. See John x. 11–13.

8. 'human'.

9. 'spiritual wolf'—a common expression in Old Church Slavonic literature for the devil.

10. Khan of the Great (Golden) Horde.

11. Ivan is alleged by the chroniclers to have opened negotiations with Ahmed after the first clash with the enemy (5–12 October 1480).

12. See Jas. iv. 6; 1 Pet. v. 5.

13. Probably a reference to those of Ivan's advisers who had coun-selled against hostilities with the Great Horde. Certain chroniclers actually mention two such 'evil advisers' by name.

14. See Rom. i. 18, 21, 22, 28.

15. See Matt. v. 29, 30.

16. The sense of this complex sentence is: 'what do they advise you . . . except to (но токмо еже) throw away your shield and offer no resistance to those accursed barbarians (*lit*. 'eaters of raw food') [and], having betrayed Christians and fatherland, wander through other lands like a foreigner?'

17. 'Who could be so hard-hearted as not to weep . . .?'

18. See Ezek. iii. 18.

19. See Obad. 4.

20. See Ps. cxxxix. 7–10.

21. The construction of this sentence is complicated. Dependent on хотящих is the infinitive преложити and the two infinitival clauses: бегуну явитися and предателю именоватися: 'hearken not to those who wish to turn . . . and [who wish you] to be a fugitive and to be called the traitor of Christianity'.

22. See Deut. xxxii. 30.

23. See Ps. lxxxvi. 8.

24. See Deut. xxxii. 37, 35.

25. See 1 Sam. ii. 4, 6, 10.

26. See Ps. cxlv. 18.

27. See Ps. cxlvii. 10, 11.

28. This quotation, ascribed to Democritus, is taken from the *Pchela*, a collection of translated aphorisms and instructive saws, which enjoyed considerable popularity in Russia.

29. See Matt. xvi. 25, 26.

30. For 'Hagarene people', 'sons of Hagar', see p. 203, n. 40.

31. 'emulate'.

32. A reference to the greatest of the early princes of Kiev, Igor', Svyatoslav, and Vladimir.

33. For Vladimir Monomakh, see above, pp. 165 sq.

34. Grand Prince Dmitry of Moscow (1362–89), Ivan III's great-grandfather, defeated the Tatars under Khan Mamay at the battle of Kulikovo, 'beyond the Don', in 1380.

35. 'jumped to action', *lit.* 'jumped to the exploit'.

36. Cf. above, n. 9.

37. 'his fellow-fighters'.

38. 'the Christ-loving soldiery which is around you'.

39. The relative pronouns [в] ней же and [за] ню же clearly refer back to Христова вера.

40. See Luke xiii. 30.

41. любопретися, 'to wrangle'.

42. The 'tsar' refers to the khan, in this case the khan of the Great Horde.

43. 'but still more [because of] the despair—that is to say, not relying on God'.

44. Baty invaded the Russian lands in 1237 and became the first khan to rule Russia.

45. Heb. xii. 6.

46. '. . . to desist from your former [actions], for it was your lot (прилучися ти) to sin like a human'.

47. The origin of this quotation is not known.
48. For the expression 'the New Israel', see below, p. 201, n. 5.
49. Joshua, the son of Nun.
50. See Judg. i. 1–7.
51. See Judg. iii–vii, xv.
52. See Ps. xlv. 4–6.
53. See Isa. xlv. 1–2.
54. Evidently a reference to the first clash with the enemy, 5–12 October 1480, when the Russians under Ivan's son Ivan and Ivan's brother, Andrey the Younger, succeeded in preventing the Tatars from crossing the river Ugra.
55. Matt. x. 22.
56. See Prov. ix. 9–10.

IX

«Сказание о новоявившейся ереси» Иосифа Волоцкого

Joseph, abbot of Volokolamsk, wrote the following history of the fifteenth-century heresy of the Judaisers (*Zhidovstvuyushchie*) as an introduction to his massive tract, the so-called 'Illuminator' (*Prosvetitel'*), the purpose of which was to provide theological refutation of the main tenets of the heretics. Although much of what Joseph says is clearly biased, the Tale is none the less the most complete account of the history of the heretics and is invaluable both as a historical source and as a guide to Joseph's political and religious thought.

It was probably written between 1502 and 1504.

The text is taken from N. A. Kazakova and Ya. S. Lur'e, *Antifeodal'nye ereticheskie dvizheniya na Rusi XIV — nachala XVI veka*, Moscow–Leningrad, 1955, pp. 466–74.

1. The general sense of this sentence is: 'everybody knows what happened in the early days of the [first] heretics . . ., but I have deemed it right to say how the Devil in *our* days has sown many heresies by means of godless heretics, in order that we may avoid their teachings. . . .'
2. 'persevering [in] godless deeds'.

3. Sinope—a Greek colony on the south coast of the Black Sea. Cherson (Korsun' in Old Russian)—a Greek seaport in the Crimea.

4. The legend of the apostle Andrew's travels was probably incorporated into the Primary Chronicle at the end of the eleventh century. The account given in the Primary Chronicle is similar to that used by Joseph, except that it includes a jocular reference to the Novgorodians' habit of taking steam baths.

5. 'Alas for the evil [which you spread] among us.'

6. 'who desires everlasting darkness'.

7. Mikhail Olel'kovich (Aleksandrovich), great-grandson of Grand Prince Ol'gerd of Lithuania, arrived in Novgorod from Lithuania on 8 November 1470. He came as the result of an embassy which the pro-Lithuanian faction in the republic sent to King Casimir of Poland and was probably sent by Casimir to govern the city as a gesture of defiance towards Moscow.

8. 'showed so much zeal for the Jewish faith'.

9. The *d'yaki* were clerks or officials in what might be called the civil administration.

10. i.e. archpriest of the cathedral of St. Sophia in Novgorod.

11. Grigory Tuchin is the only boyar mentioned in Joseph's list of converts. His father was mayor (*posadnik*) of the city.

12. A *kriloshanin* or *kliroshanin* was either a member of a church choir or a reader in church (*d'yachek*).

13. i.e. 1492. 7000–5508. It was commonly held that the world would come to an end in that year at the end of the seventh millenium.

14. St. Ephraim the Syrian (d. 373).

15. St. Pachomius (d. 346) was the founder of cenobitical monasticism. The *skhima* is the supreme degree of monasticism in the Orthodox Church.

16. 1 Tim. iv. 1–3.

17. i.e. Aleksey was appointed archpriest of the Uspensky (Dormition) Cathedral, and Denis, priest of the Arkhangel'sky Cathedral.

18. Gennady was appointed archbishop of Novgorod and Pskov on 12 December 1484.

19. It is not known who Zosima the Black was.

20. Fedor Kuritsin was one of the most distinguished civil servants of Ivan III's government. He was entrusted with frequent diplomatic missions and was probably in charge of the department which dealt with foreign affairs.

21. i.e. the grand prince.
22. 'while the Christian sheep were perishing because of the teaching of the heretics'.
23. 'ignorance' rather than 'coarseness'.
24. Measure of distance equal to 1,000 paces.
25. 'pack saddles'.
26. 'bade them turn their backs to the horses' heads'.
27. 'plumes made of bast'.
28. 'lables'.
29. A corrupt and difficult sentence. There is no main verb. The meaning seems to be as follows: after the heretics had been dealt with at the Council of 1490 there remained (изоставшиа?) 'that brand from the fire of Sodom', Metropolitan Zosima, 'food for the fire of Gehenna, the new Arius, more evil than Mani [the founder of Manichaeism] . . .'.
30. 'He would have dwelt in this [church]—for where else [could He have dwelt]?'
31. Birds of the finch family.
32. The metropolitans of All Russia, St. Peter (1308–26) and St. Aleksey (1354–78).
33. 'foul sodomitic practices'.
34. 'if someone died, then he is dead and he lived just so long': in other words, there is no life after death.
35. The Decalogue, the Ten Commandments.
36. 'wrangling'.
37. 'contracted'.

X

Прение Вассиана Патрикеева с Иосифом Волоцким

Vassian Patrikeev, boyar, soldier, and diplomat, was forced to take the tonsure for an unspecified (political?) offence in 1499. He became a follower of Nil Sorsky, the leader of the so-called 'Non-possessors', who claimed that the monasteries should not own land. He carried on a violent polemical correspondence with Joseph of Volokolamsk, who defended the monasteries' right to own land. The *Dispute with Joseph of Volokolamsk* is one of Vassian's most effective works and deals with many of the points of conflict between the 'Non-possessors' and the 'Possessors'. The text is defective and consists of an introductory fragment and nine articles. Three articles are missing, as can be seen from the numbering: the second was clearly concerned with the problem of dealing with heretics, and the third with monastic landownership. The work was probably written in 1515.

The text is taken from N. A. Kazakova, *Vassian Patrikeev i ego sochineniya*, Moscow–Leningrad, 1960, pp. 275–81.

1. The meaning of this somewhat elliptical sentence is: 'I have seen a man, who thinks himself wise; yet a foolish man has more hope [of wisdom] than he, for wisdom forbids us to consider ourselves wise [*lit.* for be not wise concerning yourself, wisdom forbids us]'.

2. 'muddy'.

3. 'leeches'.

4. An obscure sentence. Probably не is missing before имущаго, which qualifies озера: 'which has no restraint of lust'. Питающе evidently refers to словеса.

5. i.e. Matt. xviii. 10–17. Зачала are the sections into which the Church Slavonic New Testament is divided for reading in church.

6. The beginning of this quotation comes in fact from Jude 11 ('В Ыудине послание 78 зачало'), and not from the epistles of St. John ('Ывановых соборных посланиях').

7. i.e. Eph. v. 9–19; 1 Tim. v. 11–21; 2 Tim. iii. 1–8; 2 Tim. iii. 16–iv. 4; Titus ii. 11–15.

8. The *Zlatostruy*, or 'Stream of Gold', was a collection of the sayings of St. John Chrysostom.

9. i.e. Rom. viii. 2–13; 2 Tim. iii. 1–15.

10. Novatian, a Roman priest of the third century and founder of a sect of the same name, excluded from ecclesiastical communion all those who after baptism had sacrificed to idols.

11. From оболъгати, 'to slander'.

12. St. Antony was the founder of the Kievan monastery of the Caves; St. Feodosy (Theodosius) (d. 1074) was his pupil.

13. = ублажаем, 'we praise'.

14. Something appears to be missing between греши (the last word of a page in the manuscript) and того. The sense is: 'but, furthermore, you live sinfully'.

15. Matt. v. 19.
16. 'is nothing other than'.
17. Cf. 2 John 9.
18. '[you say that] the gift of prophecy has been received [by you]'.
19. 'transgressor'. The normal word is преступник or отступник.
20. Matt. vii. 15–20.
21. 'Let this suffice', *lit.* 'so far'.
22. A reference to the Council of 1503 at which certain questions concerning, *inter alia*, the morals of the clergy were discussed and at the conclusion of which the burning question of church land ownership was raised. It appears from this remark that the question of monastic estates, which was raised by Nil Sorsky, was in fact brought up at the instigation of the grand prince.
23. The Council had denied widowed priests and deacons the right to officiate in church.
24. By мирские соборные церкви Vassian means cathedral churches, administered by the 'white' clergy (hence the adjective мирской) and not by the monasteries.
25. Matt. xxii. 37–39.
26. Matt. v. 44.

XI

Сказание о Магмете-Салтане Ивана Пересветова

Ivan Semenovich Peresvetov, after serving various sovereigns in Hungary, Moldavia, and Bohemia, entered the service of Ivan IV in 1536. As a member of the minor nobility (*dvoryanstvo*), he was granted a service fief but suffered from lack of protection. He eventually appealed to the Tsar and handed him a number of polemical writings, in which he outlined various projects for reforms. These reflected strongly the ideology of the minor service nobility and were in fact strikingly similar to many of the reforms carried out by the government of Ivan IV in the fifties of the sixteenth century. In the *Tale of the Sultan Mohammed* he ascribes to Sultan Mohammed II a number of reforms, legal, military, and fiscal, which he was in fact advocating for Russia, and stresses the evils arising from the arbitrary rule of the grandees and the need for the sovereign to rule by fear (*grozoy*). The Tale was probably written in 1547.

The text is taken from *Sochineniya I. Peresvetova* (ed. A. A. Zimin), Moscow–Leningrad, 1956, pp. 187–95.

1. Sultan Mohammed II, who captured Constantinople in 1453.

2. сеит, '*seyyid*, descendant of the Prophet'; молна, '*molla*, judge'; абыз, '*hafiz*, priest'.

3. Constantine XI, the last emperor of Byzantium.

4. остатися is used here with the genitive to mean 'to be bereft of, to lose'.

5. 'usury'.

6. 'coming of age, maturity'.

7. прирожение, natural qualities, foretold by astrologers at birth (cf. Polish *przyrodzenie*). Peresvetov mentions this theme elsewhere in relation both to Ivan IV and to Constantine XI.

8. 'not liable to dismount'.

9. 'ensnared'.

10. The probable meaning of the end of this complex sentence is: '. . . a tsar, . . . wise in the scriptures [and] who was born a source of military [skill] to combat the pride and cunning of the Greeks.'

11. 1453.

12. 'paid'.

13. 'legal dues'.

14. кадыи, '*kadi*, judges'; шибошии, '*subashi*, criminal judges'; амини, '*amini*, overseers'.

15. 'they were accused of . . . taking bribes'.

16. In this complex, and evidently defective, passage Peresvetov is protesting against the purely automatic settlement of lawsuits by the process of oath-taking (целования присужали… крест поцелуют), without the judge investigating the true facts of the case (его иску не обыскав). In the particular case cited here the plaintiff (истец) wrongly adds theft to his accusation of assault (един бою своего [грабеж] приложив…), while the defendant denies both charges (всего запрется).

17. What is meant here by евангельские притчи (*lit.* 'gospel proverbs, sayings') is not clear. In fact Peresvetov quotes three of the ten commandments (десятера приказания).

18. i.e. 'he wins his case'.

19. шерт пити, 'to take an oath'. Cf. Turkish *shart*.

20. Evidently the sword was laid over the man's throat.

21. поле, a form of legal duel which was accepted as evidence in Russia up to the middle of the sixteenth century.

22. 'court [полатный?] judgment . . . without legal dues'.

23. 'dismount'.

24. 'food' or 'pay'. Cf. Turkish '*alufa*, fodder, army pay'.

25. The janissaries were levied from Christian youths and formed the core of the standing army of the Ottoman Empire.

26. 'strong'. Cf. Polish *zamożny*, the normal meaning of which is 'wealthy'.

27. 'brave men'. Cf. Polish *junak*.

28. 'retreats in battle', *lit.* 'fights with withdrawal'.

29. Полные и докладные книги were books of deeds concerning the registration of unconditional (полные) serfs.

30. The sense of this sentence is that Mohammed fixed a period (урок) for prisoners-of-war (who in fact were the basic source of serfdom in Turkey) to work off their condition of serfdom (выробиться)—seven to nine years.

31. 'they [the troops] have three markets a day'.

32. 'merchants are appointed to trade at these markets'.

33. Two unidentified pashas from Albania ('Arnaut Land') and Karmania (the Persian province of Kerman).

34. The meaning of this passage is that all the troops were distributed (разряжены) under commanders of 10 (десятские), of 100 (сотники), and of 1,000 (тысящники).

35. 'games of dice'.

36. A kind of valuable Asiatic horse.

37. полотно, 'cloth'.

38. 'reward'.

39. 'evil slanderers, blackmailers'.

40. 'on ransom'.

41. 'things'. Cf. Polish *rzecz*.

42. = надежду.

43. 'argue'.

44. Probably a reference to the Church councils of 1547–9, at which a number of Russians were canonized.

45. 'to find out about'.

46. 'if Turkish justice [is added] to that true Christian faith'.

XII

Переписка князя А. Курбского с Иваном Грозным

On 30 April 1564 Prince A. M. Kurbsky, one of Ivan IV's generals, deserted to the Polish–Lithuanian forces in Livonia. From there he wrote his first letter to the tsar. This was answered at great length by Ivan IV in the same year. The ensuing correspondence, which continued until 1579, not only throws light on Ivan's character, but also constitutes to a certain extent a summing-up of the conflict between the Muscovite grand princes and the conservative elements amongst the boyar opposition.

The following passages include the whole of Kurbsky's first letter and extracts from Ivan's first letter, and from Kurbsky's second letter.

Reprinted from the *Correspondence between Prince A. M. Kurbsky and Tsar Ivan IV of Russia 1564–1579*, ed. J. L. I. Fennell, Cambridge University Press, 1955.

1. 'has been found to be the contrary of this'.

2. The meaning of this obscure sentence appears to be: 'if you have understanding, may you understand this with your leprous conscience [*lit.* 'let *him* . . . understand having a leprous conscience'], such as is not to be found even amongst the godless peoples'.

3. по ряду глаголати, (из)рещи, 'to narrate'.

4. From потщатися, 'to endeavour'.

5. A reference to the first wave of Ivan's persecutions, which began, according to Kurbsky, in 1560. The expression 'strong in Israel' reflects the panegyrical literature of the age extolling the supremacy of Moscow, 'the third Rome', 'the new Israel'.

6. 'sacerdotal ceremonies'.

7. 'falsely accusing [оболгающи] the Orthodox of treachery'.

8. Cf. Isa. v. 20.

9. 'the champions of Christianity'.

10. 'servitude'.

11. The 'German towns' are the Baltic towns captured in the first three years of the Livonian war (1558–60). 'German' is invariably used by Kurbsky and Ivan to refer to Livonia or to the Livonian Order.

12. 'impartial'.

13. 'who unhesitatingly will [хотящему again understood] question them "to the hairs [roots?] of their sins"', as the saying goes'.

14. 'to conclude [конечне], I can summarize [вкупе реку] them all [thus]:'

15. *Lit.* 'in vain'; here: 'without guilt'.

16. *Lit.* 'I did not get by intercession (by means of the hierarchical ranks) any mercy from you'.

17. 'examining myself', *lit.* 'turning myself around'.

18. Perhaps 'marched and marched again'—an unusual meaning for исходити.

19. 'I have never turned the backs of your armies to the enemy.'

20. 'far-distant'. A variant is дальноконечных.

21. Cf. Dan. iii. 19, 22.

22. Cf. Matt. x. 42.

23. Fedor Rostislavich, Prince of Yaroslavl', was Kurbsky's paternal grandfather to the ninth degree. He died in 1299 and was canonized in 1463. The fact that the body was whole or imperishable (целокупъно), emitted sweet odours, and 'poured forth miraculous healing streams' was commonly held to be proof of sanctity.

24. 'vain, empty'.

25. 'even if you boast a thousandfold', i.e. however much you may boast.

26. i.e. monasticism. The expression 'to take the angel's form' is the equivalent of 'to take the monastic vows'.

27. *Lit.* 'your quarrelsome boyars . . . agreeing [with you] . . .', dative absolute. i.e. 'with the approbation of . . .'.

28. 'and [with] their children act more [viciously] than the priests of Cronus'.

29. 'And concerning this, even so far [will I write, and no further].' i.e. 'So much for this'. Писание begins a new sentence.

30. Sigismund Augustus, king of Poland.

31. 'I have heard of a destroyer who will be sent [хотяще пущенна быти] by the devil'.

32. 'councillor, adviser'; cf. Greek σύγκλητος.

33. Cf. Deut. xxiii. 2–3. This postscript may refer to Fedor Alekseevich Basmanov, a favourite of Ivan IV, renowned for his cruelty.

34. Probably a corruption of мы.

35. The meaning of this complex sentence (иже данна... слугам) appears to be: 'and the conquering banner (херугви), the Holy

Cross of the only begotten Word of God—nor is this banner ever conquerable—which was given by Jesus Christ . . . to the first tsar in piety . . . and to the divine servants, by whose vigilance [понеже смотрения — по ихже смотрению?] God's word was fulfilled everywhere'.

36. Another difficult and defective sentence: 'as God's words encircled [слова... обтекши] the whole universe like an eagle in flight, so a spark of piety reached . . .'.

37. As there is no main verb in this sentence, почен must be taken as meaning 'has its beginning'.

38. According to a current and popular legend (Сказание о князьях Владимирских), the insignia of imperial power were sent by the Byzantine emperor, Constantine IX (1042–55), to Vladimir Monomakh, grand prince of Kiev (1113–25).

39. A reference to Alexander Nevsky's victory over the Teutonic Order on the ice of Lake Peipus in 1242.

40. Dmitry Donskoy defeated the Tatars of the Golden Horde in 1380 on the field of Kulikovo. 'Sons of Hagar' or 'Ishmaelites' was the common Russian appellation for all Muslims.

41. 'the acquirer of immemorially hereditary lands'—a reference to Ivan III's annexations of Great Russian and Ukrainian territories.

42. Presumably: 'the humble sceptre-bearer'.

43. The meaning of this elliptical sentence is probably: '[From the ruler] of this Orthodox true Christian autocracy . . . a command [should be sent to you]; but this is our . . . answer.'

44. i.e., the iconoclast emperors: Leo III, Constantine V Copronymus ('who is called putrefaction'), and Leo V (the Armenian).

45. 'to him who has cast in his lot with all these'.

46. Yaroslavl', which had once been the patrimony of Kurbsky's ancestors, had been annexed by Moscow in 1463.

47. 'your very soul', *lit.* 'your only-begotten soul'.

48. 'devilish friends and spies'.

49. Vasily Shibanov is unreliably alleged to have taken Kurbsky's letter to the tsar and to have read it out to him while Ivan leaned upon his staff, the sharp end of which had transfixed his foot.

50. 'paying no heed to'.

51. Cf. Ecclus. xxvii. 25: 'whoso casteth a stone on high casteth it on his own head'.

52. 'you have refused to do things similar to this [i.e. what Shibanov did] for your master'.

53. 'in as far as our strength and understanding can grasp [*lit.* 'feel']'.

54. The помост, or dais, is an elevated square platform in the centre of a church, on which the bishop is vested and on which he performs part of the service.

   The sense of this sentence is: 'not only are the thresholds of the churches decorated, but also the daises and the entrances—such adornments as can be seen by all foreigners.'

55. 'out of sight'—in contrast to пред очима, 'before men's eyes'.

56. 'he who is found to be the opposite [of such a man]'.

57. 'traitors'.

58. 'Thus by God's will did it come to pass that . . . Elena went from the earthly kingdom to the heavenly.' Elena, the widow of Vasily III, died in 1538.

59. A complicated and illogically constructed sentence, consisting of a dative absolute (намъ… сиротствующим: 'while we and our brother Georgy, who has departed this life in sanctity, remained as orphans, [having lost] our parents'), two gerunds (приемлюще, уповающе), and a main verb (положихом).

60. The clause еже… обретоша refers to хотение.

61. 'ran after, chased after'.

62. 'stabbing with sharp instruments'.

63. 'appointed themselves to be my guardians'. The Shuyskys seized power after Elena's death.

64. 'as it were in a Jewish synagogue', i.e. in utter confusion.

65. Mishurin and Metropolitan Daniel were evidently supporters of the Bel'skys (who succeeded the Shuyskys) and were opposed to the Shuyskys.

66. 'servants'.

67. The meaning of the second half of this sentence is presumably as follows: '. . . not even inclining his head towards us, either in parental manner, or even as a master—nor was there any element of servility to be found [in his attitude towards us]'.

68. 'But what of the treasures inherited by me from my father [*lit.* "of my parental heritage"]?'.

69. Evidently a reference to the Shuyskys' misappropriation of the grand-princely treasury, which they took for their own profit [мъздоимание], alleging that it was pay for the 'boyar children' (i.e. for the civil servants and minor army commanders).

70. A fur coat made of marten skins and lined with green Bokhara cloth.

71. The meaning of this ironical joke is evidently as follows: 'would it not have been more honest if Shuysky had exchanged his old coat, which he could look on as a genuine heirloom, for a new one from the royal wardrobe, sold the new one and with the money [в ысход-ке] bought gold and silver vessels, rather than steal the vessels outright and engrave his parents' names on them?'

72. 'attacks [carried out] by them on their neighbours'.

73. 'whose names I will intentionally (волею) pass over (премину?)'.

74. The structure of this very complex sentence appears to be: 'since sins always vex . . . [*dat. abs.*], it came to pass [that], when God's anger had spread [*dat. abs.*], our boyars . . . seized a moment which seemed (аки) favourable to their treachery, [and] incited . . .' Anna Glinsky was Ivan IV's grandmother.

75. 'in a frenzied manner'. Cf. сонмищем июдейским, above n. 64.

76. Glinsky was seized in the chapel of St. Dimitrios of Salonica and murdered in the cathedral of the Assumption. The митрополичье место is the episcopal throne in a church.

77. 'one condemned to death'.

78. a village on the outskirts of Moscow.

79. i.e. the legacy.

80. This obscure sentence is presumably a refutation of the rumour spread by the boyars to the effect that the Glinskys dipped human hearts in water with which they sprinkled the streets of Moscow, and thus set the city on fire. How, Ivan asks, could anyone reach so high a building as the church of St. John (probably St. John Climacus in the Kremlin) with water from the streets of the city?

81. 'even those who are blood relations of mine'.

82. Mark iii. 24.

83. бранная понести, 'to conduct military operations'. может is used impersonally: 'how is it possible?..'

84. 'if there is not good order in the kingdom beforehand, how can wars be fought with bravery [*lit.* "how will military things be placed with bravery"]?'

85. 'you show yourself to be a man who not only does [not] strengthen bravery, but rather destroys it'; i.e. 'you do not increase your reputation as a brave man but rather destroy it'.

86. Probably an error for в ратном пребывании, 'in the field'.

87. 'But all this applied to us!'

88. 'a profusion of toil [and] senseless oppression caused by you'.
89. 'the last vestiges of Christianity'.
90. *Dat. abs.*: 'the Lord ordering . . .', i.e. 'for though the Lord orders . . .'.
91. i.e. Volmar in Livonia, from where Kurbsky wrote his letter.
92. This concluding sentence of Ivan's letter is not clear syntactically. The phrase во вселенней... чеснаго порога presumably means: 'in the All-Russian [*lit.* "in the Russian universe of . . ."] ruling Orthodox city of Moscow, the step of our holy threshold . . .' A.M. 7072 = A.D. 1564.
93. 'composed, put together'.
94. 'not in lines or verses': perhaps: 'without rhyme or reason'.
95. 'noisily'.
96. The word 'parœmia' is used by the Russians to denote readings from the Old Testament.
97. 'body-warmers': perhaps a reference to Shuysky's old fur coat?

XIII

История о великом князе Московском князя А. Курбского

Prince A. M. Kurbsky completed his history of Ivan IV in Lithuania, probably in 1573. It contains nine chapters, the first of which, dealing with the period before the capture of Kazan' (1552), is given below in full. The text is taken from *Kurbsky's History of Ivan IV*, ed. J. L. I. Fennell, Cambridge University Press, 1965.

1. An error for восхотех.
2. For the expression по ряду рещи, see p. 201, n. 3.
3. 'how the devil sowed most evil habits among that most excellent clan of Russian princes, especially by means of their evil and sorcerous wives . . . above all, those wives whom they took [in marriage] from foreigners'—an undisguised reference to the Greek Sophia Palaeologa and the Lithuanian Elena Glinsky, wives of Ivan III and Vasily III respectively.
4. 'especially [the evil] of free human nature defying [дерзати против] the commandments of God with evil and altogether [по всему] hostile intent'.

5. 'the writing and enumerating of which . . . are not included'.

6. *Dat. abs.* хотящу and немыслящу evidently in error for хотящей and немыслящей.

7. In 1525 Vasily III, after 20 (not 26) years of marriage, had his wife Solomonia (*née* Saburov) tonsured because she had borne him no children. Only one other source mentions Kargopol' in the far north as the place of her imprisonment. Others state that she was imprisoned in Suzdal'. The Russian mile was about 7½ km.

8. *Dat. abs.* возбраняющу in error for возбраняющим. For сигклит, see p. 202, n. 32.

9. Vasily Patrikeev (Vassian after his tonsure) was the *great*-grandson of Patriky Narimuntovich. His grandmother was Vasily II's sister. It is most unlikely that Vassian openly rebuked Vasily III for his second, canonically unjustifiable, marriage (1525)—he did not fall from favour until 1531, when he was arrested and tried. 'Antony' = St. Antony the Great, the founder of monasticism.

The word княжа (*pl.* княжата), which in sixteenth-century Russia meant 'son of a prince', is used indiscriminately by Kurbsky for 'prince'. Cf. Polish *książę*, pl. *książęta*.

10. 'Let no one condemn me for saying boldly.'

11. 'is aware'—a strange use of the present passive participle ведомый, 'known, well-known'.

12. Baron Sigismund von Herberstein twice visited Moscow (1517, 1526) as ambassador of the Emperor. Not one of the known editions of his *Rerum Moscoviticarum Commentarii*, in which he describes Muscovy during the rule of Vasily III and which could have been available to Kurbsky, was printed in Milan (Медиолам). Semen Kurbsky was the brother of Andrey Kurbsky's grandfather.

13. Vassian Patrikeev, after his trial in 1531, was sent to the monastery founded by Joseph of Volokolamsk ('to the Josephians . . .'), which was frequently used during the sixteenth century as a gaol for political and religious offenders.

14. Maxim the Greek, the distinguished philosopher and writer, was a close friend and associate of Vassian.

15. Note the frequent use of the prepositional in -y, -ю, due to the influence of Polish.

16. There is a vague similarity here to the sermon attributed to St. John Chrysostom on the beheading of St. John the Baptist.

17. 'writing of the acts brazenly committed'.

18. 'added to'.

19. Ivan IV, in fact, was three at his father's death.

20. 'showing the merciless will which is going to be'; i.e. 'betraying his future merciless will'.

21. Cf. Prov. xii. 10.

22. A confused sentence consisting of a dative absolute and three gerunds; учаще must be taken as the main verb: 'they taught the child to their own misfortune'.

23. Ivan Fedorovich Bel'sky was seized in January 1542 (when Ivan was eleven). He was the great-great-grandson of Grand Prince Ol'gerd of Lithuania, the father of King Jagiełło of Poland.

24. Andrey Mikhaylovich Shuysky, the leader of the Shuysky faction, was murdered in 1543.

25. Ivan Ivanovich Kubensky, a second cousin of Ivan IV, had held the senior administrative post of *dvoretsky Bol'shogo dvora* under Vasily III; the position of *marshalok zemsky* ascribed to him here by Kurbsky was a rank in the Lithuanian administration. He was beheaded in 1546.

26. The founder of the Vorontsov family, according to legend, was one Shimon Afrikanovich, who came from Norway to Kiev in 1027. Решский, 'imperial', is derived from *Reich*. Fedor Vorontsov was disgraced in 1547; Vasily was executed in 1546. The word пред-реченные, 'above-mentioned', is hard to understand, as this is the first time the Vorontsovs were mentioned by Kurbsky.

27. Nothing is known of Fedor Nevezha. Note the polonisms *zacny*, 'noble', and *zemianin*, 'landowner'.

28. Nothing else is known about the execution of Trubetskoy. The Trubetskoys were the descendants of Dmitry of Bryansk, son of Grand Prince Ol'gerd of Lithuania.

29. Cf. old Polish *pamięta mi się*, 'I remember'.

30. 'With the first down of manhood on their faces.' Dorogo-buzhsky and Fedor Obolensky, the son of Elena's lover, were executed in January 1547; Kurbsky's chronology is, therefore, at fault. The Obolensky family, as well as the minor princes of Tarusa, were descended from the princes of Chernigov.

31. The Great Fire of Moscow, 1547.

32. i.e. the khan of the Crimean Tatars. The isthmus of Perekop joins the Crimea to the mainland.

33. The word место is used frequently by Kurbsky for 'town'. Cf. Polish *miasto*.

34. Clearly a scribe's error for вуй—cf. Polish *wuj*, 'maternal uncle'.

35. Cf. Ivan's account of the fire and uprising of 1547. See p. 144.

36. Cf. Polish *niejako*, 'somewhat'.

37. = строзе, 'sternly'.

38. 'imaginary horrors'.

39. 'well-meaning cunning'; a rare word coined, it seems, by Kurbsky.

40. 'true deceiver'; the point of this oxymoron is that Sil'vestr was obliged to deceive for the sake of truth and goodness.

41. 'by this way and by that', i.e. 'in every manner'.

42. Sil'vestr came to Moscow from Novgorod some time before 1547 and was appointed priest of the cathedral of the Annunciation. What his political position was in the years that followed is not known; he appears to have been a close adviser of Ivan during the greater part of the fifties.

43. 'The State.' Общая вещь is a calque of *res publica* via the Polish *rzeczpospolita*.

44. Adashev's career was in many ways similar to that of Sil'vestr. He rose to fame from comparatively humble origins and appears to have enjoyed the Tsar's confidence.

45. 'easy [to comprehend]'.

46. 'evil passions' are clearly meant here. The usual meaning is 'sufferings'.

47. A reference to Makary, metropolitan of Moscow (1542–63) and one of the leading statesmen in the government of the fifties.

48. Cf. Prov. xxv. 28.

49. Cf. Prov. xv. 32.

50. The meaning is: 'for just as it is fitting for animals [безсловесным] to be governed according to their nature by feeling, so is it fitting for all humans [to be governed] by counsel and by reason'.

51. The expression избранная рада (cf. Polish *rada*, 'council') was coined and used only by Kurbsky. Historians are divided in their opinions of the composition and functions of the 'council'. All that can be said for certain is that Ivan and his advisers (perhaps his ближняя дума, or Privy Council) carried out a series of far-reaching reforms in the fifties, which, paradoxically enough, favoured the rising class of the service nobility (*dvoryanstvo*) at the expense of the aristocracy (*boyarstvo*).

52. An adjective formed from the Greek στρατηλάτης, 'general, commander'.

53. Note the Polish construction in this and later sentences—past

passive participle, neuter singular (почитано) governing an object in the accusative (сего).

The passage refers to the distribution of service fiefs (*pomest'ya*) among service men as a reward for good service on campaigns.

54. 'fawners' (?).

55. Cf. Polish *błazen*, 'buffoon'.

56. The *skomorokhi* were professional buffoons, actors, musicians, wandering entertainers.

GLOSSARY

This glossary is not intended as a dictionary. It contains only those forms and meanings which may be found in the texts. Words which are close to modern Russian words in form and meaning are not included, nor are words which may reasonably be deduced by the reader from forms to be found in a modern Russian dictionary. When looking up a word either in this Glossary or in a dictionary it should be remembered that е is often interchangeable with ѣ, ь with ъ, ь with е, ъ with о, ж with жд, and ч with щ.

А

абие immediately
або or
аврамль adj. of Abraham
аггел, аггельскии = ангел, ангельский
аер air
аже: *see* еже
аки as, as if
акы: *see* аки
алкота hunger
алчныи hungry, thirsty
арган organ
аркучи = а ркучи (*gerund of* рещи)
афрадитскии of Aphrodite (i.e. carnal)
аще if, whether, although

Б

баба grandmother
баскак Tatar overseer
бебрянъ *adj*. of beaver fur
бегукъ fugitive
безвѣстныи unknown
безлѣпица nonsense
белообразоватися to assume a white form
берныи perishable, transitory
бескверныи undefiled
бесныи: *see* бѣсныи
беспрестани = без престани without ceasing
бестудныи shameless
бещинствовати to behave indecorously
бещисльныи innumerable
биричъ official entrusted with maintenance of law and order
благоверныи devout
благоизволити to deign
благопризирание merciful care
благостыня goodness
благоулучне wisely
благоухание odour of sweetness
благыи good
блазнь deception
блато marsh
блюсти to observe; defend
бо for

богостудныи unpleasing to God
болого = благо
болонь valley
боляринъ boyar, nobleman
боронити to defend
бразда field; furrow
брашьно food
брегом *part.*: *see* брещи
брещи to guard
брячина ornament; silk cloth
буволь buffalo
буесть courage, boldness
буи brave; fierce
бързо: въ бързѣ quickly, soon
бѣла = бѣлка
бѣсьныи of the devil; possessed by a devil

В

вазнь good fortune
вапа paint, colour
варити to prepare, warn, meet
велегласно loudly, with a loud voice
велии large, great
великородныи of noble family
велми: *see* вельми
вельзаулъ Beelzebub
вельми greatly, much
весь village
вечеръняя *adj.* as *n.* vespers
вещати to say
взавидети to envy
взалкати to be hungry
вздаяти to render
взимати to take
вкупѣ at the same time, together
вкушение taste
владствовати to rule
владычьствовати to rule
влепоту fittingly
влъхвъ wise man, magus, magician
вменити to consider, reckon
вменитися to be considered
внегда when
внезаапу suddenly
внити to enter
внушити to listen to
водварятися to settle, make one's home
возбраняти: *see* възбраняти
возвещатися to be announced
вои soldier; in *plur.* army
воня odour
воротитися to turn back, return
вредъ wound
вредьныи injured
връста age
врѣщи to cast [lots]
врѣщися to throw oneself
вседържитель Almighty God
всельшемуся: *see* въселитися
всемилостивныи all-merciful
вскую why
встание resurrection
въбрести to ford
вънждела: *see* възжелати
въжелѣти to desire
възаконити to subject to the law
възбраняти to forbid; rebuke
възбьнути to awake
възвѣщати to announce; proclaim
възгнушатися to abhor
възгоретися to catch fire
възградити to build
възгра(я)ти to exalt oneself (?); soar (?)

въздати to give, render, pay back

въздѣвати to lift up, put on

възжелати to desire

възлежати to lie, recline

възмездие recompense

възмогати to be strong, bold

възмощи to be able

възмужати to become a man

възнестися to rise up, be lifted up

възозрети: *see* възьрѣти

възопити to call upon, cry out to

възорати to plough

възьрѣти to look

възяти to raise

въинство army

въину always; everywhere

въкупь: *see* въкупѣ

въкупѣ together

вълезти to enter

въмалѣ for a little while

въплотитися to be born, 'made flesh'

въпрашати to ask questions

въселитися to settle in, enter

въсияние radiance

въсияти to shine, begin to shine (of sun)

въсканути to fall in drops

въскипети to flourish

въскласти to put in, insert

въслѣдовати to follow

въсписати to describe

въсплескати to flap (wings)

въсприяти to receive

въспять back; again

въстьргнути to uproot, drive out

въсхопитися to start up

въсхотѣти to wish, want

въсылати to send, send up

выблядокъ bastard, son of a whore

выторгнути to snatch out

вышнии *adj.* highest, supreme; as *n.* God

вьргнутися to throw oneself

вьрхъ top, cupola (of church)

вьседьржителевъ *adj.* of the Almighty

вѣкъ life; time; age; eternity

вѣмъ: *see* вѣсти

вѣсти to know

вѣстникъ messenger

вѣче the *veche* (a public meeting in certain medieval Russian towns)

вящии: *see* вящьшии

вящьшии more; greater; older

Г

гагрина gangrene, putrefaction

галица jackdaw

геона Gehenna

главизна chapter

глаголати to say

глаголъ word

гладъ hunger

гласъ voice

говение piety; fasting

година hour; time

годъ time; year; age

годѣ pleasing (to)

гонезе: *see* гоньсти

гонение expulsion, exile

гоньсти to be deprived of

гораздыи skilled

горесть bitterness, woe

горѣ up, high up

гоститва feast
градьникъ townsman
гребля ditch, moat
гречьстыи Greek, Byzantine
гривныи of the neck
гривьна collar, necklace, chain; unit of weight or currency
гридница hall
гръкыни Greek woman
грътань: *see* гъртань
грѣшити to miss, leave out
грядыи *part.* he who comes
грясти to come, go
гугнати to murmur, mumble, stammer
гугнивыи tongue-tied, stammering
гълка uproar, strife
гърдение vainglory, pomp
гърдѣти to be proud
гъртань throat; voice

Д

далече far off; for a long time
датие gift
деля for, on account of
десница right hand
десныи *adj.* right-hand
десятина one-tenth
добролепьныи becoming
добропрелюбныи most beloved
доброродьныи noble
доброта beauty
доитися to be suckled
докладъ: съ доклада with the knowledge of
докучание importunity
должныи *adj.* as *n.* debtor
долу down

дондеже until
донелиже until
доселе until now
доспешныи armed, ready for battle
достояние worthiness
досьде until now, so far, to this point
дотъкнутися to touch
дотъчеся *aor.* of дотъкнутися
драгыи precious, dear
древле of old, formerly
древо tree, wood
дружина retinue, entourage
дръжавныи *adj.* as *n.* ruler
дръзновение boldness
дръзнути to dare
дръзыи valiant
дряхлыи sad, sombre
дщерь daughter
дъщерь: *see* дщерь
дъщи daughter
дьрзновение: *see* дръзновение
дѣвица virgin
дѣвьство virginity
дѣите: не дѣите let me go
дѣлатель labourer

Е

егда when
еда hardly; if, whether; what if; in order to
единде together, at the same time
единодръжець monarch
единосущныи of one essence, consubstantial
единочадныи only (child)
единою once

единъ one
еже that; which; if
езеро lake
езныи cavalry (*adj.*)
елень deer
еликъ such as, who, what; whosoever, whatsoever
еллины the Greeks
ельма although
емлющеся: *see* ятися
ересеначалникъ heresiarch
естьство nature

Ж

жадныи hungry; thirsty
жена woman
жестокыи hard, strong
животныи *adj.* of животъ
животъ life; possessions
жида from ждати
жидовинъ Jew
жидовство Judaism
жиждуть: *see* зьдати
жиръ wealth
житие life; dwelling; property; Life (hagiographical)

З

забороло: *see* забрало
забрало rampart
забыть forgetfulness, oblivion
завѣтрие sheltered place
загладити to efface
зазьрѣти to envy; blame
заимныи borrowed, imitative, false
заити to go out of sight
закалати to stab, kill, sacrifice

закладати to stop up
заклати: *see* закалати
заключити to destine
законъ the Law (usually in a religious sense); religion
закосненныи age-old
зане because
заповѣдати to instruct
заточение imprisonment
заутра tomorrow
заутрьняя *adj.* as *n.* matins
зачати to begin; conceive; beget
заченши *part.* of зачати
заяти to occupy, seize
звездозаконие astronomy
здравовати to heal
зегзица cuckoo
зело very
земленыи of the earth, world
землянинъ landowner
земьстии of the earth, world
зиждемь: *see* зьдати
злато gold
златыи of gold
злострастие evil passions
знамение sign, wonder
знесение = вознесение
зълчь = желчь
зьдатель builder
зьдати to build
зьрѣимо distance the eye can see
зьрѣти to see; rely on

И

и *acc. pron.* him
игуменъ superior (of monastery), abbot
идолослужение idolatry

идолослужитель idolater
идольскии idolatrous
идѣже where
ижденуть from изгнати
иже which, who
избавление redemption, salvation
избыти to get rid of, be saved from
извествовати to bear witness, narrate, tell
известно carefully
извити to undo
изврещи to cast out
издрещи: *see* изрещи
изимати to seize, capture
изити to go out
изметати to drive out
изми: *see* изяти
измрѣти to die
измълкнути to grow hoarse
изнести to utter
изоброчити to pay
изрещи to utter
изумѣти to learn
изученыи skilled in
изъгнати to drive out
изыти to come forth; pass
изяти to deliver
иконникъ ikon-painter
икономъ steward
имати (+ *inf.*) will, shall
имъше: *see* яти
инде elsewhere
иноверныи infidel; heterodox
инокъ monk
иноческии monastic
иноязычникъ foreigner
иноязычница foreign woman
инъ another
исаинъ *adj.* of Isaiah
искрьнии closest; as *n.* neighbour
искупити to redeem; ransom
искупъ ransom
искушающии tempting; as *n.* the devil
исповедание recognition, acknowledgement; confession
исповести to tell; acknowledge; confess
исполнь *adj.* complete, perfect
исполцитися: *see* испълчитися
испълчитися to prepare, arm oneself
истление corruption
иступити to step out of; lose
истъкнути to tear out
истѣе truly, accurately
истязати to question, torture
исчадие offspring
исчезнути to disappear
исѣщи to kill, slaughter
иудеи Jew
ишли: *see* изити
ищезати: *see* исчезнути
ищезнути: *see* исчезнути

К

каганъ *kagan* (title of ruler)
кажнои = каждыи
казатель teacher
казати to order, show
казити to spoil, break up
како: *see* какъ
какъ how; like; when
калъ dirt
камо whither
кандило lamp, censer

капище statue, idol
каяти to blame
кде where
кивотъ Ark of the Covenant
кииждо: *see* кыиждо
кланятися to bow down, worship
класъ ear of corn
клирикъ cleric
клиросъ clergy
клобукъ headgear
клюка cunning, deceit
княжа prince, son of prince
коганъ: *see* каганъ
козлогласовати to revel, riot
кознь intrigue, deception
козньствовати to intrigue, do evil
кокошь hen
кола wagon, cart
колиждо whosoever; whenever, every time
колижды how often
колико how much, how many; some
колко: *see* колико
кольми how much
комонь = конь
конечныи eternal; final
констыи of a horse
користь prey, booty
котора strife
кощеи servant, slave
кощиевъ *adj.* of a slave
красоватися to rejoice
красьныи beautiful
кратъ: много кратъ many times
крестопреступникъ oath-breaker

кромѣ away, aside
кромѣшныи outer
кроница chronicle
кроновыи of Kronos, Saturn
крѣсити to bring back to life
куна (animal) skin; small monetary unit
купель font; baptism
купь: на купь together
курянинъ man of Kursk
кушка: *see* куща
кушта: *see* куща
куща tent
къде: *see* кде
къметь warrior
кыи which, who, what
кыиждо (каяждо, коеждо) each
кыкати to cry out
кыяны *pl.* Kievans

Λ

лагодити to indulge in
ласкатель flatterer
ластовица swallow
лестьць deceiver
лжеименитыи false, lying
лжеплетение tissue of lies
лжии false
ликовствовати to exult
лития litany
лиховати to deprive
ложесна womb
лука guile
лукавновати to be perfidious
лысто shin-bone; leg
льжае easier
льсть deception; delusion
льстьно deceitfully
лѣвица left hand

лѣпо есть it is fitting that, it behoves
лѣпшии noble
любы love
лютыи fierce, wild

М

матерьнии of a mother, maternal
меншенство minority; youth
мздовоздаятель giver of bribes
милъ ся дѣяти to implore
мимовести to obviate
мимоидти to pass
младыи young
млеко milk
млъниа lightning
мнии: *see* мьнии
мнити to think, deem
мнихъ monk
мнишество monasticism; monastic status
многажды often
многашьды: *see* многажды
многобожьство polytheism
мрети: *see* мьрѣти
мудрьствовати to think, ponder
мужскыи of man; manly
мужь man
мъздити to bribe
мълва rumour; unrest
мыкати to throw
мытарь publican
мытоимьць tax-gatherer
мытъ moulting time (of birds)
мышца arm
мьзда reward; bribe
мьнии smaller, younger; less
мьрѣти to die
мѣхъ wineskin

Н

набъдѣти to care for
навадити to urge on; tell lies, to slander
наводнитися to overflow
Навходоносоръ Nebuchadnezzar
навыкнути to study
наемникъ hireling
назрети to note, mark
наказание instruction
наказати to instruct
накриво in a distorted manner
налѣзти to meet
нань = на нь on to him
напаяти to give to drink; fill
напрасныи sudden
напредъ forward
напрящи to draw (a bow)
нарещи to name
нарещися to be called
нарискати to invade
наричют: *see* нарещи
нарочитыи well-known, important, distinguished
насиловати to oppress
наставникъ leader, teacher
настолие throne
настолование inheritance
насунути to pierce
наустити to teach
неверъствие unbelief
недоразумение foolishness
недѣльныи день Sunday
неже than
неистовыи mad; cruel
неисцелныи incurable
некли than; perhaps; so that
неключимыи worthless, unworthy

неколи once
некыи some, certain
ненаказаныи uninstructed
неоскудныи unstinting
неплоды barren woman
непокоривыи recalcitrant
непраздьная pregnant
непреложныи constant
непщевати to think, deem
неси = не еси
несть = не есть
несумьньныи undoubted
нетлѣние immortality, incorruptibility
нетлѣнныи undecayed
нетрудьныи light
ничити to bow down
новоначати to have recently begun
нужа need; force
ны *acc.* and *dat. pron.* us
нынѣ now
нь *acc. pron.* him
нѣ approximately
нѣговати to caress

О

обаче but, however
обертети to wrap round
обетшавшии *part.* having grown old
обещьникъ participator
обиноватися to avoid
обити to go round; surround; seize
обияти to embrace; surround
облачити to clothe, cover
облечи to put on, cover
облещися to clothe oneself

обложить to put around
облыгати to accuse falsely
обожити to draw near to God
оболочися to dress oneself
обросити to rain; water
оброчити to tax
обрѣсти to find, obtain
обрѣтати to find
обути to put on shoes
обухати to make sweet-smelling
обыкнути to become accustomed to
обымати to surround, capture
обыти to surround
обьюродити to go mad
обѣтовати to promise
обязати to hang around
овогда sometimes
овчата *pl.* lambs
овъ this
овъ... овъ the one . . . the other
овы... другии some . . . others
огородьникъ town elder
огрозити to inspire fear
одва: *see* одъва
одежа clothing
одение clothing
одержимыи *part.* possessed by, surrounded by; in the power of
одръжащии *part.* possessing, holding in its grip
одъва scarcely, with difficulty
одѣатися to dress oneself
оже: *see* еже
озаритися to be enlightened
озобати to eat up
оканьныи accursed
округныи surrounding
окрьстъ around
оксамитъ silk cloth, samite

омачати to make wet
омрачатися to become gloomy; scowl
онуду thence, thenceforth
оправдити to dispense justice to; justify
орудие occupation, work
осетити to visit
оскорд axe; hammer?
ослабити to allow
останочныи remaining
остати to lose
острогъ stockade, fortified place
отаи secretly
отверзение opening
отверзутся: see отврестися
отврестися to be opened
отвръзнье: *see* отверзение
отдатит o give, give back; forgive
отдоитися to be nurtured; grow up
отжени: *see* отъгънати
отинудь completely, extremely
отколе whence
отметникъ apostate
отмѣстникъ avenger
отнели since (which time)
оторопъ haste
отринути to reject; drive away
отрокъ child, youth; servant, retainer, warrior
отроча child
отрѣшити to untie, unmoor
отрѣяти to push off, away
отрядити to send away
оттолѣ thenceforth
оттяти: *see* отъяти
отщетити to ruin
отъвѣщавати to reply
отъгънати to drive away
отъметати to drive out
отънележе when; whence; since which time
отъпужатися to be driven out
отъяти to take away
отьнии of a father
охлаждение refreshment
оцетъ vinegar
оцещатися to be cleansed
оцѣстило the covering of the Ark of the Covenant
оцѣстити to atone for
оцѣщание redemption
оцѣщение cleansing; clash of weapons (?)
очеса *dual* eyes
очутити to hear, learn
ошаатися = ошаятися to refrain from
ошьствие departure; death

П

пагубьнꙑи fatal, destructive
пажить pasture
пакы back; again; then
пакыбытие rebirth
пакыпорождение rebirth
паполома cover, shroud
папорзъ breast-plate
паства instruction; (*fig.*) flock
паствина pasture
пасти to guard, wait for
паучина spider's web
пелена swaddling clothes
первенецъ first-born son
переже before
переступити to cross; break (an oath)
перси breast

перстъ finger
персть dust; earth; flesh
пестунъ teacher, mentor
печатлѣти to seal, enclose
плевелъ weeds, tares
плесна foot
плищъ noise
плотскии of the flesh
плотяныи of the flesh
плътоядьць carnivore, predator
плѣнити to take prisoner
побарати to fight
поборникъ supporter, protagonist, champion
повелику very
поветренныи pestilential
повитися to be swaddled
поврещи to throw
повѣдати to tell, recount
поганыи pagan
погрѣшити to be deprived of
погыбель destruction
подвижьныи jealous; zealous
подвизати to strive
подивитися to marvel
подовласныи subject
подружие friend; wife
подущати to urge on
подщатися: *see* потъщатися
подъкладъ saddle-cloth
пожать to reap; cut down
поженет from погнати
пожерли: see пожьрѣти
пожьрѣти to eat up, consume; sacrifice
позазрити to despise
познавати to recognize
позоровати to disgrace
позоръ sight, view, that which is seen

поимовати to take
покланяние greeting; bow; veneration
покоище haven, refuge
покоснети to be late; hesitate
полнощь north
полоняникъ prisoner
полъ half; side; bank of river
помиловати to help, be merciful to
помостъ floor; dais
помрачити to darken
помыслити: see помышляти
помышляти to think; remember; conceive (an idea, plan)
помъвенныи washed, cleansed
помятамися I recall
понеже since, because; at least, even
поносъ: *see* поношение
поношение shame; suspicion
понѣ at least
поохритатися to mock
попинъ priest
попрати to trample
поработати to be subject to
поработатися to become a slave
порану early
поревати to urge on
породитися to be born
порокъ siege-gun
порохъ dust
портъ clothing
посажати to place, appoint
посекати to defeat
посемь afterwards
поскепати to cleave
поскрегчати to gnash (teeth)
последи afterwards
послабити to allow

послухъ witness
послушествовати bear witness
послушьство witness; proof; recognition
послѣдь: *see* последи
послѣжде: *see* последи
пособьствовати to help
поспѣшение help
поспѣшитель helper
поспѣшити to help
поститися to fast
постояти to endure
пострѣкати to urge on; torment
посулъ bribe; payment; tax
посѣтъ visitation; care
потаити to hide, keep secret
потаковникъ supporter, conniver
потопьныи destructive
потребитися to be driven out, destroyed
потребляти to destroy
поручатися to strike against
потъкнутися to stumble
потъснутися to hasten
потъчеся: *see* потъкнутися
потъщатися to strive, endeavour
потыкатися to stumble; become lost
потяти to kill
похоть desire, passion; will; whim
похулити to mock, slander, blaspheme
поця: *see* почати
почати to begin
почудитися to marvel
пояти to take
правовѣрие true faith

правьдьникъ just, God-fearing man
прагъ threshold
предати to hand over
предрьжати to govern, rule
председание precedence, superiority
предспети to prosper
предстояти to stand in prayer
предтеча forerunner (often St. John the Baptist)
предълежащии preceding
преже, прежь before
презрѣти to overlook, ignore
преизлиха excessively, extremely
преизлище excessively, extremely
преиссохнути to dry up
прелагати to transform
прележати to be given up to
преложити to transform
прелѣпыи magnificent
прельсть temptation; falsehood; deception
премеситися to be involved in
премужственныи valiant
преобедети = прѣобидѣти to offend
преочистовати to purify
препитати to nourish
преплути to navigate
препоясати to gird
препущати to lead to
пререщи to reproach
преставитися to die
престояти: *see* прѣстояти
престроити to prepare
преткнутися to stumble
претрьгнути to exhaust

прехитрити, прехищряти to out-
   wit; win over, persuade
прибодати to pierce, impale
привидѣниемь in appearance,
   not in reality
призрети to look at; show mercy
прикабаливати   to   enslave
   through debt
приключитися to happen, occur
прилагати to add
прилежати to devote oneself
приложение addition
приобидѣти to offend
приодѣти to cover
приплодъ profit
приподобити to compare
припѣшати to clip (wings)
прирещи to name; add
присетити to look at; visit; show
   mercy
присно always, ever
присныи true, constant; related;
   one's own; perfect, worthy;
   everlasting
присягати to touch
притещи to come running
притрепати to strike down
притча likeness
прихолопити to make into a
   serf
причастие relationship;   con-
   nexion; participation
причастити to make part of
причастникъ participator
причетникъ cleric
причистися to be counted among
причитати to number among
причтеся: see причистися
прияти to receive, accept
приязньство love, loyalty

проглаголати to be cured of
   dumbness
прогънати to drive out
проженетъ: see прогънати
прозвутеръ priest
прозирати to be cured of blind-
   ness
проимати to take apart; make
   an opening
прокаженныи leprous; as n.
   leper
прокъ remainder
прокыменъ verse from the
   Psalms
пролияти to pour out, spill
пролиятися to be spread out,
   overflow
проповѣдание prophecy
просветити to make to see
прослезитися to weep
прослути to be famed
пространно freely, at will
прострѣтися to spread;   be
   straightened
простыи free
простьрение straightening
просфора communion bread
просѣстися to come apart, burst
протекати to run through
противитися to resist, oppose
противу against, in return for
протицати: see протекати
проуготование preparation
прочее at last
прыснути to break into foam
прѣжде before, formerly
прѣже: see прѣжде
прѣстояти to stand before; be
   present
прѣсъхлыи dried up

прѣтъргнутися to break
птеньць chicken
путина bond, fetter
пучина sea
пуша wood, thicket
пьрсть: *see* персть

ρ

раба slave-woman
рабичич: *see* робичищь
работа subjugation, slavery
работная *adj.* as *n.* slave-woman
работныи *adj.* as *n.* slave
разверзется: *see* разврестися
разврестися to part, open up
разгнути to open
раздрушити: *see* разрушити
разнизание string of beads (?)
разрушити to destroy
разумѣти to understand
разъслабленныи paralysed
рака casket, coffin
рамо shoulder
раселити to broaden, increase (?)
расилити: *see* раселити
расныи different
расплодитися to bear fruit
распря dissension
распудити to scatter
расточити to scatter, disperse
ратныи *adj.* of war; military; as
　n. soldier; enemy
рать attack; warfare; army;
　enemy
ревность zeal
рекше that is to say
ретитися to quarrel
рещи to say
робичищь son of a slave

родъ generation
рокотати to sound, thunder
ропать mosque
росныи: *see* расныи
ростричи to deprive of monastic
　or priestly rank, unfrock
рукописание list
рукотвореныи made by hand
руно fleece, skin
рушати to break, transgress
рци *imper.* say; like
рядец dignitary
рядити to execute (justice;) dis-
　tribute
рязно: *see* рясьно
рясьно eye-lash

С

самовластныи self-willed, wilful
сбытися to be fulfilled
светильникъ light; one who en-
　lightens
свояси: въ свояси homewards
свѣтильно candlestick
свѣшта: *see* свѣща
свѣща light, candle
святолепие holiness
святоопочившии *part.* having
　died a saintly death
сде here
сдравие health
сдравствовати to be in good
　health
се behold; now
селикии such; so much, so many
сии this
сирыи *adj.* as *n.* orphan
сице thus
сицевыи such

сщии such
скаредие filth, abomination
скланятися to lapse (into)
скора fur
скоропослушьливыи obedient
скотъ money
скрижаль inscribed stone tablet; testament
скровище = сокровище
скрушение grief; destruction
славохотие pride, vainglory
сластныи sweet
слемъ *part.* sent
словити to be honoured
слово sermon; tale
сложити to take off
служение service; worship
слукыи hunch-backed
смага fire
смесныи common to, in agreement with
смилитися to move to pity
сморкъ waterspout
смотрение care, providence
смотрети to care for
смыслъ reason
смястися to be confused
снаходити to descend
сниматися to foregather
снити: *see* сънити
соградити to build
содевати to make
содеватися to become
солъ messenger
сотона Satan
спасися farewell
спасъ salvation; the Saviour
способникъ helper
споспешникъ helper
спропятыи crucified together

спудъ vessel
средовечие middle age
срести to meet
срѣтение meeting
стаинникъ servant
старѣишинство seniority, age
стеблие straw
стенати to groan
степень pedestal, base
страдати to work
стражь guard
стражьба defence
странныи foreign; as *n.* foreigner; traveller
страстотьрпьць martyr
страсть passion; suffering; martyrdom
стратигъ leader, general
стремнина high place
строение help
стружие lance; spear-shaft
студеньство cold
стужание importunity
стѣнь shadow; foreshadowing; likeness
стяжание property
стязати to obtain, acquire
суботьныи of the Sabbath
суемудренныи having the false appearance of wisdom
суета vanity, worthlessness
сулица lance
сумежныи neighbouring, foreign
супостатъ enemy
суша dry place
сущии *part.* being, existing; who is
съблазнъ temptation; sin
съблюстися to be preserved, be fulfilled

събратель gatherer
събытися to come to pass
съвесити to lower
съвещати to advise
съвлечежеся = съвлече же ся:
 see съвлещися
съвлещися to throw off (clothing)
съврышаяся: *see* съвьршатися
съвъкупити to combine
съвъкупитися to gather together
съвьршатися to perfect oneself
съвѣдѣти to know
съграждати to set up, build
съдетель creator
съдравити to be well
съдравыи well, in good health
съдѣвати to do, accomplish
съдѣяти to do
съкрушитися to be broken
съложити to take off, renounce
сълукыи hunch-backed
съниматися to gather
сънити to descend
съповедети to recount, tell
съповѣдовати to recount, tell
съподобити to make worthy
съпрестолныи jointly ruling
съпропятыи crucified with
съпротивныи enemy
съставити to begin
състичи to reach, attain
съступитися to join battle
сътворити to do, make, create
сътужати to oppress; impor-
 tune
сътуждение wrong, injury
сътяжати to acquire, possess;
 save
сыи *part.* being

сь, сеи this
сьрна wild goat
сѣмо и овамо hither and thither
сѣця battle

Т

таи secretly
тако = такъ
тать thief
таче but, and; thus; then; only;
 however
тварь creation; the world
текотъ pecking
телецъ calf
темианъ incense
темница prison
теремъ palace; hall; tower; upper
 storey
течение life
течи: *see* тещи
тещи to run
тивунъ steward
тимианъ: *see* темианъ
тисовыи of cedar
тленныи perishable
тмочисленныи innumerable
тожде also
токмо only
толико so much, so many; only
гольми so much
торгати to tremble
торжище market-place
точныи equal
тришьды three times
троска rod
троскотати to chatter
трудъ sorrow
трусити to shake off
трьклятыи thrice-accursed

трьпьтьныи frightened
ту there; then
туга woe; suffering; misfortune
туждыи foreign
тулъ quiver
туне as a free gift; in vain
турскии Turkish
тутнути to rumble
тщатися to try
тъ this, he
тъкмо: *see* токмо
тъчию only
тъчьныи equal, like
тъщание devotion; haste
тѣшити to comfort, encourage

У

убо and so, therefore, for
убоица murderer
убудитися to awaken
убьенье murder, killing
уветливыи welcoming
увѣдѣти to know, recognize
увязатися to be crowned
уганивати to hunt
угобзити to feed, satisfy
угошити to set up, build
угринъ Hungarian
удица fish-hook
удобь easily
удоль valley
удручити to sadden
уду where
уже rope
уза shackle
узорочие treasures; adornment
узрѣти to see
укланятися to turn away from, shun
уложити to put aside
уне better
унии best, better
уничижение insult
уность youth
уньць bull calf
упитанныи fattened
уповати to put trust in
ураняти to harm
уродьство foolishness
успе: *see* успнути
успнути to fall asleep; die
успѣти to be of use
уставъ precept; rule (of a monastery)
устрашитися to be afraid
усъпнути to fall asleep; die
утварь adornment
утроба offspring; womb; heart
утрь inside
утрьняя *adj.* as *n.* matins
утъргнути to snatch
утьрпати to become weak
утьрпывати to grow weak
утягнути to overcome; to reach; to have time to
ухыщрение clever idea
уцеломудритися to be cleansed
учинити to do, make
учюдити to estrange
ушеса *dual* ears
ущекотати to sing of

Х

хаяти to sneer
херугвь: *see* хоругвь
хладъ cold
хоботъ pennon
хоругвь banner

хотѣние goodwill; will; desire; love
храбъръство bravery
храмина house; room; chapel
хреститися = креститися
христолюбець follower of Christ
христолюбче: *see* христолюбець
хто = кто
худыи bad; weak; ugly; poor; insignificant
хулити to detract, speak evil, blaspheme

Ц

царствующии (градъ) capital (city)
цветныи vexing (?)
цвѣлити to harry
целокупъный imperishable

Ч

чага slave-woman
чадь retainers
чародеиство magic
чародеица witch
человекоугодникъ flatterer
челядинъ slave
чепь flail
чермныи red
чернокнижие magic
чи is it not
чинъ time
чресла *pl.* loins
чръленыи red
чти: *see* чьсть
чьрница nun
чьстити to honour
чьсть honour
чядо child
чясто often
чясть part

Ш

шеломъ helmet
шеломя hill
шизыи blue-grey
ширятися to soar
шия neck
шлемъ *part.* sent
штинадесять sixteen
шуица left hand
шюица: *see* шуица

Щ

щадити to prepare

Я

явьствено openly, outwardly
ядро bosom
язва wound; misfortune; grief
язвити to hurt, wound
язя sickness
яки: *see* аки
яко { *conj.* that, so that, in order to; since; although
adv. when; as; as soon as; as if
якоже so that; as
языкъ language; tribe, people; *pl.* the Gentiles; heathens
япончица cloak, outer garment
яруга ravine
яти to take; begin
ятися to begin; to seize hold of

Ѣ

ѣзва: *see* язва